novas buscas em comunicação

VOL. 42

Dados Internacionais de Catalogação na Publicação (CIP)
(Câmara Brasileira do Livro, SP, Brasil)

Calazans, Flávio Mário de Alcântara.
Propaganda subliminar multimídia / Flávio Calazans – 7.
ed. rev., atual. e ampl. – São Paulo: Summus, 2006. (Novas
buscas em comunicação; v. 42)

Bibliografia.
ISBN 978-85-323-0870-2

1. Projeção subliminar 2. Propaganda - Aspectos psicológicos 3. Propaganda política I. Título. II. Série.

05-8155   CDD-659.13

Índices para catálogo sistemático:

1. Multimídia : Propaganda subliminar   659.13
2. Propaganda subliminar : Multimídia   659.13
3. Publicidade : Métodos subliminares   659.13

PROPAGANDA SUBLIMINAR MULTIMÍDIA

FLÁVIO CALAZANS

summus
editorial

Capa: **Camila Mesquita**
Diagramação: **Acqua Estúdio Gráfico**
Fotolitos: **Join Bureau**

1ª reimpressão

Summus Editorial
Departamento editorial:
Rua Itapicuru, 613 – 7º andar
05006-000 – São Paulo – SP
Fone: (11) 3872-3322
Fax: (11) 3872-7476
http://www.summus.com.br
e-mail: summus@summus.com.br

Atendimento ao consumidor:
Summus Editorial
Fone: (11) 3865-9890

Vendas por atacado:
Fone: (11) 3873-8638
Fax: (11) 3873-7085
e-mail: vendas@summus.com.br

Impresso no Brasil

Para aqueles que ignoram a existência dos subliminares e vivem felizes e inocentes.

AGRADECIMENTOS

Quero agradecer a minha avó, minha mãe e meu pai, sem cujo apoio, incentivo e sacrifícios este livro nunca teria sido possível; bem como também agradecer a meus parentes, amigos, namoradas, correspondentes, alunos e ex-alunos da imensa rede de contatos que colaboram enviando material e recolhendo tudo que possa ser de interesse. Nenhuma pesquisa se constrói sozinha, sem eles nada teria sido possível. Obrigado.

SUMÁRIO

APRESENTAÇÃO
DA SÉTIMA EDIÇÃO

O livro *Propaganda subliminar multimídia*, de Flávio Calazans, agora em sua mais nova edição, é o resultado de uma pesquisa muito vasta, e atualizada constantemente. Há anos Calazans se dedica a estudar e esclarecer os aspectos fulcrais da questão da subliminaridade na contemporaneidade, sem deixar de abordar seus aspectos diacrônicos.

O subliminar é uma questão complexa, que pode envolver os cinco sentidos, desdobrados nas múltiplas linguagens, veiculados nos suportes midiáticos que conhecemos e provavelmente naqueles que virão, portanto trata de quase tudo. Daí a dificuldade de se trabalhar questões tão amplas. As diferentes ciências que podem contribuir para esclarecer a subliminaridade são também várias: psicologia; fisiologia; química; lingüística; comunicação; semiótica; sociologia; antropologia; psicanálise etc. Estamos diante de uma questão interdisciplinar e de alta complexidade. E estes aspectos podem contribuir para trazer luzes à hibridização da contemporaneidade.

Calazans busca recortar seu objeto, o subliminar, com a lâmina de publicidade e propaganda, na interface multimidiática. E isso não deixa seu trabalho menos vasto, pois a publicidade pode ser veiculada em qualquer meio e valer-se das linguagens, inclusive as de sincretização inovadora. E os meios de comunicação, especialmente os novos e emergentes, multimidiáticos, ao potencializarem a possibilidade da convergência dos meios, das linguagens e dos recursos, também não deixam a tarefa mais leve.

Assim, há de se remeter o quanto Flávio Calazans é ousado e destemido ao aceitar tal temática como objeto de investigação. Seu tema é polêmico, como ele próprio reconhece. Vítima de incompreensões, de recortes ultrapassados, de preconceitos, de simplismos, de falta e de excesso de rigor, de especificidade simplista, de carência de mirada inter e transdisciplinar, essa temática é menosprezada.

Contudo, Calazans é um vencedor. Desponta há tempos como o grande especialista brasileiro na questão do subliminar. Seu texto é agradável, direto, elegante. Não foge de questões polêmicas. Enfrenta a complexidade temática com a maior galhardia. Sua formação é sólida, o que permite seu mergulho em águas profundas, em mares diversos e plurais da interdisciplinaridade. Enfrenta com pertinência e coesão transdisciplinar o universo múltiplo do objeto a que se dedica pesquisar. Não foge às diversas disciplinas que contribuem para a explicação de seu conteúdo plural. Abre espaços para incorporar coerentemente a diversidade que pode explicar o universo do subliminar presente nos meios tradicionais e nos meios inovadores da comunicação social e da virtual.

Há mais de dez anos, seu livro se firma e confirma como resultado de pesquisa que nos esclarece sobre a propaganda subliminar multimídia. E trabalha esse campo teórico de modo competente, sem deixar de nos informar com precisão sobre os diferentes saberes que podem nos auxiliar na questão da subliminaridade. E esta é fundamental para se apreender o campo complexo da comunicação nesses nossos tempos de alta complexidade e hibridização.

A Summus Editorial está de parabéns ao relançar esta obra vitoriosa que contribui fortemente para a compreensão de nossa área. O livro de Calazans já não é o mesmo, embora o original já tivesse o potencial de vir a ser atualizado. E a atualização é constantemente efetivada e reeditada. Portanto, o trabalho não deixa de recuperar a diacronia da subliminaridade examinada pela lupa de Calazans. Assim, contempla informações sobre os implícitos, os subentendidos, os atos indiretos de linguagem advindos desde técnicas de projeção cinematográfica até a anamorfose atualizada por *softwares*.

Analisa, inclusive, o pensamento de autores que se contrapõem à idéia da existência do subliminar. Isto é, absolutamente não se nega ao debate, à contraposição de idéias. E aí seu material se torna mais rico e abrangente.

Outro ponto a ser ressaltado é o de como ler os materiais multimidiáticos para se tornar mais observador e crítico, a fim de ser menos vulnerável às produções, aos discursos e à linguagem subliminar multimídia.

Aproveite, leia e apreenda mais sobre a propaganda subliminar multimídia. Você tem esse excelente material de reflexão atualizado e refletido por pesquisador muito bem informado.

Ivan Santo Barbosa
*Chefe do Departamento de Relações Públicas,
Propaganda e Turismo da ECA-USP
Professor titular (catedrático) da ECA-USP
Professor convidado da Osaka University of
Foreign Studies (Japão 1993/1996)
Doutor em Communicátion Sociale na
Université Catholique de Louvain (Bélgica)*

APRESENTAÇÃO
DA PRIMEIRA EDIÇÃO

Em uma sociedade em que os meios de comunicação nos bombardeiam com imagens, símbolos e sons como elementos interagentes de um grande sistema, a objetividade das mensagens passa por vieses conscientes e inconscientes. No que tange à publicidade, Marshall McLuhan (1979), filósofo da comunicação admirado por uns e criticado por outros, escreveu que os anúncios são "pílulas subliminares para o subconsciente, com o fito de exercer um feitiço hipnótico".

Os meios de comunicação de massa não passam de "máquinas de falar, ver e ouvir", como se expressou com muita propriedade Abraham Moles (1974). O processo de comunicação, na sua totalidade, não se restringe apenas a um conteúdo ou a uma linguagem. Por isso, implica três elementos básicos: fonte (emissor), canal, receptor. O código lingüístico tem uma função primordial nesse processo. Roland Barthes sustenta que "não há real sem linguagem".

Com base na asserção de Alvin Toffler, segundo a qual "um público informado é um pré-requisito para a democracia", as mensagens da propaganda tanto comercial como ideológica podem ser captadas quer em nível consciente, quer inconsciente. No centro de nossa estrutura mental, as mensagens não se apresentam totalmente na página do jornal, na tela da televisão ou do computador. O estudo dessas "pílulas subliminares" se fundamenta em Jung, que afirma que "o inconsciente dispõe de percepções subliminares". Estudiosos do assunto como Vance Packard e J. A. C. Broca asseguram que pode haver transmissão de mensagens que não são conscientemente perceptíveis pelo público. Gérard Lagneau (1981) classificou a propaganda subliminar de "mito", como outros a chamam de "lenda"; no entanto, admite que as pessoas não têm "defesas conscientes". Wilson Bryan Key, na sua obra *Subliminal seduction* (1974), fala sobre a "validade ética do emprego da propaganda subliminar". Para reforçar a existência do fenômeno, basta lembrar que o próprio Leibniz concebia a existência de "inumeráveis percepções praticamente inadvertidas".

O trabalho de Flávio Calazans é corajoso. Um desafio. Não analisa a propaganda do ponto de vista da estética da percepção ou como recorte do mundo. Aborda os mecanismos utilizados para manipular as mentes. Sua investigação evidencia realidades que transcendem a materialidade dos conteúdos de mensagens simbólicas. Esse fato lhe assegura ter realizado uma tarefa formidável como contribuição para o progresso de todos aqueles que resolverem estudar o arcano das mensagens subliminares.

Não resta dúvida de que se trata de um tema controvertido. Polêmico. São aspectos apaixonantes do livro. Os "olimpianos" do monopólio epistemológico vão estranhar essa publicação. Mas a história tem ensinado que em todos os campos das ciências sempre houve pioneiros. Uns foram "anatematizados". Outros queimados vivos. E alguns enforcados em nome da "ortodoxia". Contudo, assim como a fênix, ressuscitaram das cinzas para dizer à humanidade que seus conhecimentos sobre o conhecimento "estabelecido" eram verdadeiros.

O livro de Calazans, ao abordar signos, representações, imagens "subliminares", não perceptíveis no nível do consciente, procura demonstrar que nos processos comunicativos as mensagens vão além do "manifesto". A intencionalidade do emissor (criador) é o que explica seu alcance. O ser humano nem sempre comunica objetivamente suas intenções. Umberto Eco observou que, "quanto mais ininteligível se escreve, mais poder se adquire".

Calazans pesquisou com muita seriedade. Seu livro vai abrir novas perspectivas para a compreensão do fenômeno da comunicação. Desempenhará um importante papel como desencadeador de debates sobre o direito à informação sob uma perspectiva ética. Em existindo a propaganda subliminar, como explicar a liberdade dos indivíduos? Até que ponto essa forma de comunicação está de acordo com a deontologia publicitária? Esses e muitos outros problemas vão aflorar de sua leitura. Além de inovar e enriquecer a literatura existente, esta obra irá despertar o interesse de docentes, profissionais e estudantes das diversas áreas que compõem a chamada "ciência da comunicação".

FRANCISCO A. M. FERNANDES
São Paulo, 2 de março de 1992.

NÃO LEIA!

Era uma vez uma lenda.

Como muitas lendas, ela fala de segredos ocultos, terríveis e sedutores, e promete poderes extraordinários a quem dominar tais segredos...

Era uma vez a lenda da propaganda subliminar multimídia, uma das mais antigas lendas da tecnologia da era da imagem. Quem penetrar nos labirintos dessa lenda não será mais o mesmo quando sair.

Se eu fosse você, não continuaria avançando nos meandros do labirinto...

Ainda há tempo para parar! Desista! Não continue! É perigoso!

Enfim, você foi avisado... Quem avisa amigo é.

INTRODUÇÃO

Ao analisarmos a bibliografia existente sobre meios de comunicação de massa disponível em idioma português, logo percebemos que o problema das mensagens subliminares é tratado ora com superficialidade, ora com citações redundantes. Forma-se, pois, um círculo vicioso que não nos conduz a nenhuma conclusão consistente.

Nota-se nitidamente em um apanhado geral a repetição de referências já desgastadas citando a antiga projeção subliminar na mídia cinema, o famoso e já lendário experimento vicarista, do ano de 1956, do qual falaremos mais adiante.

Do mesmo modo, verifica-se a ausência de obras versando especificamente sobre o problema da subliminaridade nas comunicações, uma imperdoável lacuna bibliográfica que persiste há décadas.

Ora, partindo desse quadro, podemos questionar se a técnica de projeção subliminar existe e se é possível provar com estudos de casos e entrevistas sua existência. A técnica teria sido adotada apenas na mídia cinema (na qual foi supostamente criada tal tecnologia de projeção de estímulos subliminares), ou existiriam outras técnicas, em outras mídias, as quais porventura tenham sido criadas e desenvolvidas entre aquela experiência datada de 1956 e o século XXI.

Assim, justifica-se uma pesquisa bibliográfica capaz de propiciar uma visão atualizada dessas técnicas, desenvolvidas antes e depois da década de 1950.

O objetivo desse levantamento bibliográfico é mencionar outras técnicas de envio de mensagens subliminares e, a partir daí, apontar caminhos para uma melhor compreensão do problema dos efeitos subliminares e seu mecanismo de funcionamento. O resultado seria uma atualização capaz de servir de base e referência para futuras pesquisas sobre o tema e mesmo sentenças judiciais ou futura legislação.

CAPÍTULO 1

PROPAGANDA SUBLIMINAR MULTIMÍDIA

Os anúncios não são endereçados ao consumo consciente. São como pílulas subliminares para o subconsciente, com o fito de exercer um feitiço hipnótico.[1]

MARSHALL MCLUHAN

As mensagens subliminares são técnicas comunicativas ilícitas que tendem a ser mais utilizadas no presente milênio, de forma a possibilitar a expansão do poder político e/ou econômico.[2]

GUILHERME FERNANDES NETO

Em efeito, se a percepção subliminar é hoje considerada um objeto de estudo, é porque os processos cogni-

---

1. McLuhan, 1979, p. 257.
2. Fernandes Neto, 2004, p. 266.

tivos estudados em Psicologia mostraram-se compatíveis com a possibilidade de perceber sem consciência.[3]

AHMED CHANNOUF

Assim a percepção subliminar ganhou uma legitimidade científica.[4]

AHMED CHANNOUF

O termo "propaganda" tem sua origem etimológica no latim, *pangere*, plantar. Todo ato de comunicação visa, assim, plantar uma mensagem no receptor, na forma de propaganda de produtos (publicidade) ou de propaganda ideológica, política ou eleitoral.

Todas essas formas de comunicação (mensagens) são transportadas pelas mídias (meios de comunicação de massa), que veiculam as mensagens, dissimuladas dentro da programação ou conteúdo editorial, ou explicitamente, no espaço dos anunciantes ou patrocinadores.

Os anúncios, os quais McLuhan chamou de pílulas subliminares, vão, homeopaticamente, persuadindo o consumidor/eleitor.

Todo um modo de vida é comunicado subliminarmente, tal qual uma neblina, suave e dissimulada, bombardeando o receptor/consumidor de mensagens por todos os canais sensórios, sinestesicamente, em todas as mídias (jornais, revistas, cinema, rádio, televisão etc.).

---

3. Channouf, 2000, p. 4. Tradução do autor.
4. Ibidem, p. 40. Tradução do autor.

Essas mensagens que pouco a pouco levam à adesão, inconscientemente reforçando a cognição consciente gerada pela campanha publicitária tradicional, constituem a propaganda subliminar multimídia.

A PROPAGANDA INVISÍVEL

Aqueles que ainda rejeitam inflexivelmente o predomínio da tecnologia de manipulação subliminar caem em duas categorias gerais:

- aqueles cujos interesses velados são os de continuar a explorar e manipular os seres humanos;
- e aqueles que rejeitam a noção de persuasão subliminar porque odeiam, não confiam e não gostam de nada que seja novo. O novo é usualmente percebido como ameaçador, subversivo e herético.[5]

A controvertida questão das tecnologias de comunicação que fazem uso de mensagens subliminares necessita de maior aprofundamento na bibliografia brasileira.

Lamentavelmente, tanto em obras técnicas de propaganda e publicidade, como em renomados dicionários de comunicação, encontramos tão-somente citações "surradas" e desatualizadas sobre as mensagens subliminares, mencionando só a simples técnica de projeção subliminar da década de 1950, como se nada de novo tivesse sido pesquisado em todo o mundo sobre o assunto.

É visível o círculo vicioso de redundantes referências a uma única fonte: a bibliografia em português remete apenas ao que é considerado o primeiro registro de subliminares

---

5. Redford *apud* Key, 1977, p. 20.

entre os meios de comunicação de massa na videosfera: o experimento de Jim Vicary.

Em uma sessão de cinema, em 10 de junho de 1956, a firma de Jim Vicary, Subliminal Projection Company, teria feito uso do taquicoscópio em Fort Lee, Nova Jersey, Estados Unidos, projetando a cada cinco segundos sobre o filme *Picnic* a frase "Beba Coca-Cola", na velocidade de 1/3.000 de segundo cada vez, alegando ter aumentado em 57,7% as vendas no intervalo. Depois repetiram o experimento com pipoca.

A experiência teria sido realizada em um período de seis semanas, com um total de 45.669 pessoas que freqüentaram o cinema. O caso foi relatado na revista *Advertising Age* (v. 37, p. 127, 16 set. 1957).[6]

O experimento se tornou público em 10 de junho de 1956, quando o correspondente em Nova York do jornal *Sunday Times* de Londres publicou uma matéria com o título "Sales through the subconscious – invisible advertisement".

Esse artigo passaria despercebido se Vance Packard, professor de jornalismo em New Canaan (Connecticut), não lançasse sua obra *The hidden persuaders* comentando-o e desencadeando uma interminável corrente internacional de repetições que subsistiu até o final da década de 1980.

O livro de Packard, publicado no Brasil com o título *Nova técnica de convencer* (1980), tornou-se um clássico, leitura obrigatória nas aulas de publicidade.

Mas Packard não tinha a preocupação de relatar com exatidão ou de pesquisar com rigor científico. Descreve superficialmente os "efeitos subliminares" que "certos anunciantes"

---

6. Eu batizei essa experiência de **experimento vicarista**, como metáfora humorística para o termo brasileiro "vigarista" ou "conto do vigário", trocadilho que poucos compreenderam na primeira edição deste livro.

experimentavam "em meados de 1956" em um cinema de Nova Jersey, tentando insinuar uma mensagem de venda que os receptores não poderiam perceber conscientemente (p. 39).

Segundo Packard, a técnica consistia em projetar na tela do cinema anúncios de sorvete sobre o filme normal, durante frações de segundo.

Isso bastou para desencadear uma polêmica e, em razão do tom sensacionalista e emotivo usado no livro, fica difícil entender exatamente do que se trata, já que faltam ao texto muitos dados, como a descrição da tal técnica e o responsável pelo seu desenvolvimento.

Só em 1963, foi lançado um livro que trouxe novas informações sobre esse histórico experimento. Trata-se de *Técnicas de persuasão: da propaganda à lavagem cerebral*, de J. A. C. Brown (1976, p. 174).

Brown, por sua vez, descreve o processo com mais detalhes. Conta que Jim Vicary instalou em um cinema de Nova Jersey um segundo projetor especial, o qual projetava intermitentemente na tela frases como "Beba Coca-Cola" ou "Coma Pipoca".

As palavras eram projetadas tão depressa que a mente consciente não as poderia perceber sobrepostas ao filme, segundo Brown.

A obra de Brown não impediu que autores como Lagneau, na França, em 1977, e Espinalt, na Espanha, viessem a repetir Packard décadas depois.

Até mesmo um autor consagrado como Roger Mucchielli (1978, p. 21) chega a afirmar que "o efeito das percepções subliminares foi descoberto por volta de 1956". Por outro lado, Mucchielli afirma claramente que a percepção subliminar acontece até mesmo ao se folhear uma revista ao acaso, sem ler nem focar a atenção, ou quando se passa de carro por entre cartazes e *outdoors* que não são olhados. Esse importante aspecto será aprofundado adiante.

Já em 1980, Christiane Gade, na obra *A psicologia do consumidor*, dá mais detalhes sobre o experimento vicarista, como o nome da firma de Vicary – Subliminal Projection Company – e a técnica de superpor ao filme em intervalos de cinco segundos a mensagem *"Drink Coke"* ou *"Eat Pop Corn"*, a qual ficava na tela por 1/3.000 de segundo.

A autora emprega o termo **taquicoscópio** para descrever essa técnica, o que evidencia sua pesquisa mais aprofundada no assunto. O taquicoscópio pode ser comparado a um tipo de projetor de *slides* que projeta um único *slide* na velocidade de 1/3.000 de segundo. No cinema é colocado ao lado do projetor do filme – cuja projeção é ao ritmo de 24 fotogramas por segundo – e fica repetindo a imagem, sobreposta ao filme, a cada cinco segundos para dar a ilusão de movimento.

Gade também afirma que *outdoors* são registrados em níveis subliminares (o que já havia sido descrito no livro *Por que se compra* (1964) de Louis Cheskin, o criador da promoção de vendas).

Ainda em 1980, no livro *O homem e a sociedade: uma introdução à sociologia* (p. 70), Maria Benedita Della Torre descreve essas "imagens relâmpago" e afirma que "esta é apenas uma das técnicas da propaganda subliminar", e, embora não as descreva ou enumere, a autora afirma claramente existirem outras técnicas.

Então, em 1981, Zuleika Seabra Ferrari, no livro *Defesa do consumidor* (p. 49), chama a atenção para a contradição das fontes: Packard fala de sorvete na primeira experiência e Brown cita refrigerante e pipoca.

Zuleika Ferrari também faz referência a uma notícia do jornal *Folha de S.Paulo* de 12 de fevereiro de 1974, na qual é descrito o primeiro emprego de propaganda subliminar na televisão, outra mídia que não o cinema, portanto.

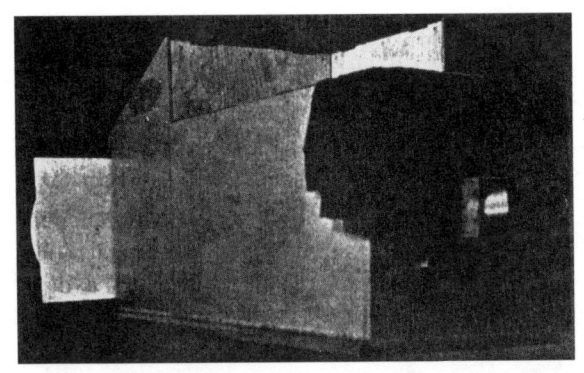

Vista externa do taquicoscópio com o cartão de exposição parcialmente retirado.

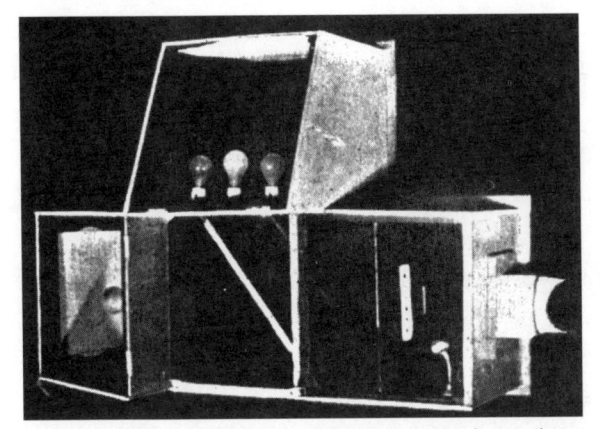

Vista superior mostrando a construção interna do taquicoscópio.

TAQUICOSCÓPIO

O instrumento empregado por Jim Vicary em seu famoso experimento de Nova Jersey, em 1956. Durante o filme *Picnic*, o segundo projetor emitia um *slide* com a frase *"Drink Coke"* [Beba Coca-Cola] em uma velocidade de 1/3.000 de segundo. O *slide* era projetado sobreposto ao filme, rápido demais para ser percebido conscientemente, mas a repetição do sinal subliminar causava efeitos no subconsciente do público, aumentando as vendas do refrigerante.

Fonte: Collier, An experimental study of the effects of subliminal stimuli, Psychological Monographs 52 (5):24, 1940.

O artigo noticia a proibição – pela Comissão Federal de Comunicações dos Estados Unidos –, por ser contrária ao interesse público, da veiculação do filme publicitário do jogo "Kusker Du", anúncio veiculado antes do Natal. No filme, a expressão "compre-o" aparecia quatro vezes, em frações de segundo, sobreposta à imagem.

Sam McLoud, da Telecast, defendeu-se declarando que o governo americano não definira o que seria subliminar, sendo a proibição arbitrária e sem base ou critérios.

A queixa de McLoud vale até hoje, século XXI, pois não há ainda critérios satisfatórios de avaliação da subliminaridade.

Cabe realçar o detalhe de que ambos os *cases* registrados empregam mensagens sob a forma verbal, e não de imagens.

Jim Vicary: DRINK COKE - EAT POP CORN
Sam McLoud: GET IT

Observe-se, também, a pouca evolução aparente da técnica:

1956 – VICARY com frases no cinema
1974 – McLOUD com frases na televisão

Há certo apego à redação, à forma verbal, que reflete o *Zeitgeist*, o qual analisaremos melhor mais adiante.

Entretanto, Zuleika Ferrari apresenta outro valioso acréscimo à compreensão do problema, quando cita Louis Cheskin, que emprega a expressão "efeito subliminar" como sinônimo de efeito subconsciente, afirmando que tal efeito não deve ser confundido com a "projeção subliminar".

Outros autores nacionais continuaram insistindo na repetição de citações à projeção subliminar de Vicary. É o caso de Faria, que, em *A comunicação na administração* (1982, p. 30), descreve o experimento vicarista acrescentando ter ocorrido em Fort Lee, Nova Jersey, durante a projeção do filme *Picnic*, com Kim Novac (no Brasil, *Férias de amor*). Ele ressalta que foram usadas as frases "Beba Coca-Cola", com aumento das vendas da ordem de 57,7% e "Coma Pipoca", com aumento de 18,10%.

Faria descreve outro experimento na televisão, realizado pela BBC de Londres, com um sinal subliminar a 1/26 de segundo que teria tido resultados positivos nos telespectadores. Ele também descreve casos de subliminar sonoro.

Em 1986, Plínio Cabral, na obra *Propaganda: a alquimia da sociedade industrial* (p. 82), define subliminar apenas em termos taquicoscópicos: projeção em 1/3.000 de segundo.

Por fim, em 1988, em *Televisão, a vida pelo vídeo* (p. 81), Ciro Marcondes Filho novamente menciona o experimento vicarista de 1956, chegando a descrever a técnica como "inserção de um quadro de propaganda destes produtos em cada um dos 24 quadros cinematográficos", e cita Packard como fonte, além de reiterar diversas vezes que tais inserções são "tecnicamente impossíveis de realizar" e que tais experiências não têm validade científica alguma.

Essa amostragem bibliográfica por si só evidencia a escassez de dados atualizados referentes ao problema da propaganda subliminar. Até mesmo obras traduzidas do inglês, francês e espanhol somente reforçam e reiteram a monótona repetição de referência a Vicary via citações de Packard, com raríssimas exceções que sugerem a vaga existência de outras técnicas diferentes da projeção subliminar, e isso sem as enumerar ou detalhar.

Uma das obras de autoria de Mucchielli chega a afirmar que o efeito das percepções subliminares foi descoberto em

1956, enquanto outros autores até negam a possível existência dessas técnicas ou sua validade científica.

Torna-se necessário, pois, recorrer a fontes específicas para levantar os antecedentes históricos.

O primeiro autor a surgir em qualquer pesquisa do tema é o psicólogo canadense Wilson Bryan Key, Ph.D., cujo livro *Subliminal seduction* (1974) apresenta uma breve história da percepção subliminar.

Para Key, as primeiras referências à percepção subliminar remontam aos escritos de Demócrito (400 a.C.), que primeiro afirmara que "nem tudo o que é perceptível pode ser claramente percebido". E Platão, no *Timeu*, teria aprofundado esse conceito que caberia a Aristóteles detalhar na sua teoria dos umbrais da consciência na obra *Perva naturalia*, há cerca de dois mil anos, com a teoria dos "Umbrais da Consciência".

Entre incontáveis exemplos, Key cita Montaigne em 1580 e Leibniz em 1698, o qual afirmava existirem "inumeráveis percepções praticamente inadvertidas, mas que se tornam óbvias por meio de suas conseqüências". Key cita outros filósofos e ensaístas até chegar a Freud. Um dos contemporâneos de Freud, o doutor Poetzle, teria feito, em 1919, uma das primeiras descobertas cientificamente comprovadas sobre a estrutura da percepção subliminar, formulando a "Lei de Exclusão".

Para Poetzle, um estímulo captado conscientemente não se manifesta nos sonhos subseqüentes, ou seja, ele demonstrou pelo estudo de casos e mediante experiências documentadas que o conteúdo dos sonhos consiste em informações percebidas subliminarmente. Todos os dados excluídos da percepção consciente são gravados subliminarmente, sendo este o material processado nos sonhos. É a Lei de Exclusão.

A equipe de Poetzle documentou que os olhos realizam cerca de cem mil fixações diariamente, sendo que apenas uma ínfima porcentagem desses focos se fixa conscientemente. O restante é subliminar. Os sonhos são subliminares.

Em 1919, com base nas semelhanças e analogias entre os estímulos subliminares, a sugestão pós-hipnótica e a neurose compulsiva, Poetzle estabeleceu uma relação de causa-efeito que lhe deu merecido reconhecimento na comunidade clínica. As relações entre subliminar, hipnose e certos estados alterados da saúde mental são até hoje objeto de pesquisas e teses de doutorado em todo o mundo.

Cientistas behavioristas da psicologia experimental pesquisaram em condições de laboratório as descobertas de Poetzle por trinta anos, segundo Key, antes da primeira experiência em marketing, o experimento vicarista.

Key demonstra a complexidade e a evolução histórica das pesquisas sobre a percepção subliminar, uma linha de pesquisa antiga, mas cujos resultados são raramente ou quase nunca levados a público.

Um exemplo aleatoriamente escolhido pode ser o da tese de doutoramento de R. M. Collier, de junho de 1934: "Um estudo experimental dos efeitos dos estímulos subliminares", na qual, após um longo e detalhado histórico com abundantes referências às pesquisas que o precederam, remontando a Leibniz, efetiva uma experiência com o taquicoscópio, chegando mesmo a descrever a construção interna do aparelho e seu funcionamento.

Como vemos por esse texto, o taquicoscópio já era conhecido na década de 1930, antes de ser empregado por Vicary, o qual, portanto, não pode ser considerado o criador do aparelho nem da tecnologia subliminar, ao contrário do que erroneamente desejam nos fazer crer diversos autores e tem sido difundido pela internet.

Segundo Channouf, há registros de pesquisas experimentais empíricas com subliminares desde Pierre e Jastrow em

1884, com base em teorias de filósofos como Locke, Leibnitz, Helveticus, Helmholtz e James; e explica que Étiene Bonnot de Condillac, em 1746, foi o primeiro filósofo a descrever como as impressões do mundo exterior recebidas sem consciência afetam estados de ânimo (Channouf, 2000, p. 23).

Channouf completa sua pesquisa citando Miller, que, em 1939, relacionou a psicologia motivacional a estímulos subliminares (p. 34), e Dixon, que apenas em 1971 sistematizou os experimentos anteriores sobre subliminares e estabeleceu os procedimentos metodológicos de pesquisa, concluindo que estímulos subliminares ativam receptores periféricos sem um efeito consciente. Channouf conclui que "a percepção subliminar assim ganhou uma legitimidade científica" (p. 40).

Em 1964, Lloyd Silverman iniciou a publicação do que veio a ser uma extensa lista de artigos sobre seu "método de ativação psicodinâmica subliminar", demonstrando que a tecnologia de projeção subliminar taquicoscópica torna possível testar empiricamente hipóteses psicanalíticas.

Durante muitos anos, Silverman publicou artigos com os resultados de suas pesquisas nas mais variadas revistas científicas internacionais.

Entre seus trabalhos, empregando o taquicoscópio e medindo estatisticamente os resultados dos testes com estímulos verbais e pictóricos, encontram-se artigos sobre o tratamento clínico subliminar da obesidade, esquizofrenia, homossexualidade etc.

Numerosos artigos de psicologia experimental continuam sendo publicados até hoje em todo o mundo, pesquisando a tecnologia de projeção subliminar taquicoscópica. A quantidade evidencia a validade e importância científica do subliminar.

Por outro lado, a aplicação dessa tecnologia na mídia eletrônica vem sendo objeto de experiências em diversos países. O caso "Kusker Du" foi a primeira experiência publicitária registrada do emprego de subliminar na televisão. Contudo, incentivada pelo artigo de 10 de junho de 1956 sobre Vicary, em 22 de junho de 1956 a BBC de Londres realizou a experiência subliminar descrita por Faria e aprofundada em detalhes por Jean-Louis Swiners no artigo "La publicité subliminale", de 1980.

A BBC, sob orientação de James McCloy, teria projetado mensagem subliminar com a duração de 1/25 de segundo (sic). As características de mosaico da tela de televisão e a varredura dos *pixels* ou *frames* permitiriam essa velocidade tão inferior aos 1/3.000 de segundo do taquicoscópio no cinema, como McLuhan já dizia.

Quanto à legislação, Key discorre, em *Media sexploitation* (1977), sobre as insuficiências jurídicas e a Federal Trade Commission, a qual limitou suas considerações sobre o subliminar, restringindo-se ao simplório emprego de velocidades taquicoscópicas. O autor afirma que os executivos de pesquisa da Coca-Cola já em 1969 consideravam o taquicoscópio obsoleto em relação à técnica de embutir imagens que ele descreve detalhadamente e veremos a seguir.

Por outro lado, se a legislação americana é falha, lacunosa e desatualizada, e não acompanha o estágio da técnica, o que dizer da legislação brasileira, como a Lei nº 4.680 e o Código de Ética dos Profissionais de Propaganda que nem sequer citam a possibilidade de existência dos subliminares?

No país de Ralph Nader, berço dos movimentos de defesa do consumidor, a polêmica e proibida projeção subliminar visual taquicoscópica continua a ser empregada, apenas contornando a legislação que a proíbe nos meios de comunicação de massa.

Key, na obra *The clam-plate orgy and other subliminal techniques for manipulating your behaviour* (1981, p. 98), explica que

Becker adaptou a tecnologia de projeção taquicoscópica para fitas de videocassete.

Desde 1985, a Llewellyn mantém no mercado um catálogo de fitas de vídeo contendo mensagens subliminares, as quais não são transmitidas pelos meios de comunicação de massa, mas assistidas por particulares em seus aparelhos domésticos de videocassete, em exibição privada e não pública, burlando assim a proibição jurídica.

Existem coleções de fitas com os mais variados temas: fitas para perder peso, parar de fumar, baixar a pressão arterial, combater a depressão, para descarregar a agressividade etc. São distribuídas comercialmente e contêm aberta e declaradamente tecnologia de projeção subliminar taquicoscópica.

A Llewellyn tem outras concorrentes, empresas de tecnologia subliminar como a Valley of the Sun, que desde 1988 colocou no mercado, seguindo o sucesso da anterior, fitas como "Positive thinking", vídeo antidepressivo, entre outras.

A aplicação mais recente da tecnologia de projeção subliminar taquicoscópica que igualmente contorna a proibição legal na mídia está nos *softwares* de computador com sinal subliminar. Um digitador que opera um terminal de computador em uma empresa é um elemento singular que não se enquadra na previsão normativa sobre mídia, tal qual o indivíduo assistindo a videocassete na privacidade de seu lar. O mesmo se aplica a qualquer usuário residencial de *videogames* e sistemas análogos: a exibição ao sinal subliminar é particular, e não pública.

SOFTWARES SUBLIMINARES

Os *"softwares* subliminares" vêm sendo aplicados pelos departamentos de pessoal e de recursos humanos de diversas empresas norte-americanas com o objetivo de aumentar a produtividade dos funcionários que operam terminais. Um gerente de recursos humanos pode adquirir estes programas que piscam frases em velocidade taquicoscópica como "trabalhe mais depressa" ou "adoro meu serviço".

Um fato digno de nota é que diversos desses programas são escritos por médicos psiquiatras, *experts* em neurofisiologia, em cérebro. Tais programas geram efeitos semelhantes à sugestão pós-hipnótica, induzindo o trabalhador a acreditar que deve ser mais rápido e dedicado no trabalho, que sua jornada é curta e agradável, seu emprego é o melhor possível etc.

Firmas como a Greentree Publishers of Camerillo (Califórnia) colocam no mercado programas assinados por psiquiatras como Ronald Levy e Sidney Rosen, anunciando explicitamente os efeitos hipnoterapêuticos que exercem sobre os funcionários.

Em resumo: a tecnologia de projeção subliminar visual em velocidade taquicoscópica é uma forma de propaganda invisível empregada atualmente nas mídias cinema e televisão, já adaptada ou formatada para fitas de videocassete e programas de computador.

Evidencia-se, igualmente, que os conteúdos dessas mensagens podem variar desde a manipulação de empregados até a venda de refrigerantes, passando pelo uso clínico, à semelhança de sugestão pós-hipnótica, para emagrecer, parar de fumar etc.

Com o *software* produzido pela Macromedia, o popular programa Director, ou digitando direto em HTML ou Javascript, é possível medir o comando "DELAY" (tempo de leitura-permanência da tela em velocidades vertiginosamente taquicoscópicas). Tanto *websites*, *homepages* ou CD-ROMS que empreguem tais ferramentas podem inserir signagens subliminares, e em uma animação de 300 ou 400 quadros, além de imperceptível, ficaria muito trabalhoso rastrear cada imagem e cada quadrante para vistoriar subliminares.

Recursos que existem desde o Flash 4.0, um programa vetorial que executa cálculos velozes. No Ambiente Flash há comandos que possibilitam inserir quadros coloridos cuja leitura-varredura na tela dos computadores chegue aos 30 quadros por segundo, inserindo um quadro com a mensagem subliminar entre os outros 29 do GIFF animado no Flash 4.0. Há outras ferramentas para inserir subliminares: Fire-Works, Giff Animator, 3-D Studio Max etc.

MENSAGENS SUBLIMINARES MULTIMÍDIA

> Parece haver uma dimensão subliminar em tudo o que é comunicado nos meios de comunicação de massa.[7]
>
> WILSON BRYAN KEY

> De modo geral, os processos subliminares aplicam-se, em teoria, a todos os fenômenos sensoriais suscetíveis de se traduzir nas percepções do mundo exterior pelo indivíduo.[8]

> [...] considera-se subliminar qualquer estímulo que não é percebido de maneira consciente, pelo motivo que seja: porque foi mascarado ou camuflado pelo emissor, porque é captado desde uma atitude de gran-

---

7. Key, 1974, p. 186.
8. *La communication et les mass media*. Paris: Les dictionaires Marabout Université, p. 712.

de excitação emotiva por parte do receptor [...] porque se produz uma saturação de informações ou porque as comunicações são indiretas e aceitas de uma maneira inadvertida.[9]

JOAN FERRÉS

Para uma teoria da comunicação subliminar

As obras de teoria da comunicação são negligentes quanto ao aprofundamento dos conceitos teóricos que fundamentam o problema das mensagens subliminares. Portanto, torna-se necessário construir passo a passo cada elemento explicativo da subliminaridade.

A psicologia apresenta o primeiro conceito ao definir subliminar como qualquer estímulo abaixo do limiar da consciência, estímulo que, não obstante, produz efeitos na atividade psíquica.

Por sua vez, a psicologia da Gestalt apresenta o conceito de figura e fundo como o mais primitivo processo da percepção, quando um órgão sensório focaliza e destaca um padrão de estímulos como figura, deixando o resto como fundo.

Ora, as imagens cenotécnicas do cenário dos filmes, das telenovelas e do teatro são fundo, tal como a "música de fundo". Todos esses elementos seriam um fundo subliminar.

Tal princípio se aplicaria também na teoria matemática da informação, como similar em certo sentido ao conceito de ruído.

Exemplificando melhor: se alguém estivesse ouvindo a transmissão de um jogo de futebol pelo rádio, o som de uma

---

9. Ferrés, 1998, p. 14.

ópera de Wagner vindo do vizinho seria um ruído, um fundo subliminar despercebido do padrão sonoro eleito como principal.

Por outro lado, se estivesse ouvindo Wagner, qualquer outro som seria o fundo subliminar indiferente.

Pois, como ensina a psicologia sensorial, a percepção é seletiva, segundo o interesse focado.

Em seu livro *A persuasão e suas técnicas* (1987, p. 50), Lionel Bellenger explica que recebemos múltiplas mensagens, e nossa atenção seletiva filtra e focaliza um único canal sensório, deixando todo o resto como subliminar.

Jacob Bazarian, em *Intuição heurística* (1986, p. 58), explica que tais informações entram "de contrabando" e se depositam na memória subliminar ou subconsciente.

Existe até mesmo uma tecnologia industrial, quase ciência já – a ergonomia –, que se dedica a medir os limiares dos órgãos sensoriais humanos. A aferição ergonométrica estatística quantifica limites numéricos a exemplo da psicologia experimental em condições de laboratório.

A projeção subliminar visual taquicoscópica baseia-se nos resultados quantitativos dos limites dos órgãos sensoriais.

Por outro lado, na psicologia analítica de Carl Gustav Jung podem-se encontrar conceitos referentes ao problema do subliminar, os quais seguem uma orientação totalmente diferente do conceito meramente estatístico e quantitativo da psicologia experimental.

Jung compara a consciência a um holofote que pode ser dirigido e focalizado em uma área de interesse, deixando na sombra subliminar todo o mundo de informações não focadas. Contudo, os pensamentos e idéias não iluminados, esquecidos, não deixam de existir; encontram-se em estado latente, adormecidos em um estado subliminar, além do limite da atenção consciente ou da memória, o que não impede que a qualquer momento possam surgir espontaneamente.

Subliminar é abaixo dos limites; onde houver fronteiras e limites haverá sublimites subliminares.

Em sua obra *A dinâmica do inconsciente*, Jung define inconsciente como a totalidade dos fenômenos psíquicos em que falte a consciência. O inconsciente contém todas as impressões subliminares sem energia psíquica para alcançarem a superfície da consciência. Jung chega a afirmar que "o inconsciente dispõe de percepções subliminares cujo espectro e extensão tocam as raias do maravilhoso" (1984, p. 27-28).

Para Jung há três níveis psíquicos:

1) A consciência.

2) O inconsciente pessoal – composto dos conteúdos que perderam intensidade e caíram no esquecimento, ou aqueles dos quais a consciência se retirou (repressão) e todos aqueles que nunca chegaram a ser conscientes, os subliminares.

3) O inconsciente coletivo, herança imemorial comum a todos os humanos.

No inconsciente pessoal encontrar-se-iam, igualmente, conteúdos que ainda não amadureceram para chegar à consciência. Jung compara este nível psíquico à figura da sombra – tudo aquilo que o indivíduo poderia ter sido, todas as opções não tomadas, tudo o que não foi focado pelo interesse.

A sombra é subliminar.

Entretanto, em outro livro, *Sincronicidade* (1984, p. 24-28), Jung afirma que as rápidas intuições que geram nossas decisões seriam fruto de conteúdos subliminares.

A intuição é subliminar.

Assim, toda informação não focalizada com interesse seria um fundo indiferenciado, um ruído subliminar acumulado na sombra do inconsciente pessoal, alimentando as intuições.

Tal afirmação vem ao encontro da Lei de Exclusão de Poetzle, segundo a qual o conteúdo dos sonhos seria composto de informações subliminares.

Com base nesses conceitos, podemos estender a definição de todas as informações encontradas no fundo; tudo que não ultrapasse o limiar da consciência em estado de vigília. Guilherme Fernandes Neto especifica tais complexidades da pesquisa em subliminares citando Christiane Gade:

Gade – doutora em Psicologia – afasta as dúvidas que pudessem existir e leciona que "a sugestão subliminar não obedece regras simples" [...] E aprofunda tais questões da percepção seletiva e suas variáveis condicionantes na pesquisa de subliminares:

[...] poucos, talvez, conseguirão visualizar a matéria como informe publicitário, como matéria paga que é. Tal percepção seletiva dependerá de diversas variáveis: da capacidade crítica dos destinatários, da reputação da mídia utilizada, dos personagens que participam do merchandising, do tempo de exposição desta publicidade etc. (Gade, 1980, p. 42 *apud* Neto, 2004, p. 176, 195)

Se os publicitários são extremamente reticentes ou evasivos sobre o tema, chegando até a negar a existência da subliminaridade – isso quando não zombam e menosprezam o assunto chamando-o de lenda urbana –, os cineastas comentam com naturalidade as tecnologias subliminares nos filmes de cinema, em imagem e som, as mesmas tecnologias empregadas na publicidade.

Espinal (1976, p. 75) conta diversos casos de subliminares em autores como Fellini e explica que "depende da resistência do subconsciente do espectador que a imagem subliminar seja ineficaz, não da falta de força da própria mensagem".

E continua: "O tema da percepção subliminar no cinema é tão importante que vale a pena analisá-lo um pouco mais" (p. 76).

Em todo o filme há uma quantidade de elementos plásticos que influenciam o espectador, sem que este possa dar conta deles [...] o tipo de linhas figurativas de composição do quadro de Alexandre Nevski de Eiseinstein. O tipo de cor utilizado pode ser também praticamente subliminar. Tati, na fita Meu tio usa cores quentes para a zona popular e cores frias para os novos ricos, provocando assim uma emotividade dirigida. Algo parecido faz Truffaut em Farenheit 451 ao empregar fundamentalmente as cores nazistas vermelho e preto [...] A lista de exemplos poderia se alargar indefinidamente. (p. 77)

As imagens que captamos só subconscientemente se mantêm neste nível subliminar por alguma destas razões:
1- Por um tempo de exposição insuficiente para uma captação reflexa e consciente.
2- Por tratar-se de imagens que estão fora dos centros de atenção da tela cinematográfica [...] não estão no itinerário dos olhos sobre a tela.
3- Pela dispersão da atenção do espectador [...].
4- Pela captação sintética e não analítica da realidade [...].
5- Pela sutileza de certos elementos perceptivos que escapam a nossa atenção.
6- Por certas tendências instintivas do espectador, ainda não conscientizadas. (p. 76-77)

No item 1, Espinal detalha a edição veloz e até taquicoscópica; no item 2, as técnicas da Gestalt de figura-fundo captadas pela visão periférica (células bastonetes); no 3, a concorrência de elementos na tela que, por meio de cores, posicionamento da câmera ou movimento, tornam outras imagens um fundo (técnica explorada pelo *merchandising* ou *tie-in*); e, nos três últimos, questões cognitivas relacionadas a iconesos e subtexto na percepção seletiva sintética do hemisfério direito do cérebro.

Além dos cineastas, os atores e diretores de teatro também não se esquivam a discutir abertamente as tecnologias subliminares; como Galizia (1986, p. 4) ao debater Bob Wilson:

> A estimulação dos modos de percepção é uma característica constante no trabalho de Wilson. Em Vídeo 50, em que o espectador é convidado a apreciar cada imagem por um tempo consideravelmente longo, termina-se por detectar uma série de informações que, quando transmitidas regularmente pela televisão normal, mantêm-se, invariavelmente, no nível subliminar.

Bob Wilson faria, então, o desmascaramento dos subliminares da mídia ao treinar os atores a atuar em câmera lenta, conforme diz Galizia: "A obsessão de Wilson pela câmera lenta é o resultado de seu interesse por níveis subliminares de comunicação" (p. 108). "O conteúdo de Video 50 é, então, a essência do que é subliminar, separado, agora, de seu correspondente não-subliminar" (p. 17).

Tanto os autores de cinema quanto os de teatro conhecem bem as tecnologias e linguagens subliminares, e o mesmo ocorre nas artes plásticas e na literatura, como já previa o físico da USP que trabalhou com Einstein, o também crítico de arte Mario Schemberg, ao descrever o futuro da arte: "Outras possibilidades se baseiam sobre efeitos hipnóticos e psicodélicos bem conhecidos, inclusive percepções subliminais" (Schemberg, 1988, p. 205).

Roman Jakobson também descreve subliminares na literatura no artigo "Configuração verbal subliminar em poesia", no livro *Lingüística, poética e cinema* (1970, p. 92):

Tais estruturas, poderosas particularmente em nível subliminar, podem funcionar sem qualquer espécie de assistência da reflexão lógica e da apreensão manifesta, tanto no trabalho de criação do poeta quanto na sua recepção pelo leitor sensível.

Todavia, podemos cogitar se também haveria alguma base física ou fisiológica para uma teoria da comunicação subliminar, ou uma **Biomidiologia**.[10]

O que os olhos não vêem o coração sente

Após as teses sobre hemisférios cerebrais de McLuhan, Wilson Bryan Key também pesquisou as bases fisiológicas para a compreensão dos fenômenos e processos subliminares, na obra *Subliminal seduction* (1974). Ele explica que os cursos de leitura dinâmica se baseiam na recepção de mensagens diretamente pelo cérebro via ocular sem o crivo crítico da consciência.

Key aborda a morfologia celular do olho humano, apresentando a fóvea, parte central do olho, do tamanho de uma cabeça de alfinete, composta pelas células cones, como o foco da visão consciente.

---

10. Biomidiologia é um neologismo de propriedade intelectual de Flávio Mário de Alcantara Calazans; o termo foi registrado na Biblioteca Nacional do Ministério da Cultura aos 16 de janeiro de 2002, registro 249.607, livro 444, folha 267, como descoberta científica do autor.

ESCHER — FIGURA/FUNDO
Mosaic I

O desenho de Escher demonstra visualmente o princípio de figura/fundo da Gestalt. Enquanto a fóvea focaliza a figura dos seres negros, o fundo branco é uma mensagem subliminar recebida pela visão periférica. Se, porém, a fóvea focaliza a figura dos seres brancos, o fundo negro é uma mensagem subliminar periférica.

Fonte: M. C. Escher – Gravuras e desenhos. Rio de Janeiro: Paisagem: 2004.

Já no seu terceiro livro, *The clam-plate orgy and other subliminal techniques for manipulating your behaviour* (1981), Key aprofunda este conceito fisiológico quando afirma que a visão periférica, o canto do olho, composto das células bastonetes, seria a responsável pelo registro visual das percepções subliminares.

Assim sendo, a fóvea foca a figura consciente enquanto a visão periférica capta o fundo subliminar.

Ora, os bastonetes são células sensíveis a movimento e estímulos fracos: enquanto os cones vêem as cores, os bastonetes vêem em preto e branco.

A enorme quantidade de informação subliminar que entra pela visão periférica de contrabando é que será o conteúdo dos sonhos, como explica Poetzle.

Já para Al Ries e Jack Trout, no livro *Posicionamento: como a mídia faz sua cabeça* (1987), vivemos em uma sociedade saturada de informação. Assim, para se defender da overdose, do *clutter* (sobrecarga), a mente humana adaptou-se aprendendo a filtrar, a rejeitar a informação à qual não lhe interessa se expor naquele momento.

Desse modo, o cérebro torna-se indiferente a toda mensagem sem interesse – tudo se torna fundo subliminar depositando-se no inconsciente pessoal. Uma cultura subliminar, toda uma sociedade subliminar, uma subliminaridade multimídia.

Mauro Sá Rego, no artigo "Alice no país subliminar" da *Folha de S.Paulo* de 9 de outubro de 1984, afirma:

> Todos os mídia são meios subliminares. Marshall McLuhan falava a mesma coisa... O metrô é subliminar. Os shopping-centers são subliminares. As lanchonetes modernas todas paginadas, do hambúrguer à roupa do cozinheiro, são subliminares no seu efeito, no seu apelo, na sua sedução. Por que você volta

sempre ao McDonald's, mesmo depois de perceber que pesa, que é difícil de digerir?

Todas as mídias são subliminares, por isso podemos denominar as mensagens subliminares de multimídia. A seguir abordaremos, com mais detalhes, a programação visual subliminar do McDonald's.

Por outro lado, Louis Cheskin, na obra *Por que se compra* (1964), já explica os efeitos subliminares dos anúncios, chegando a um estudo de caso dos chapéus Knox. Um consumidor fiel parava seu carro diariamente em um semáforo que lhe exigia toda a atenção, ao lado de um *outdoor* dos chapéus Knox.

Ora, a fóvea foca atentamente a figura do semáforo e o fluxo de trânsito, enquanto a visão periférica recebe o fundo subliminar do cartaz Knox. O próprio Abraham Moles, no clássico *O cartaz* (1974, p. 250), afirma que os efeitos móveis nos luminosos nos cartazes geram subliminaridade. Por sua distribuição no ambiente urbano, a mídia cartaz ou *outdoor* confere à mensagem visual alta subliminaridade. Desse modo, o ambiente urbano é subliminar, pois vitrines, fachadas de lojas, cartazes, *outdoors*, bancas de jornal, camelôs, enfim, tudo que não é focado pelo consciente são registrados subliminarmente.

Grafites e pichações nos muros, logotipos na frente dos edifícios-sede de empresas, carros, jornais e revistas nas mãos dos transeuntes, tudo é captado em nível subliminar.

Contudo, não são apenas as mídias visuais ambientais que são passíveis de enquadramento na categoria de subliminares: o subliminar também está fortemente inserto nas mídias audiovisuais.

André Forastieri publicou na *Folha de S.Paulo*, de 27 de novembro de 1989, cópia de *releases* sobre a "TV Dante", minissérie em oito capítulos produzida para a televisão inglesa Channel Four.

A "TV Dante" tem uma mixagem editada por computador na qual se sobrepõem seis ou sete linhas narrativas em uma tela subdividida, em que a imagem central, por exemplo, são corpos nus dançando atormentados (imagens distorcidas por computador). Três telas abaixo, professores explicam as conotações simbólicas do inferno, enquanto nos cantos da tela imagens superampliadas de abelhas enojam a visão periférica do espectador. Essa cena dura quinze segundos em tomadas ágeis.

Ora, a overdose de informação empurra para o subconsciente toda essa informação subliminar, enquanto a fóvea focaliza o apelo sexual dos corpos nus dissonantes.

Pode-se, então, propor uma fórmula esquemática para explicar o subliminar:

$$\text{SUBLIMINAR} = \frac{\text{maior quantidade de informação}}{\text{menor tempo de exposição}}$$

O excedente de informações é passivamente assimilado pelo inconsciente pessoal ou subconsciente. A saturação subliminar é resultante da falta de tempo para pensar nas imagens.

Esse é o ritmo do videoclipe e até do telejornalismo, cuja força manipuladora reside na rapidez com que é transmitida muita informação diversificada, passando no subtexto, nas entrelinhas, toda uma visão de mundo ou ideologia das agências de notícias que selecionaram o material distribuído.

Luiz Eugênio de A. M. Mello, professor de neurofisiologia da Unifesp (Universidade Federal de São Paulo), no artigo "Segredos da consciência – estudos procuram esclarecer como o cérebro reage ao estímulo subliminar" (1999), afirma:

Com base em estímulos visuais subliminares, um dos pioneiros na área, Howard Shevrin, indicou, há quase 30 anos, possíveis bases para os conceitos freudianos de consciente e inconsciente. Nesses estudos, pessoas com medo de falar em público eram subliminarmente expostas a palavras associadas a esses medos. Por exemplo, um estudante com medo por não querer parecer desrespeitoso era exposto às palavras "rebelde" e "selvagem". [...] é fascinante que um estímulo subliminar, tênue, seja processado mais rapidamente que um duradouro e intenso. Ainda mais fascinante é o fato de podermos ter memória desses eventos. Essa forma de memória inconsciente, também conhecida por efeito de mera exposição (do inglês *mere exposure effect*), representa a capacidade de eventos subliminares anteriores influenciarem uma decisão. Em um estudo publicado no *Journal of Neuroscience* (15. jun. 1998), Rebecca Elliot e Raymond Dolan, usando tomografia por emissão de pósitrons (PET, uma técnica que permite "ver" o cérebro em funcionamento), demonstraram uma ativação do córtex pré-frontal lateral direito associada a essa forma de memória implícita.

São surpreendentes os resultados de pesquisas científicas que comprovam tais fenômenos de *recall* (memória) subliminar, usando tecnologia de ponta das neurociências como a tomografia por emissão de pósitrons. Tal memória implícita é base da segunda fórmula e das teorias sobre subtexto que apresento nesta obra.

Também o *cult-movie Blade runner*, de 1982, enquadra-se na categoria subliminar. Todo o quadro é preenchido por uma poluição visual urbana com dezenas de anúncios, nunca focalizados plenamente graças ao *timing* rápido das mudanças de enquadramento, ao movimento ágil da câmera focando os atores em ação e à edição com rápidos e freqüentes cortes nervosos que estonteiam, como um videoclipe. O cenáriofundo subliminar é imperceptível graças à edição veloz. O tempo não é suficiente para efetuar uma varredura fóvica pela tela. Assim, o espectador focaliza os atores e deixa-se envolver pela trama narrativa, enquanto sua visão periférica recebe subliminarmente as dúzias de anúncios subliminares que pagaram o filme, como será visto no capítulo sobre *merchandising*.

Um exercício interessante é assistir pausadamente a *Blade runner* em vídeo, cena a cena, e contar o número de anunciantes (como a Coca-Cola) e a freqüência com que aparecem.

Seguindo esse princípio, o videoclipe também é uma mídia subliminar, podendo mesmo ser considerado um gênero de propaganda subliminar dos grupos musicais ou discos cujas melodias ilustram. Mais subliminares ainda ao serem exibidos nos telões das discotecas e captados pelo canto do olho do público concentrado em danças ou no parceiro.

Outro exemplo de mídia subliminar, desta vez na mídia impressa, são as histórias em quadrinhos, cuja peculiaridade estrutural da signagem favorece o subliminar.

Ao ler uma HQ, a fóvea centraliza e foca as letras, o texto dentro dos balões, as falas dos personagens.

No desenrolar da trama, a curiosidade força o leitor a procurar avidamente o próximo balão, e assim sucessivamente, mantendo o ritmo de leitura. Ora, a atenção centrada no signo verbal nos balões torna os desenhos perceptíveis apenas de relance, pela visão periférica dos bastonetes como fundo subliminar.

Dessa forma, a signagem própria dos quadrinhos, intersemiose[11] texto-desenho, faz do desenho um sinal subliminar

---

11. Intersemiose – processo de comunicação no qual são envolvidos signos de dois códigos diferentes, no caso, letras e desenhos, para compor uma só mensagem.

na leitura, como veremos ao abordarmos as onomatopéias iconesas. Autores como Will Eisner e Allan Moore descrevem o processo de plantar mensagens subliminares no cenário dos quadrinhos, empregando até mesmo o termo "subliminar" ao se referirem aos desenhos e letreiros iconesos.

Porém, as possibilidades subliminares da mídia impressa não se esgotam nos quadrinhos. Segundo McLuhan (1979, p. 261), os efeitos da tipografia são tão subliminares quanto os da fotografia. Os efeitos subliminares da mídia impressa são analisados por João Rodolfo do Prado, para quem o discurso gráfico é o conjunto de elementos visuais do jornal, da revista, do livro ou de qualquer impresso (apud Silva, 1985, p. 39).

Como discurso, ele é significável, o que quer dizer que para entender um jornal não é necessário ler os textos. Para Prado, há mesmo duas leituras: uma gráfica e outra textual. Somos condicionados à sucessão: título, abertura, texto; tão treinados que inconscientemente aceitamos essa organização da percepção, bem como aceitamos os tipos gráficos e a diagramação. Tudo isso é o que conduz a leitura.

"O discurso gráfico é fundamentalmente subliminar", conclui Prado (apud Silva, 1985, p. 40). Assim:

a) a leitura textual seria fóvica: cones – consciente – figura;

b) a leitura gráfica seria periférica: bastonetes – subliminar – fundo.

Todo o discurso gráfico é subliminar: a ordenação dos textos, a diagramação, a titulagem, a escolha da família das letras, a cor da tinta, o tipo de papel; em suma, toda a produção gráfica e editoração refletem a imagem da empresa, a identidade visual-tátil do veículo. A programação visual é subliminar.

Pode-se orquestrar uma campanha publicitária abrangendo todas as formas de comunicação visual existentes com efeitos subliminares planejados, veiculando a mesma mensagem em diversas mídias: cinema, televisão, jornal, revista, quadrinhos, videoclipes, outdoors, placas de lojas etc.

Bodoni Book 1. Leve, rica, bela, cara, significativa, graciosa, apertada, formal. 2. Suave. 3. Perfeita, boa, limpa, harmoniosa, honesta.	A	**Garamond** 1. Leve, rica, bela, arredondada, cara, significativa, delicada, graciosa, formal. 2. Sincera. 3. Perfeita, boa, limpa, harmoniosa, honesta.	A
Bodoni Book Itálica *1. Perfeita.* *2. Suave, sincera, feminina.* *3. Boa, rica, bela, arrendondada, cara, graciosa, limpa, harmoniosa.*	*A*	*Garamond Itálico* *1. Perfeita, boa, rica, bela, arredondada, harmoniosa, honesta.* *2. Ornamentada, fraca.* *3. Suave, leve, cara, feminina, delicada.*	*A*
Karnak Intermediate 1. Dura, constrangida, forte, masculina, vigorosa, desajeitada, rígida. 2. Boa, simples, limpa, honesta.	**A**	**Garamond Bold** 1. Velha, significativa. 2. Dura, sincera, comum, vigorosa. 3. Perfeita, forte, triste, masculina, limpa, harmoniosa, honesta.	**A**
Type Script *1. Antiquada.* *2. Fraca, bela.* *3. Suave, ornamentada, leve, complexa, rica, com rodeios, cara, feminina, delicada, graciosa, limpa, harmoniosa, formal.*	*A*	**Tempo Bold** 1. Nova, moderna. 2. Dura, sincera, boa, forte, sinistra, simples, masculina, robusta, honesta.	**A**

DISCURSO GRÁFICO SUBLIMINAR

Cada família de letras apresenta uma personalidade que tem efeitos psicológicos subliminares, transmitidos como parte do discurso gráfico subliminar.

Fonte: Adaptado de Baker, Visual perceptions, the effect of pictures on the subconscious, *Nova York: McGraw-Hill, 1961.*

CAPÍTULO 2

SEMIÓTICA SUBLIMINAR

A fotografia estava preparada para exercer subliminarmente muito mais influência sobre nossa leitura do
mundo do que se poderia, à primeira vista, imaginar.

LÚCIA SANTAELLA, 1992, p. 16

Mesmo o estudo das mensagens subliminares visuais
pode ser dividido em dois tipos, de acordo com o sinal enunciado: escrito ou imagem.

Para tanto, pesquisas da teoria dos signos, a semiótica,
identificam os signos analógicos, ícones que apresentam
semelhança com o objeto representado, assim como desenhos
e fotografias se assemelham analogicamente à realidade.

A informação analógica é de decodificação mais veloz,
instantânea mesmo.

Por exemplo: um indivíduo procura pela residência de
outro e, ao perguntar a um transeunte, pode obter dois tipos
de resposta:

1) Ele mora na Rua 15 de Novembro, 1458.

2) Ele mora na casa verde, virando a esquina.

A primeira resposta é digital, verbal; obrigará a pessoa a ler as placas das ruas e a ficar atenta à numeração das casas.

Já a segunda resposta é icônico-analógica, semelhante ao real. Contém referências espaciais (esquina) e visual-cromáticas (casa verde) assimiladas pelo inconsciente, permitindo que a pessoa ande despreocupadamente, liberando a consciência para ensaiar o que dirá ao indivíduo procurado, confiando nas informações subliminares que automaticamente a farão parar em frente à casa verde.

Décio Pignatari, no artigo "A ilusão da contigüidade" (1977), explica que a linguagem do inconsciente é pré-verbal, icônica, figurativa, concreta.

A imaginação age com imagem.

A semiótica de Peirce admite, baseando-se no filósofo David Hume, dois tipos de pensamento: por contigüidade e por similaridade, os quais geram dois eixos.

• Eixo sintagmático – contigüidade, conceitos, símbolos, verbal, lógico, hierárquico.

• Eixo paradigmático – similaridade, modelo, ícone, não-verbal, analógico, anárquico.

O eixo paradigmático é a região icônica do pensamento inconsciente, o subliminar icônico. A decodificação de uma imagem é global e instantânea: em frações de segundo o olho faz uma varredura da imagem, e uma imagem vale por mil palavras.

O taquicoscópio provou que o cérebro reage à informação apresentada durante um lapso de tempo de três milésimos de segundo, levando informações do olho ao cérebro a cem metros por segundo.

Ora, com base na semiótica, pode-se concluir que o ícone ou signo analógico é o tipo de mensagem mais adequado à velocidade ou quantidade de informação subliminar, especialmente sendo a linguagem do inconsciente por si só já naturalmente icônica.

À semiótica somam-se os resultados de pesquisa de marketing sobre o subliminar e o cérebro humano.

Tais pesquisas remontam a Roger Sperry, prêmio Nobel de Neurofisiologia e Anatomia de 1981, que desenvolveu uma técnica de neurocirurgia com a qual curou a epilepsia de vinte pacientes: a secção do corpo caloso, separando assim os dois hemisférios cerebrais.

Recorde-se que o nervo óptico é cruzado, ou seja, o olho esquerdo envia informações ao hemisfério direito do cérebro.

Eccles descreve uma experiência da equipe de Sperry sobre resposta emocional a imagens. Projetou-se uma fotografia de uma modelo despida da *Playboy* no campo visual esquerdo do paciente operado a uma velocidade que não permitia a visão consciente. O paciente sorriu embaraçado sem saber explicar o porquê daquela sensação.

Segundo Eccles, a reação emocional do hemisfério direito à imagem teria entrado no complexo límbico e chegado ao hipotálamo, como será aprofundado adiante.

Tais estudos popularizaram-se graças a Betty Edwards e seu livro *Desenhando com o lado direito do cérebro*.

Em suma, as pesquisas demonstraram que os dois lados do cérebro têm funções diferenciadas. Ou seja, o lado esquerdo é o eixo sintagmático, que executa a leitura linear letra a letra, pensa com lógica e é racional, enquanto o lado direito do cérebro é o eixo paradigmático das imagens visuais, analogias e emoções.

Partindo daí, pesquisadores de marketing e de comportamento do consumidor passaram a contratar psiquiatras para realizar eletroencefalogramas e empregar sofisticados instru-

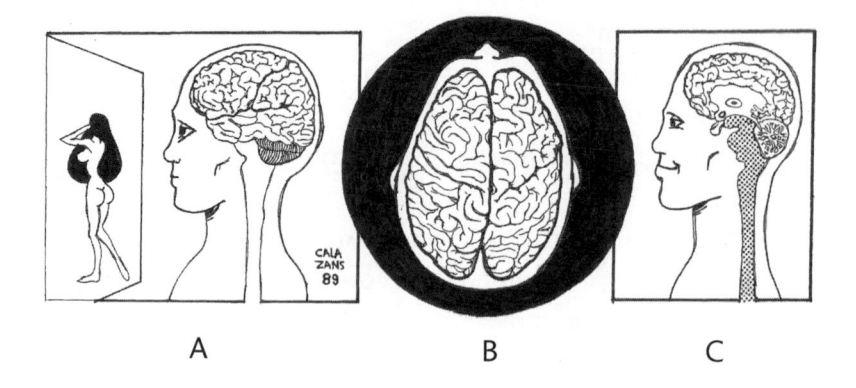

A   B   C

A TRAJETÓRIA DA IMAGEM ERÓTICA NO CÉREBRO

A - O indivíduo é exposto a um estímulo visual erótico (ícone).

B - A imagem erótica é processada no hemisfério direito do cérebro (Sperry).

C - A imagem erótica causa reações no cérebro réptil, excitando a fisiologia do aparelho reprodutor (McLean).

Com o taquicoscópio, provou-se que o cérebro reage a imagens projetadas a uma velocidade de exposição de até 1/3.000 de segundo.

Segundo a semiótica da cultura, de V. V. Ivanov, o signo, que possui um significante e um significado, é interpretado pelos dois hemisférios cerebrais:

• Significado – hemisfério direito – tempo real e imagens concretas (todo);

• Significante – hemisfério esquerdo – abstrações e estruturas lógicas (partes).

Um ícone de significado erótico é uma imagem concreta no tempo presente, uma Gestalt (todo) cujo tempo de percepção é taquicoscópico e causa reações involuntárias.

mentos de mapeamento cerebral do público-alvo, chegando à conclusão de que:

• O hemisfério esquerdo do cérebro logicamente avalia e critica, compara detalhes e detém a decisão de compra dos bens de alto envolvimento ou bens de comparação, como carros e computadores. Esse tipo de produto deve ter os anúncios veiculados na mídia impressa, e a redação deve ter a forma do silogismo lógico, com as premissas acompanhadas de provas na fórmula redacional: *basic promise* e *reason why* (o benefício prometido sendo acompanhado das justificativas de racionalidade do consumo).

• Já o hemisfério direito do cérebro é visual, holístico, analógico. Decide a aquisição impulsiva e emocional dos bens de baixo envolvimento, os bens de conveniência, como doces e refrigerantes. Seus anúncios, para fins de otimização da relação custo-benefício do cliente, devem ser veiculados na mídia eletrônica, com a campanha publicitária baseada na estratégia de criação de imagem de marca.

Ora, a compra por motivos inconscientes se dá com base em intuições subliminares, e a imagem do produto repetida três vezes no filme publicitário será um ícone enviado ao lado direito do cérebro.

Recordem-se os casos clássicos do experimento vicarista e do jogo "Kusker Du"; ambos empregam mensagens escritas (*Drink Coke*, *Get It*) e, não obstante, obtiveram eficientes resultados.

Segundo Cuperfain e Clarke (1985), os resultados teriam sido otimizados caso fossem imagens, ícones, no lugar de textos verbais. Ambos comprovaram que o emprego de mensagens subliminares projetadas no campo visual esquerdo (direcionadas, assim, ao hemisfério direito do cérebro) é mais eficaz quando são usadas imagens.

Essa famosa pesquisa provou também que o impacto é maior se o produto já tiver sido conhecido pelo *target*, ou seja, a tecnologia subliminar serviria mais como apoio do que exclusivamente como base de lançamento de novos produtos.

Por fim, ambos comprovaram que o subliminar tem seu potencial mais bem aproveitado quando inserto na programação normal do que nos intervalos comerciais, burlando assim os mecanismos de defesa do consumidor. Essa descoberta será aprofundada no capítulo sobre *merchandising*.

O tipo, o conteúdo destes ícones, é objeto do livro de Key *Media sexploitation* (1977), e do artigo de Frydman e Bettega-Moser, "Publicité et manipulation subliminale" (1980). As duas pesquisas abordam o emprego de estímulos sexuais ou eróticos na propaganda subliminar.

Para compreender o apelo sexual subliminar, desejo primitivo na evolução psíquica, é necessário recorrer às pesquisas do Laboratório de Evolução do Cérebro e do Comportamento, em Maryland, onde Paul McLean desenvolveu a "Teoria dos Três Cérebros".

O homem teria três cérebros, fruto de três estágios evolucionários:

1) o cérebro réptil, o eixo cerebral, hipotálamo, a sede primitiva dos comportamentos de autopreservação: alimentação, agressão e fuga, território e sexualidade;

2) o complexo límbico, ou cérebro mamífero: instintos de rebanho, cuidados com a prole e hierarquias sociais; e

3) o neocórtex: última camada, onde se processam a linguagem simbólica, as abstrações, o cálculo matemático, o cruzamento heurístico e arquivos (criatividade).

Igualmente pode ser aplicada a tríade freudiana:

1) id – pulsões primitivas reptilianas;
2) superego – preocupações com os outros e as tradições do rebanho, complexo límbico; e
3) ego – o neocórtex que avalia, mede e critica, balanceando o id reptiliano e o superego límbico.

Do mesmo modo, a "Teoria Motivacional" de Maslow pode se prestar à mesma analogia. Na "pirâmide de Maslow", os três tipos de motivos são:

1) físicos (necessidades fisiológicas e de segurança), reptilianos;
2) de interação (necessidades de *status* e afeto), límbicos; e
3) do *self* (auto-realização), neocórtex (arte, abstrações).

Como a maior parte das mensagens subliminares, segundo Key e outros pesquisadores, dirige-se às pulsões eróticas, apresentando conteúdo sexual, pode-se afirmar que elas se dirigem ao cérebro réptil, ao id, visando a uma motivação física ou fisiológica.

ICONESO

Com a base científica que explica o funcionamento dos fenômenos de comunicação subliminar, empregando a Gestalt para compreender que os fundos são captados pela visão periférica e que as imagens eróticas afetam o cérebro réptil, pode-se partir para um estudo mais aprofundado das tecnologias de produção de imagens subliminares.

Key desenvolveu um método para detectar mensagens dentro da mensagem principal, informações clandestinas e inesperadas que entram de contrabando no subconsciente dos leitores.

Para Key, diante de um anúncio publicitário ou de qualquer imagem suspeita de apresentar no seu conteúdo mensagens subliminares, deve-se, primeiramente, tentar relaxar ao máximo, para então deixar o olho percorrer lentamente, sem destino e sem focar nenhuma área de interesse específica, toda a imagem, diversas vezes, observando cada linha, sombra ou canto.

Uma segunda leitura deve ser crítica e checar cada mínimo detalhe da imagem, cada cenário, cada borrão, sombra ou reflexo em vidros, dobras de tecidos, nuvens no céu, manchas em paredes e todo padrão confuso, irregular, caótico, cuja desordem aparente possa servir de camuflagem e disfarce para uma imagem subliminar.

Nessa segunda leitura, aí sim, presta-se o máximo de atenção aos fundos e a tudo que aparentemente não tenha importância.

Todas as obras de Key são extensamente ilustradas com fotografias publicitárias cujo *layout* tem um *design* projetado para esconder mensagens subliminares.

Para Key, no que se refere à subliminaridade, o conceito mais importante é o de velocidade.

O anúncio publicitário é desenhado para ser lido em um ou dois segundos, pois ninguém compra uma revista e lê todos os anúncios (a menos que seja um profissional da área). As pessoas folheiam revistas e "pulam" os anúncios, no máximo lendo de relance os títulos.

O mesmo se passa com os cartazes e *outdoors*, os quais são planejados e diagramados para uma leitura instantânea, focada e consciente no título. Os detalhes de fundo dos desenhos

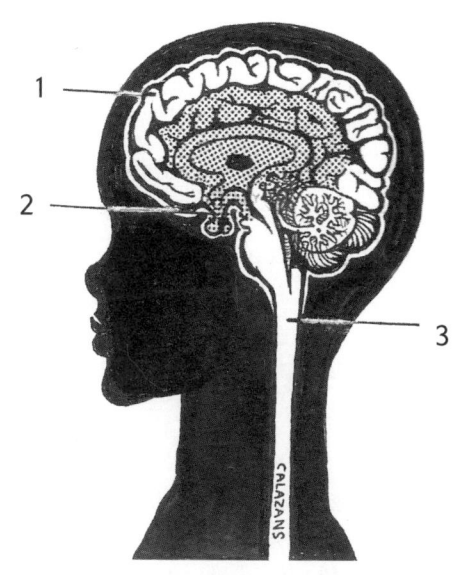

OS TRÊS CÉREBROS – TEORIA DE McLEAN

1) Neocórtex

Fisiologia: Lobos frontais, parietais, temporais e occipitais.

Funções: Linguagem simbólica, leitura, cálculo, criatividade.

2) Complexo límbico – Cérebro mamífero

Fisiologia: Hipófise, pituitária, hipocampo etc.

Funções: Instintos de rebanho, defesa da prole, altruísmo, filantropia.

3) Hipotálamo – Cérebro réptil

Fisiologia: *Olfacto striatum, coreus striatum, globus pallidus.*

Funções: Agressão, fuga, alimentação, sexualidade, território.

As mensagens subliminares com conteúdo sexual dirigem-se ao cérebro reptiliano.

Assim sendo, os ícones subliminares são dirigidos ao lado direito do cérebro e ao hipotálamo reptiliano.

Os olhos podem não ter visto, mas o coração reage emocionalmente ao sinal subliminar.

ou fotos nem são percebidos, sendo os fundos subliminares captados pela visão periférica, o canto do olho.

Logo, uma boa quantidade de informação entra pela visão periférica, percebida e registrada em um golpe de vista de um segundo, ao se folhear a revista sem prestar atenção no anúncio. Isso vem ao encontro da fórmula proposta:

$$\text{SUBLIMINAR} = \frac{\text{maior quantidade de informação}}{\text{menor tempo de exposição}}$$

Key afirma que qualquer pessoa pode ser treinada para identificar subliminares e prova isso treinando equipes de alunos da universidade onde leciona.

Esse treinamento consiste em alterar a parte debaixo da fórmula que acabamos de ver, ou seja, ampliar o tempo de exposição à mensagem. Isso equivale a colocar um filme em câmera lenta ou até mesmo projetá-lo quadro a quadro, dando tempo assim para que o olho realize uma varredura fóvica consciente, encontrando os subliminares.

Segundo Erausquin, em *Os teledependentes* (1983), a subliminaridade não começa em um ponto estatístico invariável para qualquer receptor da mensagem, pelo contrário, a percepção de subliminares pode mesmo ser consciente, dependendo do grau de destreza do receptor ou público. Os limites da percepção consciente variam de pessoa para pessoa, e, segundo a psicologia diferencial, variam segundo o sexo, a idade, o grau de instrução e o nível cultural. Todas essas variáveis são condicionantes da subliminaridade e precisam ser levadas em consideração ao confeccionar-se uma mensagem subliminar cujos efeitos sejam imediatos, como é o caso da publicidade.

O próprio Key apresenta muitas fotografias contendo os "subliminares embutidos", como ele denomina tal técnica.

OS GRAUS DO ICONESO: CARTAZ DO FILME *O SILÊNCIO DOS INOCENTES*

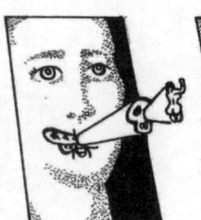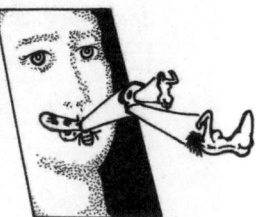

DESENHO ESQUEMÁTICO DO CARTAZ SILÊNCIO DOS INOCENTES

Neste desenho didático ficam perceptíveis com maior facilidade a graduação dos iconesos e a sobreposição das técnicas.

- Podemos classificar as imagens encontradas no cartaz deste filme em ICONESOS:

- de 1º grau (a caveira branca dentro da mariposa);

- de 2º grau (as três mulheres brancas nuas – efeito subliminar da tipologia Arcimboldo); e

- de 3º grau (as outras quatro mulheres nuas, palimpsesto cor de laranja).

- A mariposa e os olhos da atriz são cor de laranja, figura sobre um fundo da pele em palidez cadavérica branca.

- A caveira nas costas da mariposa é símbolo de MORTE (Tanatos), mulheres nuas são EROS.

MARIPOSA ICONESA

Uma aproximação detalhada em *zoom in* nas costas da mariposa destaca uma caveira iconesa despercebida por 100% dos estudantes de publicidade aos quais foi mostrado o cartaz. Esta caveira é o iconeso de primeiro grau.

Porém, em um segundo exame de maior acuidade, surgem nos detalhes três mulheres desnudas de pele muito pálida, lívida, iconeso da espécie "efeito Arcimboldo". O trio é o iconeso de segundo grau.

Por fim, ao se abstrair a visão cromática e com isto obtendo outra configuração, outra Gestalt, percebe-se a cognição consciente de mais outras quatro mulheres despidas, tingidas de cor de laranja, ladeando as três mulheres pálidas. Tal quarteto demonstra o iconeso de terceiro grau, da espécie cromática em palimpsesto ou *layer*.

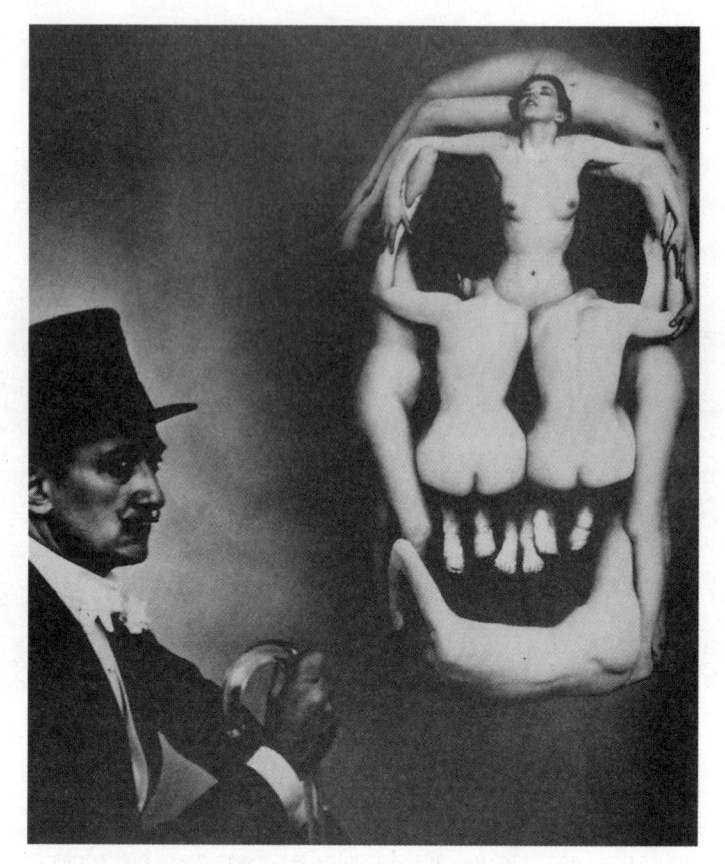

FOTOGRAFIA SURREALISTA DE SALVADOR DALÍ

Fotografia com as sete modelos nuas formando uma caveira, do pintor surrealista Salvador Dalí.

Publicitários escolheram esta antiga foto, inseriram nas costas da mariposa, ocupando menos de um décimo da área do cartaz, e sobrepuseram a cor laranja nas quatro mulheres laterais, deixando as três centrais brancas, o que dificulta a Gestalt, a percepção consciente das sete mulheres cujos corpos formam uma caveira.

Examine com a máxima atenção, memorize e depois retorne ao cartaz inicial inteiro. Estude até compreender a tecnologia de graduação sobreposta do iconeso, pois ela é muito aplicada na internet .

A existência da fotografia de Dalí falseia a hipótese de tratar-se de mecanismo psicológico de projeção por parte do pesquisador.

OUTDOOR DA GRIFE POOL

A frase "Gatinho da Páscoa, que trazes pra mim?" associa-se por contigüidade à fotografia da jovem desnuda, o *recall* refere-se ao *slogan* anterior da marca: "O pool do Gato" (já *per se* uma dissonância cognitiva com a paremiologia, apropriação do provérbio "Pulo do Gato"). O subtexto entimemático implícito ocasiona uma memória involuntária (Bergson) pelo Princípio da Totalidade da Gestalt, gerando uma cognição subliminar de cumplicidade do consumidor, tecendo referências a um contexto imediato de modismos (*Zeitgeist* – inconsciente pessoal) e a um contexto profundo (*Volksgeist* – inconsciente coletivo e arquétipos).

Estas camadas de sentido podem ser desentranhadas pelo método de subtexto, Arqueologia dos argumentos, conforme a fórmula derivada:

OUTPUT = muita informação solicitada a involuntariamente SAIR do inconsciente do receptor: (dividido por) pouco tempo de exposição à mensagem.

Embora aparentemente diferente da fórmula de *INPUT*, ambas obtêm resultados semelhantes e não são percebidas conscientemente, o que justifica seu estudo como subliminar.

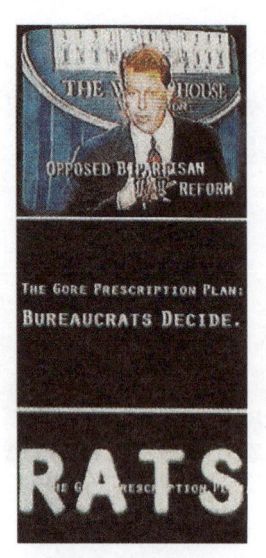

SUBLIMINAR NA ELEIÇÃO PRESIDENCIAL DOS ESTADOS UNIDOS: GEORGE BUSH

Segundo Osmar Freitas, correspondente em Nova York, na revista *IstoÉ*, número 1616, de 20 de setembro de 2000, página 118: "Caracterizava-se, assim, um dos mais clamorosos exemplos de *propaganda subliminar* jamais descobertos".

A imagem do comercial que dura três décimos de segundo

CIGARRO FREE

Foi a primeira vez no Brasil que um comercial de cigarros saiu do ar por *subliminares*. (Ação movida pela Promotoria de Defesa do Consumidor de Brasília. Inquérito Civil número 1/2000.)

Ao decompor o anúncio quadro a quadro, os psicólogos encontraram o que consideram ser propaganda subliminar. Um laudo do Instituto de Medicina Legal do Distrito Federal, no qual três psicólogos analisam o comercial do Free, confirmou a existência de *mensagem subliminar*, sendo canceladas 240 veiculações do comercial.

Por três décimos de segundo, ou seja, em uma fração de tempo imperceptível para os olhos humanos, aparece uma menina fumando.

SUBLIMINAR NO DESENHO ANIMADO DA DISNEY
BERNARDO E BIANCA

Encontrada uma mulher com os seios nus no desenho animado da Disney, *Bernardo e Bianca*. Conforme a *Folha de S.Paulo*, de 15 de janeiro de 1999: "Pela primeira vez na história da companhia, a Disney admitiu ter encontrado imagens subliminares num de seus filmes de animação".

A cena acontece aos 28 minutos do filme e é imperceptível sem que se pare no quadro a quadro.

A Disney foi obrigada a recolher 3,4 milhões de fitas em locadoras de vídeo só nos Estados Unidos.

SUBLIMINAR EM CLIPES EXIBIDOS PELA MTV

A emissora MTV foi condenada a pagar danos morais difusos de, no mínimo, R$ 1 a cada uma das 7,4 milhões de pessoas que assistiram a um clipe que possuía mensagens subliminares de cenas de sadomasoquismo.

Os promotores ressaltaram os "danos irreparáveis" que podem ser causados a toda a coletividade, principalmente ao público jovem, de 15 a 29 anos, alvo da emissora.

(Revista Consultor Jurídico, 5 nov. 2002)

São fotos nas quais há imagens de genitais masculinos e/ou femininos, corpos de mulheres nuas e diversos tipos de ícones subliminares no fundo ou em reflexos. Key explica seu método com base na psicologia da percepção, dizendo que os seres humanos recebem mais informação, e a assimilam conscientemente, quando relaxados. Já a tensão ou a pressa aumentam a vulnerabilidade aos estímulos subliminares, segundo o mesmo autor.

O método de treinamento de Key para detectar subliminares pressupõe que, uma vez treinada a percepção para encontrar mensagens embutidas nos impressos, nas fotografias estáticas de revistas e cartazes, pode-se então passar da mídia impressa para a mídia eletrônica.

Já na televisão, explica Key, um filme de 30 segundos tem sua veiculação paga a preços altos no horário nobre do público-alvo, e é este anúncio que sustenta a emissora de televisão e permite que ela compre ou produza sua programação de filmes, noticiários e programas de auditório.

Como é o anunciante que sustenta o veículo de comunicação, e a produção e veiculação do comercial envolvem um considerável investimento, é óbvio que cada segundo do conteúdo visual ou sonoro deve ser criado visando alcançar uma finalidade bem específica: a venda do produto. Essa técnica de identificar subliminares embutidos em filmes e novelas será mais bem explicada no item que dedicamos ao *merchandising*.

Por outro lado, voltando à questão dos impressos, das fotografias, dos desenhos, das pinturas e de todas as imagens bidimensionais, objeto de estudos da semiótica planar,[1] é oportuno um breve apanhado histórico da técnica de embu-

---

1. Semiótica planar – estudo das imagens planas, bidimensionais, com o eixo x e y apenas.

tir imagens dentro de imagens. Key remonta esta história até a arte grega, mas podemos ser mais concisos.

Foi no século XVI que se desenvolveu o que hoje é denominado efeito Arcimboldo.

Giuseppe Arcimboldo (c. 1527-1593) foi um pintor italiano que pintava para o imperador Maximiliano II, retratando a corte de Habsburgo. A técnica sistematizada por Arcimboldo consistia em combinar elementos diversos para formar a imagem da face dos aristocratas.

Conforme Sérgio Augusto de Andrade, no *Jornal da Tarde* (6 fev. 1988), Arcimboldo desenvolveu uma linguagem visual própria que pode ser considerada a tradução semiótica da retórica ocidental para ícones. Por exemplo:

a) metáfora: conchas representando orelhas;

b) metonímia: peixes representando água;

c) alusão: folhas amarelas, cachos de uvas e cogumelos sugerindo outono; e

d) paronomásia: um joelho curvado em forma de nariz.

Arcimboldo apurou incrivelmente a técnica de implantar mensagens dentro de imagens, pois, visto de longe ou de relance, o retrato é um rosto comum; visto de perto, detalhadamente, e com a atenção concentrada, segundo a abordagem de Key, apresenta-se como um discurso visual subliminar de alta complexidade. Tem-se uma grande quantidade de informações assimiladas subliminarmente, de relance.

Em seu livro *A arte como ofício* (1978), o *designer* italiano Bruno Munari explica que a imbricação das imagens em uma só deve ser considerada pelo artista gráfico um caso de informação visual concentrada. Ele cita Arcimboldo como exemplo da "figuração simultânea", ou de imagens sobrepostas.

Munari dá como exemplo moderno um anúncio de cigarros em que uma mão feita de cigarros pega um cigarro, e explica que essas "imagens duplas" podem estar ocultas de modo que a segunda imagem seja subliminar, passando a detalhar esta técnica de *design* subliminar em diversos grafismos e colagens.

O processo de construção de um grafismo subliminar, seja a mensagem embutida de Key, seja a "imagem dupla" de Munari, pode assumir duas formas:

a) símbolos convencionais arbitrários (eixo sintagmático – hemisfério esquerdo do cérebro);

b) ícones de pura similaridade (eixo paradigmático – hemisfério direito do cérebro).

A leitura subliminar com base na semiótica já foi sugerida por Julio Plaza, em *Tradução intersemiótica* (1987, p. 124), ao explicar as "intraduções irônicas", que são contaminações do símbolo (contigüidade) pelo ícone (similaridade). Ora, tais "intraduções irônicas" são as "imagens duplas" de Munari, o "efeito Arcimboldo" embutindo imagens subliminares na imagem principal, como se pode perceber estudando as ilustrações.

Voltando a Key, em seu terceiro livro ele explica outra forma de imagem embutida, abordando as anamorfoses.

Anamorfose é uma técnica de distorção de imagens visuais percebida apenas no nível subconsciente. Key afirma que a técnica foi desenvolvida por Leonardo da Vinci, que teria realizado duas pinturas com anamorfose. Key acrescenta que a mais famosa perspectiva anamórfica seria a de Hans Holbein, o Jovem, na tela "Os embaixadores", de 1533.

Holbein retratou Jean de Dienteville, embaixador da França, e seu amigo, o bispo Georges de Selve. Os dois nobres são retratados cercados de objetos, artefatos de comércio, ciência e arte, e, arrogantes, aparentam poder.

Contudo, observado por quem entra pela direita no salão de baile onde o quadro é exposto, em um ângulo de 5 a 10 graus, entre um passo e outro, surge o vislumbre de uma caveira humana, "subliminar", aos pés dos personagens.

Assim, Holbein fez uma crítica pessoal ao poder e aos poderosos, argumentando subliminarmente que, apesar da riqueza e dos conhecimentos, todos terminarão iguais: caveiras descarnadas. A morte é igual para todos – eis a mensagem subliminar emitida pelo autor em 1533, e válida até hoje.

No quadro "Flora", pintado em 1591, Arcimboldo mostra um rosto de mulher que, contemplado de perto, é composto por dúzias de flores: rosas, margaridas, lírios e diversas flores silvestres. A imagem sugere, subliminarmente, a suavidade e maciez da pele feminina. Configurando-se uma associação por similaridade entre as pétalas e a pele. A sinestesia da sensação tátil de aveludado frescor é uma forma de introdução icônica ou imagem dupla, como os outros quadros de Arcimboldo.

Pode-se propor uma denominação geral que abranja todas as técnicas descritas de embutir imagens dentro de imagens com um neologismo, composto pelas palavras gregas ícone = imagem e eso = dentro, surgindo assim o termo "iconeso".

Os iconesos podem ser inseridos em diversos tipos de imagens manufaturadas como desenhos, pinturas, logotipos etc., bem como imagens técnicas como fotografias, filmes e até mesmo hologramas ou imagens geradas por computadores.

As onomatopéias das histórias em quadrinhos costumam ter um *design*, desenho, analógico ao som ou à fonte do som que representam, o que caracteriza as onomatopéias como iconesas.

A rigor, qualquer imagem impressa pode ser iconesa.

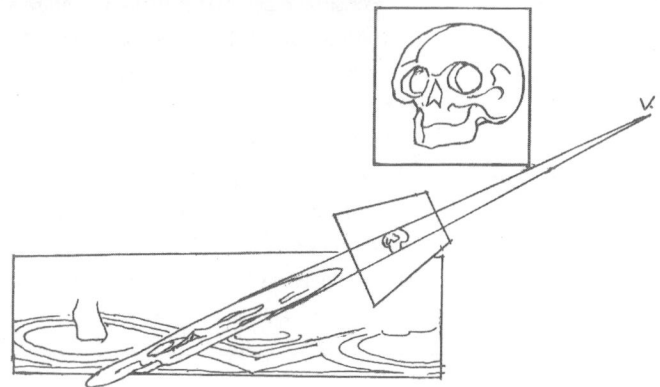

ICONESO DA ESPÉCIE ANAMORFOSE, DE HANS HOLBEIN, O JOVEM

"Os embaixadores", quadro de Hans Holbein, o Jovem, pintado em 1533, apresenta uma imagem distorcida aos pés dos dois personagens retratados. Visto da esquerda para a direita em perspectiva perpendicular, surge, para quem entra no salão onde é exposto o quadro, entre um passo e outro, de relance, uma caveira anamórfica.

Fonte: Karl Gerstner, Los formas del color, Madri: Hermann Blume, 1988. Edi Lanners, O livro de ouro das ilusões. Rio de Janeiro: Tecnoprint, 1982, p. 59.

Porfírio, filósofo alexandrino do século III a.C., desenvolveu um sistema de classificação que pode ser aplicado aos subliminares.

A "Árvore de Porfírio" é um paradigma científico de sustentação e ordenação, empregado em pesquisas exploratórias pela biologia sistemática e por outras ciências.

Classificando as imagens coletadas em diversas épocas e países, criei um neologismo para definir industrialmente sua sintaxe iconesa (ícone = imagem, eso = dentro), e aos espécimes coletados foi aplicada a Árvore de Porfírio:

GÊNERO	ESPÉCIES
ICONESO	a) EFEITO ARCIMBOLDO (Arcimboldo, século XVI): ícone construído por ícones diferentes entre si. b) IMAGEM DUPLA (Bruno Munari, século XX): ícone construído por ícones iguais entre si. c) INTRODUÇÃO ICÔNICA (Plaza, século XX): símbolo construído por ícones. d) PALIMPSESTOS (Calazans, século XXI): camadas editadas velozmente em fusões ou sobrepostas em transparências-*layers*-retículas. e) ANAMORFOSE (Holbein, século XIV): imagem distorcida em perspectiva.

Com base nessa tabela de iconesos, podem-se classificar as imagens encontradas no cartaz do filme *O silêncio dos inocentes* em iconesos de 1° grau (a caveira branca dentro da mariposa), de 2° grau (as três mulheres brancas nuas – efeito subliminar da tipologia Arcimboldo) e de 3° grau (as outras quatro mulheres nuas, palimpsesto cor de laranja).

- A mariposa e os olhos da atriz são cor de laranja, figura sobre um fundo da pele em palidez cadavérica branca.

- A caveira nas costas da mariposa é símbolo da morte (Tanatos), mulheres nuas são representações de Eros.

A fotografia com as sete modelos nuas formando uma caveira, do pintor surrealista Salvador Dalí foi colocada no centro. Publicitários escolheram essa foto e a inseriram na mariposa ocupando menos de um décimo da área do cartaz.

Por sua vez, a mídia eletrônica ainda reserva, além de mensagens iconesas, outra técnica referente à visão periférica, que será desenvolvida mais adiante.

Mas as tecnologias subliminares não existem apenas na comunicação visual.

ICONESO DA ESPÉCIE EFEITO ARCIMBOLDO

Neste cartão-postal francês de 1900 evidencia-se o efeito Arcimboldo, técnica subliminar iconesa de construir rostos com outras imagens. No caso, o rosto de um sisudo e respeitável senhor de monóculo é percebido como figura em um olhar de relance fóvico. Já ao se deter com mais vagar, a varredura dos olhos revela mulheres despidas formando o rosto, o que adjetiva o senhor caricaturizado como "mulherengo", com mulheres na cabeça. Clara associação por similaridade entre as formas do rosto e os corpos femininos.

Fonte: The Arcimbold effect. *Londres: Thames and Hudson, 1987, p. 234.*

PANFLETO DE CONTRAPROPAGANDA

Este panfleto em quadrinhos da organização Tradição, Família e Propriedade (TFP) ataca o setor progressista da Igreja Católica, fazendo contrapropaganda. Peça publicitária bem elaborada, com desenho realista/acadêmico em que se aplica a técnica subliminar impressa dos iconesos no título. A palavra "conscientizada" é lida pela fóvea como figura, enquanto são o fundo subliminar a foice e o martelo, a serpente e os rifles iconesos nas letras.

Fonte: Agitação social, violência. 3ª ed. São Paulo: Vera Cruz, 1984.

SEXO COM AMOR

Iconeso da modalidade "introdução semiótica".

As letras são símbolos convencionais; o olho as percorre em uma rápida varredura fóvica consciente, decodificando letra a letra, sílaba a sílaba, palavra a palavra, a mensagem no hemisfério esquerdo do cérebro.

Já os casais despidos que compõem as letras são ícones, percebidos subliminarmente pela visão periférica como fundo, influenciando globalmente o hemisfério direito do cérebro.

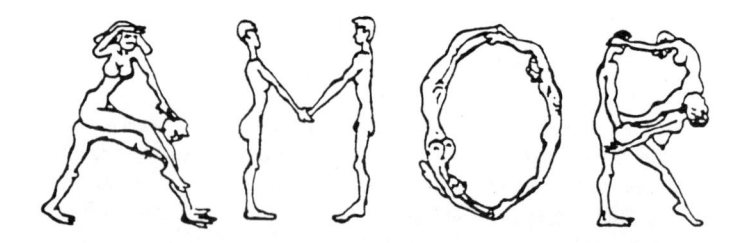

▲ Salvador Dalí, no quadro "Mercado de escravos", faz um retrato icone-so de Voltaire. No estudo/esboço em detalhe, percebem-se as pessoas sob a arcada no rosto de Voltaire. Trata-se de uma demonstração da técnica de imagens embutidas.

Estes esboços de Salvador Dalí, datados de 1935, demonstram seus ▶ estudos do método paranóico-crítico; a técnica consiste em embutir iconesos da espécie imagem dupla com diversos graus de sublimina-ridade, em *layers* ou palimpsestos.

Com alguma concentração e esforço perceptivo pode-se distinguir: 1) as ancas de uma potranca ou garanhão, símbolo de fertilidade, vida, cio e sexualidade rural; 2) uma caveira de animal morto, possivelmen-te eqüino; 3) um dionisíaco cacho de uvas que remete a bacanais e celebrações.

A complexa rede de significados (Eros-Tanatos-Eros) produz metáforas visuais, hipoícones, os quais remetem a um subtexto subliminar sobre-postos ao corpo feminino (daí a utilidade de pesquisar os rascunhos, croquis e esboços do artista).

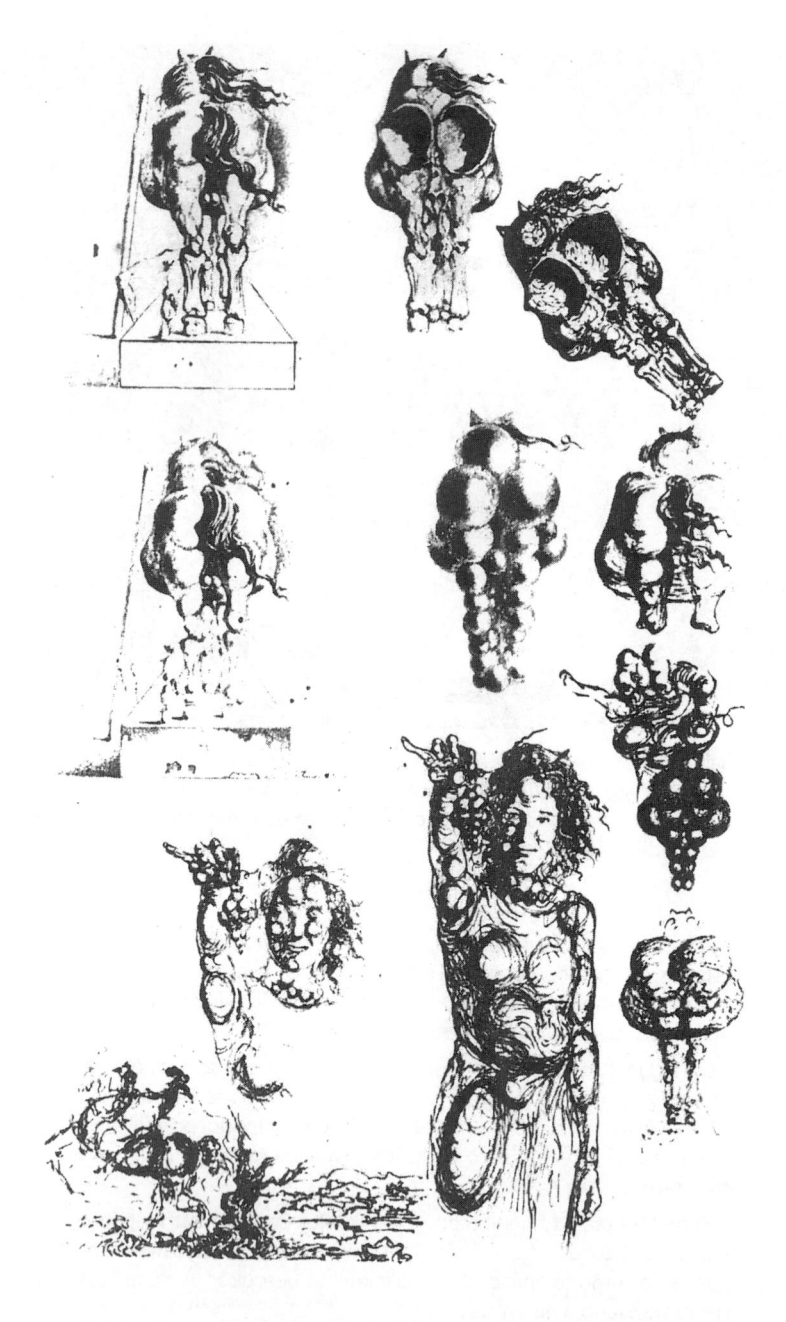

Fonte: *Edi Lanners, O livro de ouro das ilusões. Rio de Janeiro: Tecnoprint, 1982.*

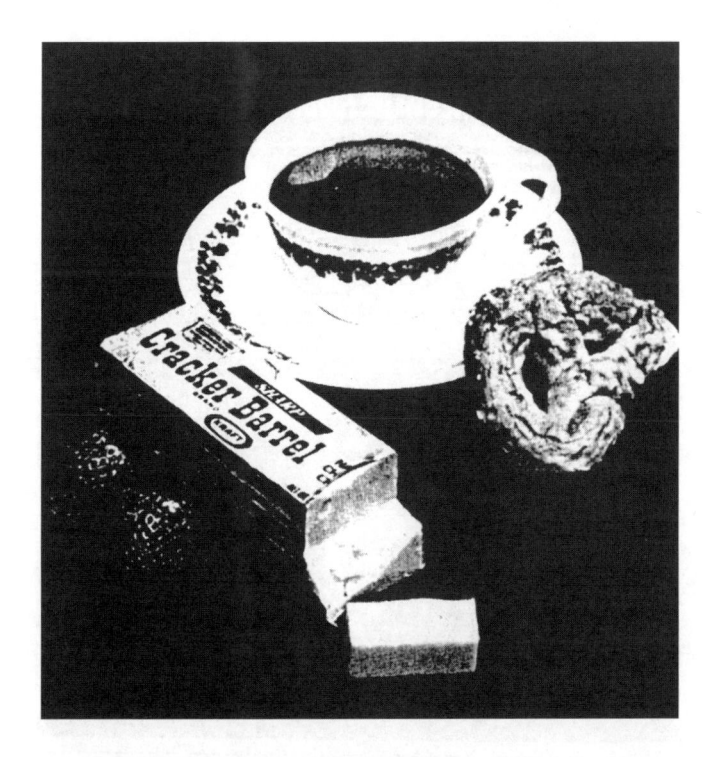

SUBLIMINAR EMBUTIDO EM FOTOGRAFIA

A técnica descrita por Wilson Bryan Key para embutir mensagens subliminares em fotos encontra aqui um exemplo didático claro. O pacote do produto Cracker Barrel, pela colocação na imagem e pela posição, atrai o foco de atenção da visão fóvica. Já a visão periférica remete ao inconsciente pessoal a mensagem erótica, não perceptível conscientemente. Contudo, quando o observador relaxa e deixa os olhos efetuar uma lenta varredura, ele percebe a imagem embutida que anteriormente era subliminar. Na leitura de uma revista, o leitor dedicaria um ou dois segundos a este anúncio, diagramado com título acima e texto sob a foto, o que, pela disposição espacial do título e do texto e pelo tempo de leitura, enviará a mensagem ao subconsciente das representantes do público-alvo. Nota-se, após a varredura lenta, o reflexo de um pênis embutido no líquido da xícara.

Fonte: Gable et al., An evaluation of subliminally embedded sexual stimuli in graphics, Journal of Advertising, *v. 16, nº 1, 1987.*

TRANSPARÊNCIA EM REVISTA

Swiners identifica na revista francesa *Lui* uma das técnicas descritas por Key para o envio de mensagens sexuais subliminares.

O anúncio das câmeras de filmar é paginado com uma foto da modelo despida no verso, sentada em posição de lótus. Ao se virar a página por uma fração de segundo, a luz gera a transparência do papel, fazendo surgir sob as câmeras a informação subliminar erótica. Tal técnica ocasiona a identificação da marca com sexualidade, com fantasias de filmar as amantes nuas ou realizar filmes pornôs. Segundo o "efeito Poetzle", este impulso pode manifestar-se em sonhos ou em futuras associações de idéias, influindo na decisão de compra.

Fonte: Swiners, "La publicité subliminale". Psychologie 125:30, junho 1980.

CAPÍTULO 3

O SOM NO SILÊNCIO

Cerca de 90% dos estudos e pesquisas realizados na área de percepção subliminar referem-se à comunicação visual. Em razão de tal quantidade de material disponível, aparentemente a propaganda subliminar aplica-se mais às mídias visuais (*outdoors*, placas, cartazes, impressos, videotexto, cinema, televisão, quadrinhos, fotografias, hologramas etc.). Todavia, a tecnologia de mensagens subliminares é multimídia, e, sejam as mensagens publicitárias ou educativas, sejam mensagens com o fim de gerar sensações estéticas, pode-se pensar mais em termos de sinestesia ou intersemiose do que apenas em termos visuais.

Graças às pesquisas da morfologia celular do olho humano e ao mapeamento de complexos de neurônios da neurofisiologia, é possível provar que 87% da nossa arquitetura cerebral são destinados ao processamento de informação visual. Tais pesquisas, possíveis graças a significativos avanços técnicos, permitiram aprofundar e aplicar conceitos de Gestalt e de psicologia analítica de Jung referentes à formação, processamento e interpretação de imagens.

Diversos teóricos da comunicação, desde a década de 1950, vêm afirmando estarmos na era da imagem, privilegiando, assim, a área da comunicação visual. Porém, o próprio Key, em seu primeiro livro, afirmava que os subliminares são relativamente fáceis de plantar em ambas as áreas, de imagens ou de sons.

Os efeitos da música têm sido registrados em diversas culturas; na antiga China, o *Liki* (livro cerimonial de protocolo e etiqueta) já discorria sobre harmonia e dissonância na música ambiente e sua influência nas relações entre os convidados; e no *Livro da música*, escrito no período de Wou Li (147-178 a.C.), há estudos sobre notas musicais (escala pentatônica) e seus efeitos políticos, sociais e psicológicos. No entendimento chinês, a música tem efeitos que passam despercebidos pelas pessoas, daí sua importância no ambiente.

Os indianos consideravam dois aspectos musicais: Marga (leis permanentes, arquétipos do inconsciente coletivo, *volksgeist*) e Deshi (modismos, estereótipos, *zeitgeist*), e registravam efeitos da música como energia ou vibração influenciando o crescimento das plantas e o temperamento de animais – mais tarde um tratado de cura pela música dos Persas afirmaria que "a música acalma as feras", e tal axioma correria depois por todo o mundo greco-romano.

O filósofo grego Pitágoras também descreveu o poder do som e seus efeitos sobre a psique humana.

Os gritos de guerra (Sluarg Gaurm-Slogan) refletem um arquétipo musical, proferido em um intervalo que corresponde a uma quarta aumentada (dó, fá sustenido), um intervalo que geraria medo no inimigo; os chineses denominam tal intervalo como Jwei-Pin, os hindus o empregavam em rituais noturnos, e os ocidentais reconhecem que tal intervalo tem um aspecto angustiante, inquietante e desagradável.

Esse intervalo chegou a ser proibido pelos musicistas religiosos católicos, que o denominavam *Diabolus in musica*, e foi empregado por Berlioz na "Sinfonia fantástica" e por Wagner nos momentos mágicos de suas óperas com simbolismos maçônicos.

O trítono, esse intervalo de três tons, como entre fá e si, em efeito inverso ao da oitava (estável), é instável, baseado na relação 32/45 pulsos melódicos (Wisnik, 1999, p. 82-83), e tal corte separa, divide, desune, dissolve, o solve da alquimia, a função do *diabolus*. Por tal efeito psíquico o Trítono é proibido no canto gregoriano como o símbolo da dissonância, do desacordo, da discordância e rebelião, sendo censurado, calado, evitado, omitido, esquecido à força, negado, reprimido, ausente – *in absentia*.

A primeira notação musical canônica foi um esforço do beneditino italiano Guido de Arezzo (990-1050), no século XI, empregando os fonemas de um cântico religioso famoso, "Hino a São João":

UT queant laxis
RE sonare fibris
MI ra gestorum
FA multi tuorum
SOL ve populi
LA eris reatum
sancte iohannes

Somente no século XVII, "Ut" deu lugar a "Dó" por razões meramente fonéticas; Arezzo criou o sistema de notação musical e do solfejo, e o "Si" foi incorporado depois, quando se passou do sistema hexacorde para o da oitava.

Efeitos subliminares subaudíveis podem ser plantados em baixo volume em diversas faixas de som e velocidade inaudíveis pelo ouvido humano no nível consciente, porém causando reações subliminares facilmente comprováveis.

Key explica que o coração humano bate a 72 pulsações por minuto, e que músicas ou vozes nesse ritmo afetam o comportamento humano. Tais efeitos sonoros seriam como os cenários de filmes, o discurso gráfico e os iconesos em fotos ou desenhos, um fundo subliminar inaudível. Continua válido o princípio figura-fundo da Gestalt, apenas aplicado ao ouvido em vez de ao olho.

James Miller, da Universidade de Harvard, afirma que já em 1863 Suslowa relatou experiências com o estesiômetro, descobrindo os efeitos e reações subliminares à corrente elétrica mais baixa do que o limiar consciente. E o mesmo autor, Suslowa, em 1904, teria realizado experiências com sons subliminares além das experiências com o tato.

Brown, na obra *Técnicas de persuasão* (1976, p. 178), afirma que, em 1910, H. Ohms demonstrou cientificamente o efeito subliminar de palavras reduzidas a sons inaudíveis.

O psicogalvanômetro é um instrumento que mede mudanças fisiológicas causadas por reações emocionais. Conhecido popularmente como "detector de mentiras", pode demonstrar que uma pessoa tem reações emocionais e físicas a palavras ou sons que não ouviu conscientemente.

Rabaça, no verbete sobre subliminar do *Dicionário de comunicação* (1987), cita experiências com rádio, uma mídia auditiva.

Sara Melissa Müller (2000) desenvolveu estudos e apresentou *papers* em congressos científicos internacionais como o IAMCR, nos quais aprofunda o tema do som subliminar. Segundo Müller, o médico e músico Wilson Luiz Sanvito (1992, p. 4) condena os vários estudos sobre a capacidade da música em influenciar o cérebro, o corpo físico e as emoções.

Para ele, "a música afeta fisicamente" por possuir um ritmo (pulsações) e um tempo (compasso), "como as funções biológicas". O cérebro parece analisar os estímulos sonoros por meio de padrões de referência tendo como modelo freqüências harmônicas, no caso da música.

Experiências realizadas com anestesia dos hemisférios cerebrais demonstraram que, enquanto o hemisfério direito controla os sons sem conteúdos lingüísticos, a altura do som e a identificação dos acordes musicais, o lado esquerdo controla o ritmo musical. Isso contradiz a idéia que se tinha até há pouco tempo, de que os sons musicais fossem inteiramente controlados pelo hemisfério não dominante para a linguagem, geralmente o direito (Sanvito, 1992, p. 4).

Se uma música de determinada freqüência, ritmo e tonalidade influencia os ritmos elétricos do cérebro provocando relaxamento (ondas alfa) ou sonolência (ondas delta), outro tipo de música pode provocar hiperexcitabilidade do cérebro, que é traduzida por alerta, excitação dos nervos e mesmo ataque epilético (Ibidem).

Ainda de acordo com Sanvito, "os sons seguem dois caminhos para chegar ao cérebro". Um leva ao centro auditivo do cérebro no primeiro lobo temporal, onde os sons são captados e interpretados. Esse mesmo lobo cerebral abriga boa parte do sistema límbico, que lida com as emoções, principalmente do lado direito do cérebro, e participa da memorização dos eventos no dia-a-dia.

A outra vertente conecta-se com o cérebro vegetativo, que controla funções como a respiração, circulação, digestão, produção hormonal e outras.

Ao contrário de outros órgãos dos sentidos, os ouvidos são expostos e vulneráveis. Podemos fechar os olhos se desejarmos, mas os ouvidos estão sempre à mercê dos estímulos sonoros, posto que se encontram sempre abertos. Os olhos podem focalizar e apontar uma vontade, enquanto os ouvidos captam todos os sons do horizonte, em todas as direções. A audição é pura recepção. O ato de ouvir limita-se a receber um sinal sonoro e dar a ele um sentido. Ouvir é um estado passivo e de contemplação.

Para Salinas (1994), há duas formas de audição, a saber: a audição focalizada e a audição periférica, classificação que por si só já revela a dimensão da capacidade seletiva do processo auditivo. O som dos comerciais está constantemente pulsando a atenção auditiva, brincando com as relações de figura e fundo (Gestalt). O som da publicidade joga com o nebuloso espaço entre a razão e a emoção, entre aquilo que é ouvido atentamente (focalizado) e aquilo que é ouvido distraidamente (periférico).

Em uma propaganda para a televisão, por exemplo, o receptor percebe antes a imagem, e o áudio nesse contexto seria classificado como "música de fundo", pois há muitas informações sendo transmitidas em um pequeno espaço de tempo. Esses elementos que ficam em segundo plano seriam um fundo subliminar. Conforme o Princípio Poetzle, todos os sons que não são percebidos conscientemente atuariam de forma subliminar: recebemos múltiplas mensagens, e nossa atenção seletiva filtra e focaliza um único canal sensório, deixando todo o resto como subliminar. Tais informações entram "de contrabando" e se depositam na memória subliminar ou subconsciente. Os pensamentos e idéias não iluminados, esquecidos, não deixam de existir; encontram-se em estado latente, adormecidos em um estado subliminar, além do limite da atenção consciente ou da memória, o que não impede que a qualquer momento possam surgir.

Salinas (*apud* Batan, 1992, p. 32) ressalta que, como são

raros os estudos sobre a reação do espectador a determinadas músicas, torna-se difícil a confirmação da "sabedoria empírica dos emissores ao utilizar uma ou outra música, padronizada ou não, para obter uma ou outra sensação da platéia, quanto aos seus produtos fílmicos".

É no contexto da sabedoria empírica que se insere a tabela proposta por Augusto (*apud* Batan, 1992, p. 32), para a compreensão da mensagem musical e seus efeitos sobre o corpo humano, por meio do caráter da música:

CARÁTER DA MÚSICA:

1) Repousante
Largo de Handel
Berceuse (Wiegenlied) — Brahms
Elégie — Massenet
Rèverie — Schumann
Arioso — Bach
Sinfonia nº 2 — Brahms

2) Excitante
Noite no MonteCalvo — Mussorgsky
Aprendiz de feiticeiro — Dukas
Bolero — Ravel
Salomé — Dança dos 7 véus — R. Strauss

3) Encorajante
Sinfonia nº 3 — Beethoven
Sinfonia nº 5 — Beethoven

4) Alegre
Danças húngaras — Brahms
Sinfonia nº 94 — Surpresa — Haydn
O assobiador e seu cão — M. Gould
Serenata de ferreiro — M. Gould
Sinfonia latino-americana — M. Gould

El salon México — A. Copland
Sinfonia nº 8 — Beethoven
Sinfonia nº 6 — Beethoven (em parte repousante, em parte excitante)

5) Grande vivacidade
1ª Sinfonia — Beethoven
Bodas de Fígaro — Mozart
Moto perpétuo — Paganini
Tarantella napolitana — Tagliaferri

6) Marcial, militar
Pompa e circunstância nºs 1, 2 etc. — Elgar
Marcha militar — Schubert
Marcha turca — Mozart
Marcha turca — Beethoven
Marcha festiva — Wagner
Prelúdio em sol menor — Rachmaninoff
Marcha húngara — Berlioz
Marcha dos boiadeiros — Halversen

7) Lamentoso, triste
Adágios das sonatas (Patética e Ao luar) — Beethoven
Alguns noturnos de Chopin
Última primavera — Grieg
Ária na 4ª corda — Bach
Clair de lune — Debussy
Pavane pour une enfante defunte — Ravel
Morte de amor — Tristão e Isolda — Wagner

8) Saudoso, íntimo
Feridas no coração — Grieg
Solitude — Tchaikovski
Apenas um coração solitário — Tchaikovski
Poema para violino e orquestra — Chausson

9) Solene, grandioso
Sinfonia nº 9 (coral) — Beethoven

Sinfonia n⁰ 1 — Brahms
Sinfonia n⁰ 7 — Beethoven
Sinfonia n⁰ 4 — Brahms
Sinfonia n⁰ 41 (Júpiter) — Mozart
Sinfonia fantástica — Berlioz

10) Fúnebre
Morte e transfiguração — R. Strauss
Marcha fúnebre — Chopin
Dança dos mortos — Liszt
Missa de réquiem — Mozart

11) Religioso, místico
Moteto: Sing into the Lord — Bach
Missa solemnis — Beethoven
Panis angelicus — Cesar Franck
Agnus Dei — Bizet
Adeste fidelis — Reading
Pietà, Signore — Stradella
Messias — Handel

(Augusto *apud* Batan, 1992, p. 32-33)

Essa é a capacidade da música de descrever certos estados afetivo-emocionais, assim como seu potencial de permitir ao ouvinte sentir a mensagem.

Existem vários elementos distintos que compõem um som ou uma seqüência sonora e, evidentemente, acabam influenciando os diferentes efeitos emocionais e racionais que tal seqüência pode ter sobre o ouvinte. São eles, basicamente: freqüência, duração, timbre e intensidade.

Freqüência é o número de ciclos por segundo de determinado som. O maior ou menor número de vibrações por segundo determina a altura de um som; essas vibrações por segundo são chamadas hertz. O ouvido humano tem capacidade de perceber conscientemente freqüências que variam entre 20 e 20.000 hertz.

Um som é considerado baixo ou grave quando sua freqüência é baixa, e, à medida que sua freqüência aumenta, o som é considerado alto ou agudo: "[...] som grave, como o próprio nome sugere, tende a ser associado ao peso da matéria, com objetos mais presos à terra pela lei da gravidade, e que emite vibrações mais lentas, em oposição à ligeireza leve e lépida do agudo" (Wisnik *apud* Salinas, 1994).

Sabemos que as vibrações rápidas provocam tensão nervosa, enquanto as lentas tendem a relaxar.

A música organiza os sons em uma seqüência de freqüências determinadas chamadas de notas musicais (dó, ré, mi, fá, sol, lá e si). Estas foram estabelecidas no século XI por Guido de Arezzo.

Nas ocorrências sonoras dos audiovisuais, as alturas ganham importância de acordo com as associações físicas e culturais dos sons.

Para Salinas (1994), "as vozes graves possuem um ar de respeito e poder superior ao das vozes agudas". Isso poderia explicar o uso, na grande maioria das vezes, de uma *voz masculina* nas narrações esportivas, documentários, noticiários, comerciais etc. Existem também associações físicas às fontes sonoras. Como já assinalou Wisnik (1999), os objetos grandes e pesados geram sons graves, enquanto os pequenos e leves geram sons agudos. Podemos citar um exemplo desse gênero que está padronizado ao extremo máximo do associativo: toques graves para acompanhar o andar do elefante e toques agudos no andar da formiga.

Pulsos de som em certas freqüências podem de fato deixar uma multidão enjoada e até causar ataques epiléticos induzidos sonicamente por padrões de ondas repetidas ritmicamente; tais padrões podem ser baixas freqüências, até inaudíveis (subliminares). Segundo Peter (*apud* Müller, 2000, p. 172), um protótipo empregado em uma manifestação da Irlanda do Norte dispersou uma multidão de manifestantes católicos com notas agudas dolorosas.

A *duração* corresponde ao tempo de prolongamento de um som. Uma fonte sonora pode gerar um som contínuo que varia de frações de segundo até determinado número de horas. Os súbitos impulsos sonoros, de durações curtas, geram surpresa e chamam a atenção; as ocorrências longas e contínuas são colocadas rapidamente pelo cérebro na audição periférica e subliminar. A duração dos sons está ligada também à velocidade, isto é, quanto mais curta, maior a sensação de rapidez; quanto mais longa, mais lenta.

Para Salinas (1994), no mundo urbano moderno os tempos curtos determinam o sucesso das coisas, os sons curtos apresentam-se em um estado de agitação. Já no mundo da meditação, da reflexão, os tempos longos são os que levam aos estados ideais de calma e tranqüilidade.

Nos audiovisuais, as falas com durações fonéticas curtas denunciam temperamentos ou estados de ânimo: agitação, ação, tensão, perturbação etc. Falas lentas e pausadas em durações longas simbolizam tranqüilidade, sabedoria, racionalidade, controle, preguiça.

Na música, cada nota tem uma duração específica. Na escritura musical, os símbolos de representação estão codificados de acordo com o tempo de execução da nota: uma semibreve corresponde ao tempo mais longo, e uma semifusa corresponde ao tempo mais curto. O silêncio, por sua vez, que representa a ausência de alturas, ganha valores significativos em suas durações. As pausas silenciosas podem trazer as sensações de medo, dúvida, espera e angústia, por exemplo.

O *timbre*, por sua vez, determina a possibilidade de identificação e discriminação auditiva das diversas fontes sonoras. Uma mesma nota, emitida por instrumentos diferentes, apresenta-se na mesma freqüência fundamental acompanhada de uma série de outras freqüências mais agudas. Essa conjunção sonora determina o timbre, também chamado de cor, de cada instrumento. Assim, o timbre denuncia o tipo de fonte sonora.

A capacidade de discriminação aliada à memória auditiva nos permite reconhecer milhares de fontes sonoras somente pelo timbre, sem necessidade de ver a fonte. Quando a ligação fonte–som é alterada, as coisas que vemos ficam falsas, mentirosas, há um estranhamento sonoro, uma dissonância cognitiva (Leon Festinger). É por isso que nos audiovisuais existe um cuidado especial na criação e reprodução dos sons de uma paisagem sonora, já que uma cor dissonante de suas fontes prejudica a veracidade do audiovisual. O timbre de um instrumento ou da voz de uma pessoa pode remontar instantaneamente o receptor a lugares e épocas determinadas; é a memória involuntária pesquisada pelo filósofo francês Bergson.

A *intensidade* refere-se ao grau de energia de um som. Independentemente da altura, da duração ou do timbre, um som pode ter intensidade forte ou fraca. A intensidade está relacionada com a amplitude da vibração sonora.

O impacto do som em intensidades fortes pode danificar o ouvido, provocando perdas irreparáveis à audição. Um som grave contínuo de alta intensidade pode derrubar um prédio pelas fortes vibrações provocadas nas colunas e paredes. Na Bíblia há a sugestão de armas sonoras no episódio da derrubada das muralhas da cidade de Jericó.

Na década de 1970, o cinema realizou, no filme *Terremoto* (1974), uma experiência na qual o público sentia os tremores de terra por meio de um som grave de baixa freqüência e forte intensidade. Essa propriedade, então, reveste o som de uma dinâmica pontual com relação ao receptor (Salinas, 1994).

Watson, no livro *War on the mind: the military uses and abuses of psychology* (1978, p. 422), revela outro segredo do exército dos Estados Unidos: em 1973, a Allen Internacional publicou o registro de um canhão para dissolver multidões urbanas, o "Photic Driver", que pulsa sons que reverberam nos edifícios sincronizados com *flashes* de luzes piscando velozmente, refletindo nas paredes dos prédios; o barulho e as luzes causam náuseas na multidão, mas o risco de ataques epiléticos registrados nos testes levou ao arquivamento do protótipo experimental.

A intensidade prende a atenção com suas diversas variações, moldando momentos de ação e repouso. Em uma fala, por exemplo, as mudanças de intensidade podem ser tão ou mais significativas do que o que está sendo dito.

Um som de amplitude constante gera um grau de tensão suspenso: não se sabe se o ruído vai terminar, diminuir ou aumentar. O som que decresce em intensidade pode remeter tanto à fraqueza e à debilitação, como ao silêncio da morte, à sutileza do que está extremamente vivo, sugerindo justamente o ponto de colamento e descolamento desses sentidos, o ponto diferencial entre a vida e a morte, aí potencializados. O crescendo e o fortíssimo podem mandar, por sua vez, um jorro de explosão proteica e vital emanando da fonte, ou a explosão mortífera do ruído como destruição, como desmanche de informações vitais (Wisnik *apud* Salinas, 1994, p. 45).

A música, sendo uma forma de expressão e comunicação não-verbal, ao ser canalizada para o cérebro, estimula a imaginação, a fantasia, e evoca recordações, enfim, dispara gatilhos emocionais. Observa-se que a música alta pode levar ao arrebatamento e chega a ser opressiva. A música suave, além de intimista, produz serenidade (Sanvito, 1992, p. 4).

Manfred Clynes, músico e doutor em neurologia/engenharia pela Universidade de Melbourne, citado por Sanvito, postula que:

> [...] as emoções existem por si mesmas como padrões potenciais do sistema nervoso e podem ser desencadeadas pela música, independentemente de associações específicas com pessoas ou eventos. Isto significa que certas passagens musicais, de acordo com sua forma ou estrutura, podem gerar respostas tais como alegria, amor ou reverência. (*Apud* Sanvito, 1992, p. 4)

Essa padronização é capaz de descrever certos estados afetivo-emocionais caracterizados pelas músicas na TV:

* *terror, medo, pânico*: notas graves e com instrumentos que produzam registros graves (trombones, contrabaixo, saxofone e instrumentos de percussão);
* *tristeza*: som de oboés, flautas, violinos ou clarinetes, que emitam movimentos lentos e tempos longos;
* *alegria*: músicas "brilhantes", de júbilo, às vezes com movimentos rápidos;
* *raiva*: escalas musicais rápidas, sons fortes, graves ou agudos e com ocorrências surpreendentes;
* *momentos românticos*: similares às da tristeza;
* *violência*: movimentos rápidos, de caráter forte e sonoridade "brilhante", similares à raiva;
* *suspense*: instrumentos de registro baixo ou com notas agudas intermitentes (Salinas *apud* Batan, 1992, p. 31).

O som audiovisual aproveita-se dessa riqueza para criar figuras auditivas, às vezes concordantes com a imagem e, às vezes, dissonantes desta. No adequado controle das intensidades, reside um dos segredos de uma mixagem sonora e talvez do encantamento do receptor ao assistir a um audiovisual; após o surgimento do cinema sonoro, as falas assumem o papel de melodia. Não é necessário realizar uma pesquisa para concluir que as falas nos audiovisuais transportam para si a missão do encadeamento narrativo. O intuito dos realizadores é que a audição focalizada concentre-se nas falas, naquilo que é dito. Seria, então, uma melodia que em sua organização lingüística estaria direcionada à sua compreensão racional. Porém, esse valor de melodia se dilui ao notar que os outros elementos sonoros, inclusive os não lingüísticos das próprias falas, devem ser ouvidos com a audição periférica provocando respostas emocionais inconscientes. Nessa relação de figura-fundo, a figura dirige-se ao racional e o fundo ao emocional do receptor. Apresenta-se, então, uma articulação na qual a trilha sonora detém não uma linha melódica, mas sim um jogo de várias linhas melódicas simultâneas. A trilha define-se, dessa forma, como uma polifonia sonora estimulando ininterruptamente, e por várias frentes, a atenção auditiva do receptor.

Quanto à audição há, basicamente, dois modos de se ouvir música, segundo Carrasco (1993). O primeiro é aquele que poderia ser classificado como audição intelectual, tipo de audição no qual toda a nossa atenção volta-se para o discurso musical. É por meio desse tipo de audição que tomamos consciência do desenvolvimento temático da música, de suas relações estruturais, sua organização formal etc. É um tipo de audição que exige participação interativa do ouvinte com a música, e, quanto maior for o seu conhecimento da linguagem musical, maior será o número de relações sonoras que ele será capaz de perceber e decodificar (Carrasco, 1993, p. 164).

Em contrapartida, há aquilo que se pode chamar de audição sensorial, ou seja, o tipo de audição no qual o ouvinte não volta toda a sua atenção para o discurso musical; por exemplo, quando ouve música enquanto desenvolve outra atividade qualquer. Isso ocorre todos os dias: no consultório médico, no supermercado, durante o trabalho, no carro (ibidem). Nesses momentos, a música ocupa um espaço secundário em nossa percepção consciente, podendo ser considerada percepção inconsciente, ou seja, subliminar. Vários sons podem ser utilizados para se comunicar de forma subliminar, variando de acordo com o contexto em que é inserido e embutido o som. Todos os sons podem ter uma razão de ser, até mesmo o silêncio. Os silêncios também são uma dimensão de som. Há dúzias de silêncios eletrônicos diferentes, cada um deles produzindo uma reação definida no receptor. Sons e silêncios podem ser alternados, criando um pelotão de efeitos para o público. Esses sons e silêncios, quando bem combinados, não são percebidos conscientemente.

A *memória auditiva* envolve a habilidade de armazenar e de evocar o material auditivo. A *memória sonora* também está ligada aos lugares, aos objetos e aos períodos da vida. A cada nova ocorrência do mesmo som-fonte, a memória recuperará todo um conjunto de experiências acumuladas para dar um novo sentido ao que está sendo ouvido. A publicidade se utiliza dessa memória aproveitando para transmitir segurança aos indivíduos.

Em relação aos níveis de volume audíveis, o som mais baixo e menos detectável é o que influencia subliminarmente o comportamento de forma mais eficaz.

Do ponto de vista técnico, existem três modos simples de ocultar uma mensagem verbal em uma gravação. A mais óbvia é gravar a mensagem em um volume bem baixo. A mensagem pode então ser recuperada aumentando-se o volume enquanto o disco ou fita é tocado. Se a mensagem é muito fraca (débil), níveis de barulho de um equipamento doméstico podem deturpá-la. Se o acompanhamento musical ou as letras são altos o suficiente, ou se a própria mensagem é indistinta ou eletronicamente modificada, pode ser difícil ouvi-la em qualquer equipamento.

Um segundo artifício, segundo Poundstone (1983), é gravar a mensagem somente em uma trilha estéreo. Discos e fitas têm duas gravações independentes (trilhas), normalmente tocadas simultaneamente para efeitos de estéreo. Em um disco de vinil, cada trilha de estéreo ocupa um lado do encaixe (sulco) em forma de V para a agulha do toca-discos. Em uma fita, as trilhas são gravadas em faixas paralelas do material magnético. As duas trilhas são chamadas "direita" e "esquerda". As trilhas são intercambiáveis – o *mixer* sonoro (misturador de som) pode inserir qualquer coisa que desejar em cada trilha. Notas altas não precisam estar em uma trilha e notas baixas na outra.

A mensagem em uma trilha pode ser mascarada simultaneamente por música alta e pela letra da música na trilha oposta. Com um *balance* (equilíbrio) estereofônico normal (ou equipamento mono) a trilha alta sufoca a trilha da mensagem. Em casa, tais mensagens gravadas em única trilha podem ser recuperadas ajustando-se o balanço do estéreo de modo que somente a trilha desejada toque. Às vezes, esse truque também torna as palavras indistintas mais claras. Mesmo que as palavras não estejam exclusivamente em uma trilha, elas podem ser mais audíveis em uma única trilha. Uma mensagem pode ser gravada em uma velocidade diferente da do resto do disco. Assim, o disco teria de ser tocado mais rápido ou mais lento do que o normal para recuperar-se a mensagem. A menos que a mensagem estivesse em uma das velocidades padrão (digamos, 45 rpm em um disco de 33 1/3 rpm), não poderia ser tocada normalmente em equipamento doméstico. A maioria dos indivíduos sob estimulação subliminar só sente um ligeiro desconforto em nível consciente, se é que sente algo. Poucos têm ciência de que algo ameaça ou atrapalha seu bem-estar. No entanto, em um período prolongado de tempo, o constante bombardeamento de estímulos subliminares pode levar a mudanças permanentes nos sistemas orgânicos e em seus complexos funcionamentos. A superestimulação constante dos mecanismos fisiológicos de defesa pode acabar modificando ou exaurindo esses sistemas. Tais mudanças podem dar início a uma séria reestruturação no inter-relacionamento fisiológico entre mente e corpo, que varia de intensidade e significação conforme o indivíduo.

No livro *A persuasão e suas técnicas*, Bellenger (1987) explica que recebemos múltiplas mensagens, e nossa atenção seletiva filtra e focaliza um único canal sensório, deixando todo o resto como subliminar.

Assim, toda informação não focalizada com interesse seria um fundo indiferenciado, um ruído subliminar acumulado na sombra do inconsciente pessoal, alimentando as intuições. Tal afirmação vem ao encontro da Lei de Exclusão de Poetzle, segundo a qual o conteúdo dos sonhos seria composto de informações subliminares.

Com base nesses conceitos, pode-se estender a definição de subliminar como todas as informações encontradas no fundo; tudo o que não ultrapasse o limiar da consciência em estado de vigília, a audição periférica é o equivalente da visão periférica, ambas igualmente explicadas pela lei de Figura-Fundo da Gestalt.

Key, no livro *Media sexploitation* (1977, p. 110-115), descreve diversos subliminares sonoros, e inclusive explica a decupagem dos efeitos sincronizados na mixagem ou edição do filme *O exorcista*.

Segundo Key, o reforço que o som provoca na imagem é a causa do sucesso desse filme de terror, pois foi realizado com engenharia de som subliminar sofisticada para a época, que o levou a ganhar um Oscar pela trilha sonora.

Friedkin, o responsável, explica que aplicou diversos tipos de subliminar no fundo sonoro, por exemplo:

1) Som do enxame de abelhas furiosas, zunindo em dezesseis freqüências diferentes mixadas – o consciente as ouve como um único som. Todos os humanos reagem com medo e ansiedade ao som das abelhas. Mesmo se nunca ouviram tal som, este desperta o desejo de fugir, esconder-se, e o medo de sofrer dores.

Friedkin explica que, segundo Jung, tal som seria um arquétipo.

Esse som foi plantado na edição em ondas crescentes antes das cenas de maior tensão e suspense.

2) Som dos gritos de porcos sendo degolados. A menina Reagan, ao ser possuída pelo demônio, vai sendo maquiada gradualmente a cada cena para parecer-se com um porco, enquanto "se ouvem" subliminarmente estes guinchos angustiantes.

3) Gemidos de casais no momento do orgasmo foram inseridos no fundo subliminar nas cenas de clímax, o ato de exorcismo com a moça e o padre a sós.

Key explica que mais de 50% das mulheres entrevistadas por sua equipe afirmaram ficar excitadas sexualmente nessa cena.

4) Som no silêncio. As pausas silenciosas do filme eram silêncio eletrônico, com fundo de baixa freqüência inaudível, zunindo.

Esses silêncios formam uma série de platôs, que gradualmente aumentam em volume e diminuem de intervalo de tempo de aparição antes dos momentos de clímax. Os silêncios são empregados para produzir tensão emocional, tornando-se mais e mais freqüentes e pesados em um fluxo de tensão-clímax-relaxamento-tensão.

5) Dublagem. A voz de Reagan vai sendo cuidadosamente sintetizada e mixada até ser totalmente dublada pela voz de Mercedes McCambridge, atriz com uma voz profunda e sensual.

Key demonstra diversas técnicas empregadas pela engenharia de som subliminar.

Ora, sons de abelhas prestam-se a anúncios de seguros de vida, planos de saúde e tudo que envolva o cérebro réptil, as motivações de Maslow relativas à segurança. Já a cena dos porcos guinchando e a maquiagem da atriz são uma demonstração da intersemiose subliminar som-imagem.

Na cena sadomasoquista do exorcismo, os gemidos de orgasmos mostram o poder dos estímulos sexuais subliminares.

Até mesmo os silêncios apresentam pulsos subliminares inaudíveis para tornar apreensivos os telespectadores. Na montagem cinematográfica, as imagens são editadas de modo a intensificar a tensão, gerando um ritmo angustiante de suspense, que altera os batimentos cardíacos, a pressão arterial, a respiração e a taxa de adrenalina e epinefrina do público. Isso é o que hoje é chamado "engenharia de emoções".

O exorcista, é importante lembrar, foi realizado em 1976. Hoje, tais tecnologias sofisticaram-se, bem como suas aplicações.

No Brasil, em 1989, Zé Rodrix produziu um *jingle* para o Chevrolet da General Motors, cujo ritmo era de 80 ciclos por minuto. Segundo Zé Rodrix, o ritmo do coração de uma mãe amamentando o filho, ouvido pelo recém-nascido, é um som associado a conforto, tranqüilidade, segurança e prazer. Sensações que o publicitário, por meio do *jingle*, tentava associar subliminarmente ao carro.

Rodrix afirma que se baseou em pesquisas do grupo Pink Floyd que apontaram o ritmo de 80 ciclos como o de maior efeito subliminar sobre o auditório – cobaias involuntárias dessas tecnologias experimentais em seus shows.

Porém, não é apenas no cinema, na publicidade e nos shows de rock que a tecnologia subliminar sonora pode ser aplicada.

Segundo Faria, é possível empregar essas técnicas para uma aprendizagem subliminar, como explica em *A comunicação na administração* (1982), ao citar o técnico francês Jacques Genevav, que inventou o automafone, um aparelho pesando cerca de 20 quilos, que "ensina as pessoas enquanto elas estão dormindo".

O tema ou lição é gravado em fita e um "baixo-falante" toca subliminarmente sob o travesseiro.

Além de ajudar estudantes em suas lições e na aprendizagem de idiomas, o sistema serve para atores decorarem seus textos e para gagos corrigirem seus problemas. Esse mesmo sistema já tem sido usado em dietas, para motivar subliminarmente a perder peso do mesmo modo que as fitas de videocassete já citadas.

Atualmente, nos Estados Unidos, o mais recente emprego da tecnologia subliminar sonora tem fins "educativos", e uma das empresas que desenvolve este trabalho é a Corporação de Engenharia Comportamental, Engenharia de Emoções, localizada em Metairie, Louisiana, Nova Orleans.

Segundo Peter Krass, no artigo "Computers that would program people" (1980-1981), a engenharia de emoções é um ramo recente de atividades, que tem por objetivo alterar o comportamento involuntariamente, sem a consciência dos receptores, do público que é manipulado subliminarmente por sons e cores.

Um dos produtos à venda é o Mark VI – audio subliminal process, um equipamento eletrônico que ajusta o som para um volume subliminar abaixo de 20 ciclos por segundo, mixado à música de fundo que toca em supermercados e lojas de departamentos. A voz de fundo fica repetindo todo o tempo a frase "sou honesto, não roubo", o que já reduziu em 30% o índice de furtos em 81 supermercados de quatro estados norte-americanos.

O Mark VI também é instalado em consultórios de dentistas e médicos, onde recita a ladainha subliminar de frases que acalmam e relaxam, além de ser colocado em bancos para influenciar funcionários e clientes a fazer investimentos.

Há sons no silêncio dando ordens, sugestionando, manipulando.

Por outro lado, no Oregon, Estados Unidos, a empresa Proactive Systems patenteou outro sistema semelhante, que está no mercado desde 1981 com resultados surpreendentes, comprovados estatisticamente.

Em 2004, entrevistei dois sonoplatas de renome sobre a tecnologia de som.

O primeiro entrevistado foi Alexandre Benesi:

Calazans: Como podem ser inseridos estímulos sonoros/acústicos que passem despercebidos pelo ouvinte, mas causem reações? Quais seriam esses estímulos e como produzi-los?

Benesi: Determinados *softwares* de som (aqueles nos quais é possível utilizar mais de um canal simultâneo) permitem que se usem ao mesmo tempo várias pistas. Deve ser possível inserir sons em freqüências muito altas ou ultra-sonoras em que eventualmente se possa conseguir que as pessoas, ao sentirem no corpo determinada freqüência sonora, sejam influenciadas ou incomodadas por ela – ou em baixas freqüências. Existem alguns estilos de música cujos sons repetidos ciclicamente causam até desmaios ou perda dos sentidos; músicas de Hare Krishna, outros estilos como *drum'n bass* e algumas freqüências utilizadas causam uma espécie de mal-estar, como as batidas de bumbo em baixa freqüência. Os melhores *softwares* para trabalho com áudio são Pro-Tolls, Sound Forge 6.0, Vegas 2.0 e os *freewares* mais simples e também bastante utilizados Goldwave e Audacity.

Cada um tem sua própria característica ou recurso; o Pro-Tolls é um dos mais completos e utilizados para a mixagem de áudio nas mais diversas aplicações como rádio, vídeo, cinema etc. Trabalha com módulos multipista, o que possibilita gravações em até oito pistas dependendo do modelo utilizado. Já o Sound Forge 6.0 é utilizado na captação do áudio, bem como em seu tratamento, com colocação de efeitos, reverberações, ajuste de *pitch* ou mesmo na equalização do som, pois tem quatro tipos de equalização. O Vegas 2.0 é usado na montagem e finalização do áudio captado pelo Sound Forge. Também podem-se usar vários recursos como a edição, o aumento de volume e até 99 pistas sobrepostas. O Audacity e o Goldwave têm as mesmas funções do Sound Forge, ou seja, são usados na captação do áudio, mas não têm os mesmos recursos e efeitos. Esses *softwares* podem salvar os arquivos nele gravados em vários formatos e tipos de freqüências e bits. Exemplo: arquivo com qualidade de CD pode ser convertido e compactado para diminuir seu tamanho e posteriormente ser utilizado na internet em formato MP3, o mais utilizado na troca de arquivos feita na rede, com qualidade digital. E é mostrado em forma de onda ou WAV, que tem o nome WAVE. Podem ser colocadas sobrepostas no Sound Forge até 99 TRACK ou pistas. Não creio haver diferenças, ou melhor, alguns sons colocados em alta freqüência podem chegar a incomodar e até mesmo causar irritação nas pessoas, mas somente para os sons audíveis em alta freqüência. Acima disso, somente cães e outros animais podem ouvir esse tipo de som.

Calazans: De quantos casos de subliminar no som já ouviu falar? Poderia descrever alguns deles em publicidade, jornalismo, cinema, internet, músicas e outros?

Benesi: Não tenho notícia de algum tipo de caso subliminar com som.

O segundo entrevistado foi Bené Tammus:

Calazans: Como podem ser inseridos estímulos sonoros/acústicos que passem despercebidos pelo ouvinte, mas causem reações? Quais seriam esses estímulos e como produzi-los?

Tammus: Para a linha de computadores Mac, o melhor e mais profissional programa de áudio é o Pro-Tools, usado com um padrão mundial nos melhores estúdios do planeta.
Para a linha PC, existe uma variedade de programas, porém os mais utilizados profissionalmente são:
Vegas: multipista que grava e reproduz múltiplos canais (não tem limite de canais, a quantidade de canais depende do processador e da memória RAM, ou seja, quanto mais memória, mais canais).

Acid: também é um multipista como o Vegas, porém tem a função adicional de trabalhar com áudio e MIDI simultaneamente, além de sincronizar perfeitamente com outros programas.

Reason: sintetizador usado para criar músicas com base em *samplers* que são na verdade cópias de sons originais.

Sound Forge: programa usado para finalizar e masterizar o áudio depois de mixado nos programas citados.

Alguns programas têm um número limitado de canais. Entretanto, como foi descrito anteriormente, programas como o Vegas são ilimitados. Os volumes dos canais podem ser controlados individualmente e há também um volume geral.

O exemplo mais claro é o efeito do som no formato 5.1, aquele usado em *home theater*. O alto-falante mais grave reproduz algumas freqüências que o ouvido humano não capta, são freqüências abaixo de vinte hertz.

Mas aí vem a pergunta: por que gastar muito dinheiro comprando um alto-falante que reproduz um som que não podemos ouvir? Resposta: o som se propaga no ar empurrando as moléculas do ar para a frente. Neste caso, não podemos ouvir o som, mas podemos sentir a sua vibração. Imagine a cena de um avião caindo em um filme. No momento da queda, a pressão sonora é tão grande que nos dá a sensação de que o avião vai cair sobre nossas cabeças. Aliás, é bom que o efeito seja real somente até esse ponto.

Desse modo, as moléculas de ar empurradas pela propagação da onda sonora chegam no ouvido e causam o bater do martelo na bigorna, registrando um efeito tátil subliminar de pulso e freqüência que leva à cognição sem consciência. A repetição do estímulo pode ocasionar um condicionamento (behaviorismo) e uma predisposição posterior a estados emocionais ao ser exposto ao logotipo, ao candidato político, à embalagem do produto etc.

E a audição periférica explica, pela Gestalt, que tal fundo é despercebido; segundo Jung, está fora do holofote da consciência. Assim, se não está consciente, é inconsciente, logo, subliminar.

Tais mixagens de som são os iconesos sonoros.

Apesar de toda esta tecnologia disponível, diversos publicitários e sonoplastas entrevistados alegam que ninguém nunca ouviu falar de nenhuma aplicação de subliminares no som. Para eles, o tema ainda é tabu, mas não se atrevem a negar a influência e os resultados subliminares.

Contudo, o publicitário especializado em som já citado, doutor pela USP, Marco Antônio Batan, em entrevista de 8 de outubro de 1993, ao jornal *A Tribuna de Santos*, deixou escapar uma declaração sobre a qual se pode refletir:

> Para o publicitário Marco Antônio Batan, tudo indica que a influência exista, mas o assunto ainda precisa de estudos sérios. "Não posso negar a influência subliminar [...]." O publicitário afirma que o objetivo da publicidade é justamente sugestionar por meio de músicas e outros apelos. "Tudo é intencional e declarado, principalmente em um comercial [...]."

CAPÍTULO 4

SUBTEXTO:

O SILOGISMO SUBLIMINAR

Todavia, além da tecnologia de ponta, há outras formas igualmente sutis, como também sofisticadas, de enviar estímulos emocionais subliminares sonoros.

Muito embora sigam um mecanismo diametralmente oposto ao dos iconesos visuais e sonoros, esses métodos obtêm resultado semelhante.

Os testes projetivos, como as manchas de Rorschach, exploram os mecanismos de projeção, segundo os quais o inconsciente do público envia informações que permitem o diagnóstico psicológico, mesmo processo que está por trás do ato criativo de escritores, pintores e publicitários.

Ora, este fenômeno psíquico pode ser explicado, enquadrado, conforme os objetivos deste livro, na segunda divisão da fórmula proposta, pois a saída de informações extraídas involuntariamente do inconsciente do público-alvo é um *output* que será denominado subtexto:

SUBTEXTO = maior quantidade de informação saindo do inconsciente do público

menor tempo de exposição à mensagem

Embora o termo *subtexto* esteja ausente dos dicionários de comunicação, artes, literatura e até mesmo dos de língua portuguesa pesquisados, seu uso é freqüente no teatro, no cinema, na televisão e nas histórias em quadrinhos, sempre empregado pelos práticos da área, de forma intuitiva e superficial, cabendo aqui um melhor delineamento de seu significado.

Em toda a literatura levantada, foram encontradas somente duas referências a subtexto, ambas em manuais práticos de roteirização de cinema e televisão, o que vem confirmar a necessidade de aprofundamento do tema.

A primeira citação é de Doc Comparato na obra *Roteiro: arte e técnica de escrever para cinema e televisão* (1983, p. 168):

[...] [subtexto] é o que está implícito no texto, nas entrelinhas. O subtexto pode aparecer nos gestos, nas atitudes e na postura dos personagens ou subentendido na fala.

Devemos permitir que a platéia perceba que o personagem está se comunicando ou passando seu recado para um terceiro, ou quarto personagem (ou até para a platéia), enquanto conversa com um outro.

Doc Comparato vem contribuir com sua definição de subtexto como implícito, entrelinha, o que remete diretamente à já citada definição de subliminar de Rabaça e Barbosa, como mensagem expressa nas entrelinhas.

Comparato preocupa-se em explicar que este subtexto não é comunicado apenas verbalmente, no texto verbal falado, mas pode aparecer na comunicação não-verbal, nos gestos (cinésica), nas atitudes psicológicas, na postura (proxêmia) além da fala, na qual é subentendido.

Entretanto, ele continua afirmando um "dever" do roteirista o de permitir que a platéia perceba conscientemente o subtexto.

Ora, tal postura parece contraditória com a própria técnica do subtexto oculto, de contrabando, subliminar.

Em uma dramaturgia aristotélica, busca-se emocionar a platéia, envolvê-la com o fito de obter a catarse, o expurgo emocional, construindo cena a cena sua identificação/empatia com os personagens.

Tal carpintaria cênica arquiteta efeitos despercebidos, inconscientes, subliminares, subtexto.

Por outro lado, Bertold Brecht, no texto *Estudos sobre teatro* (1978, p. 55), vem propor um paradigma dramatúrgico cuja carpintaria seja não-aristotélica (a exemplo das lógicas não-aristotélicas como a paraconsistente, ou as geometrias não-euclideanas, todas sintomas da crise dos paradigmas), explicando:

> A aceitação ou recusa das palavras ou das ações dos personagens devia efetuar-se no domínio do consciente do espectador, e não, como até esse momento, no domínio do seu subconsciente.

A técnica de distanciamento de Brecht objetiva permitir à platéia criticar, sem envolvimento, distante, quebrando a quarta parede do palco e evitando o apelo ao subconsciente, (a catarse emocional que ilude as defesas do indivíduo e permite que ele receba as mensagens do subtexto).

Comparato parece filiar-se aos princípios da dramaturgia brechtniana ao propor esse distanciamento que o roteirista teria de realizar para a platéia perceber conscientemente o subtexto, o que invalida o emprego da técnica aristotélica, que busca justamente passar despercebida (haja vista que o mesmo Aristóteles da obra *Poética*, na obra *Organon*, descreve o silogismo irregular do entimena).

A segunda referência ao subtexto encontra-se na obra de Marcos Rey *O roteirista profissional de televisão e cinema* (1989, p. 45), que se estende mais nos comentários, aprofundando o conceito:

> O subtexto: o invisível inteligente.
> Subtexto é tudo aquilo que não está trocado em palavras mas embutido no texto, implícito. Um texto primário não tem subtexto: os diálogos dizem tudo. O subtexto é, no geral, a parte mais inteligente do texto, a verdade oculta, a intenção principal, o que vai permanecer depois de findo o espetáculo... Muitas vezes o espectador não percebe o subtexto, o que nem sempre prejudica o entendimento, mas diretores e atores o esmiúçam para dar mais profundidade à interpretação. Uma frase que diz isto mas que também quer dizer aquilo, mais importante... Uma declaração de amor pode conter um subtexto que a negue.
> Os grandes textos, sejam de romance, teatro e cinema, sempre têm uma verdade subterrânea...

Rey descreve os elementos do subtexto e seus efeitos como sendo o implícito, a verdade oculta e subterrânea, que não é percebida pelo espectador, mas não prejudica seu entendimento.

Comparato e Rey, trabalhando na mídia "teatro" e na prática profissional cotidiana, convivem com estas técnicas de subtexto em maior intensidade que os diretores e atores do ritmo ágil do cinema e frenético da televisão.

A obra de Rey já vem filiar-se aos objetivos da dramaturgia aristotélica desde o próprio título, *O invisível inteligente*, no qual valora como inteligentes as técnicas de carpintaria de subtexto. Novamente, como Comparato, Rey define subtexto como a mensagem implícita.

Essa "verdade oculta", subliminar como iconesos sonoros, é a "que vai permanecer depois de findo o espetáculo".

E o espectador não necessariamente percebe conscientemente o subtexto, o que não prejudica seu usufruir da catarse, ao contrário, aumenta seu gozo inconsciente, sua identificação e empatia.

Na bibliografia pesquisada, Carraher, no livro *Senso crítico* (1983, p. 80), apresenta o capítulo "Lendo nas entrelinhas". No item "Idéias subentendidas", explica:

> [...] ao ler a mensagem "Não pare na estrada, vá de Mercedes Benz" (num *outdoor* que apresenta um retrato do caminhão) nenhuma pessoa tem dificuldade em reconhecer, pelo menos intuitivamente, que as frases sugerem certas idéias: que caminhões Mercedes Benz não quebram, que apenas os outros caminhões quebram, que Mercedes Benz significa qualidade e durabilidade etc.

Carraher explica que essas considerações excedem a lógica ou semântica, levando em consideração o complexo contexto, a rede social, antropológica, econômica, que serve de fundo ou cenário envolvendo a peça publicitária analisada, e ele continua a aprofundar o tema no tópico "Premissas subjacentes". "Uma premissa subjacente geralmente não é subentendida por pessoas quando elas tentam compreender uma comunicação. Ela normalmente passa despercebida" (p. 81).

O autor continua coletando diversos exemplos de mensagens implícitas mas coerentes e lógicas, de alto impacto persuasivo no receptor/público, e refere-se a elas como premissas ocultas.

No discurso verbal, impresso ou oralizado, surgem estas formas de raciocínio por omissão, segundo Jöel Door, na obra *Introdução à leitura de Lacan*: "O sujeito que interpela o outro neste 'Você é meu mestre' na verdade formula a ele, implicitamente: 'Eu sou seu discípulo'".

A psicanálise lacaniana, partindo da premissa de que o inconsciente estrutura-se como linguagem, realiza análises do pensamento implícito nas entrelinhas, segundo Lacan (*apud* Jöel, 1990, p. 159):

> Quando Freud compreendeu que era no campo do sonho que devia encontrar confirmação... o que nos disse então do inconsciente? Afirma-o constituído, não pelo que a consciência pode evocar, estender, discernir, fazer sair do sub-liminar, mas pelo que lhe é, por essência, recusado.

Para Lacan, o conteúdo do inconsciente é recusado à consciência, o que explica a não-percepção consciente do subtexto pela platéia do teatro. Por sua vez, os leitores de HQS não conseguem fazer essas informações dadas sair do subliminar consciente.

> Gendlin (1964) esboçou uma série de passos experimentais para tornar explícito o implícito [...] Ele dá a este enquadramento do implícito o nome de referência direta [...] Explicar o implícito [...] tornando nítida a imagem imprecisa [...] (citação p. 125-127)

Essas técnicas são aprofundadas adiante, por (1978, p. 253) Wilber:

> "[...] o sonho compõe-se de dois textos, um texto manifesto e um texto latente ou oculto".

Toda a psicanálise de Freud poderia ser considerada um esforço de interpretação do texto latente ou oculto, o texto do inconsciente, o subtexto implícito no discurso verbal e não-verbal do paciente. O sonho seria icônico, imagem, mas representando um texto.

Pode-se propor a esta cultura subjacente (inconsciente coletivo) o termo alemão *Volksgeist*, enquanto um modismo superficial e passageiro (inconsciente pessoal) será o *Zeitgeist*. Tais postulados serão aprofundados a seguir.

Como afirma Goffredo Telles Júnior, na obra *Tratado da conseqüência* (1949, p. 227):

> O entimema é o silogismo em que uma das premissas é subentendida. Exemplo:
> O homem é racional;
> Logo Pedro é racional.
> Neste exemplo, acha-se subentendida a segunda premissa: Pedro é homem.

Essa premissa que não foi explicitamente formulada fica subentendida, mas sua ausência provoca efeitos, como afirma Jacques Maritain, na obra *Elementos de filosofia II* (1977, p. 274). "Na linguagem corrente – linguagem científica assim como linguagem vulgar – o entimema é naturalmente de uso mais freqüente que o silogismo completo."

Ao que se soma o estudo mais recente de Copi, na obra *Introdução à lógica* (1979, p. 208):

> A maioria das interferências expressa-se entimematicamente. A razão disso é fácil de se entender. Na maioria das polêmicas há uma grande quantidade de preposições que se pressupõe ser de conhecimento comum... um argumento seja retorica-

mente mais poderoso e convincente, quando anunciado enti-mematicamente, do que quando enunciado com todos os seus pormenores.

Por outro lado, a lógica não é a única disciplina antiga a estudar o pensamento implícito e lacunoso. O mesmo fenômeno é também objeto da hermenêutica. Etimologicamente, a hermenêutica remete ao deus grego Hermes (o Mercúrio dos romanos), mensageiro dos deuses do Olimpo e deus da comunicação e do comércio, protetor dos viajantes. A hermenêutica é citada por Bardin (1977, p. 14):

A Hermenêutica, a arte de interpretar os textos sagrados ou misteriosos é uma prática muito antiga [...] Por detrás do discurso aparente [...] esconde-se um sentido que convém desvendar.

Segundo Coelho, na obra *Lógica jurídica e interpretação das leis* (1981, p. 326):

A palavra intérprete tem origem latina – *inter pres* – e designava o adivinho, aquele que descobria o futuro nas entranhas da vítima: este conceito popular permanece na expressão *desentranhar* o sentido de algo.

Emerich Coreth (1973, p. 141) acrescenta :

[...] existe necessariamente para a compreensão histórica [...] uma multiplicidade de aspectos, ou perspectivas ou, se preferirmos, de camadas ou níveis, nos quais a compreensão se move e apreende o seu conteúdo.

Todavia, o fenômeno do implícito, o entimema lógico, a lacuna hermenêutica também são notados pelos escritores na Teoria Literária, pois Haroldo de Campos, na obra *Diálogos com Mário Schenberg*, explica que existe: "aquilo que Roman Jacobson chamava de estruturas subliminares da poesia".

A Psicologia da Forma, Gestalt, apresenta diversas leis de agrupamento perceptual, entre as quais a mais popularizada é a de Figura-Fundo, a qual serve de fundamento científico para explicar diversas técnicas subliminares.

Mas existem outras leis, como a da Totalidade, segundo a qual a tendência humana é a do fechamento das figuras visando à boa forma.

Uma figura aberta ou incompleta é automaticamente completada, fechada, um mecanismo inconsciente de percepção.

Como diz o provérbio popular, "para bom entendedor, meia palavra bas".

Do mesmo modo que em uma leitura rápida não se percebe uma falha de digitação na qual falte uma letra em uma palavra, ao percorrer-se rapidamente o provérbio familiar acima, o cérebro completa a palavra lacunosa, falhada, quando mesclada ao contexto de um parágrafo.

Esse princípio da Totalidade também pode ocorrer em imagens, como provam as figuras fragmentadas de R. Leeper, desenhos lacunosos que o cérebro completa sem perceber conscientemente.

O mesmo acontece nas histórias em quadrinhos japonesas, mangás, nos quais os órgãos genitais dos personagens não são desenhados, deixando-se um espaço em branco que cabe ao leitor completar, imaginar, e estas lacunas visuais não diminuem a alta velocidade de leitura, imperceptíveis até, inconscientes, subliminares para o leitor nipônico.

Outro elemento de linguagem lacunoso e entimemático das HQs tem sua origem no cinema: a elipse.

Marcel Martins, no livro *A linguagem cinematográfica* (1990), explica no capítulo 4, "Das elipses", que:

> O cinema é a arte da elipse [...] o cineasta pode recorrer à alusão e fazer-se entender com meias-palavras.
> A maioria das elipses sobre o sexo obedece a um movimento de câmera que, após mostrar as primeiras carícias amorosas, parece afastar-se discretamente [...] o diretor nos faz compreender [...] que um certo lapso de tempo decorreu (um cinzeiro vazio, depois cheio).

Essas imagens suprimidas, ausentes na seqüência narrativa visual do discurso fílmico explícito, formam uma lacuna implícita, subentendida, entimemática.

O público é solicitado a buscar em sua memória/repertório inconsciente, no contexto, elementos que completem o vazio, e esse processo ocorre na velocidade das tomadas do filme, inconscientemente.

Isso se enquadra na fórmula proposta:

$$\text{SUBTEXTO} = \frac{\text{MUITA INFORMAÇÃO SAINDO DO INCONSCIENTE DO PÚBLICO}}{\text{POUCO TEMPO DE EXPOSIÇÃO À MENSAGEM}}$$

O que a imagem cinética do filme torna difícil de observar é evidente na imagem impressa dos quadrinhos, imóveis, que se presta facilmente a uma decupagem, como observa o professor doutor Luiz Cagnin na obra *Os quadrinhos* (1975, p. 163): "A elipse. Entre um quadrinho e outro fica um vazio que deve ser preenchido pelo leitor. O vazio pode subentender diversos momentos [...]".

A elipse, que também é freqüente na prosa escrita, tem o mesmo efeito retórico do entimema: obriga o leitor a sentir-se cúmplice do emissor e co-autor da produção do sentido. Essa prática é cotidiana na HQ, quer de autor, quer de panfletos publicitários ou propaganda eleitoral que empregue o recurso visual da signagem dos quadrinhos. Técnicas de tornar a mensagem implícita, entimemática, elíptica, configuram mensagens dissimuladas, imperceptíveis, dirigidas ao inconsciente do público, visando manipulá-lo subliminarmente pelas entrelinhas.

Segundo o *Jornal da Tarde*, de 12 de setembro de 1992, página 6 do caderno de política:

A vice-governadora do Distrito Federal, Márcia Kubitschek, anunciou ontem que vai se desligar do PRN, em protesto contra a propaganda atribuída ao partido e veiculada quarta-feira no horário nobre na tv [...] O objetivo do comercial era defender subliminarmente o mandato do presidente Collor.

No subtexto, a premissa entimemática era de que Collor seria vítima de perseguição internacional por desejar o progresso e o crescimento do Brasil.

A conclusão era forçada, automática, saltava, saía do inconsciente contra a vontade de quem assistia, em uma demonstração da força e funcionalidade desta técnica subliminar lacunosa baseada na lei da Totalidade da Gestalt.

Essas técnicas subliminares antijudiciário (contrapropaganda) ou pró-Collor (propaganda) da televisão ou do cinema, em Vidal (subtexto homossexual) ou Gillian (subtexto caridoso-filantrópico) no cinema, são as mesmas técnicas de roteirização passíveis de emprego nos quadrinhos.

Pignatari, em *A ilusão da contigüidade* (1975, p. 32), afirma que:

O sintagma narrativo não parece ser um sintagma, mas sim um paradigma [...] a vida de cada um é vista e sentida como um ícone imediato, um modelo imediato (o phaneron de Peirce, ou a qualidade de um sentimento) [...] ler um romance é comprar modelos, trocar modelos.

Sendo o enredo um modelo (*phaneron*), este é percebido pelo hemisfério direito do cérebro (Sperry), e está, mais do que poderia ser imaginado, sujeito à Lei de Boa Forma (da Totalidade) da psicologia da Gestalt.

Isso implica que, ao comparar o paradigma de uma narrativa sendo lida com os paradigmas já registrados inconscientemente, o leitor faça analogias (cérebro direito) e participe da construção do sentido.

Talvez aí resida o impacto midiático do *merchandising*, na rede complexa de vinculações emotivas do subtexto, e do baixar mecanismos de defesa do telespectador.

Basta recortar eventos, suprimindo alguns segmentos semânticos que forcem o leitor a completar o sentido (como nas figuras de Leeper).

Evidentemente, todo este planejamento ocorre ao lado do emissor, do produtor da mensagem. O público/espectador/leitor recebe passivamente o signo incompleto e é levado a completá-lo, gerando o processo de identificação e cumplicidade que gradualmente vai reduzindo-o, influenciando suas atitudes, crenças e decisões.

Essas técnicas demonstram e confirmam o subtexto como efeito subliminar, equivalente, por outros meios, ao iconeso visual e sonoro, sendo ambos fases distintas do mesmo processo, momentos no tempo de criação do contexto no repertório e explicados por fórmulas diferentes.

Tal qual a sístole e a diástole cardíacas, o *yin* e o *yang*, a tese e a antítese, o *iconeso visual* ou *sonoro* (*input*) insere informação no inconsciente, para que a outra técnica, o *subtexto* (*output*), force a decisão por repetição, em um processo que o filósofo Bergson denominava "memória involuntária", e Proust descreve em seus livros.

Ambas as técnicas são condicionamentos que operam pela repetição do estímulo (Pavlov-behaviorismo).

Futuras pesquisas poderão ir além da mera sintaxe do processo e quantificar a pragmática da resposta dos usuários do signo subliminar.

ARQUEOLOGIA DOS ARGUMENTOS

1) Nível de superfície		Percepção consciente
	2.1 Subtexto entimemático	a) pressupostos axiológicos b) mensagem explícita – entrelinhas – lacuna lógica
2) Nível de subtexto	2.2 Subtexto contextual	a) ambiente comunicacional – inconsciente pessoal – *Zeitgeist* – estereótipos b) ciberespaço profundo – inconsciente coletivo – *Volksgeist* – arquétipos

Enquanto os iconesos introduzem informação subliminarmente (*input*), o subtexto parte de pressupostos já assimilados culturalmente (contexto) para criar um *output* do inconsciente do indivíduo, segundo as fórmulas propostas:

$$Input \text{ iconeso} = \frac{\text{maior quantidade de dados entrando no público}}{\text{menor tempo de exposição à mensagem}}$$

$$Output \text{ subtexto} = \frac{\text{maior quantidade de informação saindo do público}}{\text{menor tempo de exposição à mensagem}}$$

CAPÍTULO 5

ARQUEOLOGIA DO ARGUMENTO

Do exposto, percebe-se, pela lei da Totalidade da Gestalt, que as premissas ocultas dos entimemas ou lacunas da hermenêutica podem ser traduzidas em imagens visuais, ícones, como as figuras fragmentadas de Leeper e as elipses do cinema e das HQS.

Essas técnicas podem dissimular argumentos sob as imagens, em referências ao contexto (*Zeitgeist*), que exigem do público a cúmplice participação na construção do sentido, forçando uma instantânea saída de informação do inconsciente que complete/totalize o argumento implícito/incompleto.

Foi proposto o termo "subtexto" para designar esse mecanismo de persuasão que contorna as defesas conscientes, sendo, pois, por definição e postulado, subliminar.

Resta agora realizar mais um estudo de caso que possa evidenciar a existência de argumentos ou idéias ocultos em peças publicitárias de leitura veloz, em camadas ocultas de sentido.

Segundo Perez Tornero, no livro *La semiótica de la publicidad* (1982): "Nível entimemático – Segundo Eco, deveria-se encontrar aqui as verdadeiras argumentações retóricas".

Já Ivan Santo Barbosa, na sua tese de doutorado em Comunicação na Universidade de Louvain, Bélgica, propõe um método de decupagem das peças publicitárias. Nessa tese, "Ou vivre?", explica que: "nós podemos, por conseqüência, postular que a publicidade utiliza um processo entimemático".

E aos argumentos de Ivan Santo Barbosa somam-se os aspectos jurídicos descritos por Jacobina (1996, p. 94):

> Existem três modalidades de publicidade enganosa por omissão: [...] as reticências, isto é, a veiculação de uma mensagem incompleta [...] as alegações implícitas que são aquelas afirmações que, embora não constem expressamente do texto publicitário, se podem deduzir, pelo contexto ou por indução [...] o consumidor é levado a acreditar nisto, pelo que fica implícito no texto.

Paulo Jacobina descreve muito bem as técnicas do subtexto contexto, o implícito, a elipse ou lacuna preenchida pelo princípio da completude da Gestalt, que a inteligência artificial denomina "raciocínio por omissão", a tomada de decisão levada pela ausência de dados preenchidos por analogia, um *output* inconsciente.

O espécime a ser objeto de estudo de caso é o *outdoor* da grife Pool. O *outdoor* apresenta uma jovem nua, fotografia em preto-e-branco, título na parte superior. Sobre o monte-de-Vênus e os seios, três logotipos triangulares da Pool na cor vermelha.

O olhar da jovem dirige-se para fora do quadro, em direção ao público-alvo.

Berger, na obra *Modos de ver* (1972, p. 53), ao estudar o nu da pintura ocidental, analisa diversos quadros, explicando-os:

Em todos eles permanece implícito que o sujeito (uma mulher) tem consciência de estar a ser vista por um espectador [...] esta nudez não é todavia uma expressão dos seus próprios sentimentos; é um sinal de submissão aos sentimentos e exigências do proprietário (de ambos: tela e modelo).

No *outdoor* citado, a modelo olha languidamente para o público, um olhar de disponibilidade e convite passivo, entrega.

Sua cinesia, expressão corporal, mostrando lábios entreabertos bem como pernas e braços abertos, reforça o convite.

Na ordem de leitura ocidental, da esquerda para a direita, vêem-se primeiro as pernas abertas, depois o corpo nu e por fim o rosto que observa e convida.

O logotipo maior impede a visão dos pêlos púbicos, pois, conforme Berger (1972, p. 59):

A convenção de não pintar os pêlos do corpo feminino [...] o cabelo está associado ao poder sexual, à paixão, a paixão sexual feminina tem de ser minimizada para que o espectador possa sentir que tem o monopólio desta paixão.

Pode-se, pois, proceder a uma leitura das mensagens implícitas, o subtexto subliminar desse *outdoor*, que evidencie o emprego de técnicas de sugestão entimemática ou de contexto, que forcem o público a totalizar a mensagem.

A "referência direta" de Gendlin lembra o método de Key de desfocar a figura, enquadrando níveis sugeridos implicitamente. Esses métodos podem ser aperfeiçoados e adaptados à publicidade impressa no nível do texto, além do meramente icônico de Key.

A iconografia de Panofsky, de forma menos esquemática e cartesiana, sugere a mesma hipótese de texto, que contamina a imagem, o contexto.

É possível, então, propor um método cujas etapas sejam mais bem divididas, com mais exatidão, de forma mais rigorosa e cartesiana até, com o objetivo de evidenciar a existência de subtexto e referências a um contexto. Algo como os iconesos visuais e sonoros, agora adaptados ao discurso verbal e denominados subtexto; este método apresenta as fases a seguir, aplicadas ao estudo de caso em questão.

Etapas de classificação das camadas de sentido entimemático:

1) Nível de superfície (consciente)

Frase: "Gatinho da Páscoa, que trazes pra mim?"

Texto focado pela atenção consciente do público-alvo. Observe-se que:

Conceito A Gatinho – Forma carinhosa de apelido dirigida a pessoa íntima do sexo oposto ao da modelo.

Conceito B Páscoa – Festa de origem religiosa, caracterizada pelo presentear de ovos feitos de chocolate industrializados.

A frase interrogativa pergunta, cobra um presente. Como a peça publicitária foi veiculada antes da Páscoa, serve como lembrete ou alerta para a tradicional troca de presentes.

Além do logotipo da Pool repetido três vezes, este é o único emprego de letras do alfabeto fonético (texto escrito) do *outdoor*.

2) Nível do subtexto
2A) Subtexto entimemático

2A-1º Pressupostos:
a) Você (homem) quer agradar/seduzir sua namorada.
b) Você a agrada com presentes que ela deseja.

2A-2º Mensagem implícita:
c) Ela deseja receber roupas da etiqueta Pool, pois está vestida/despida pela etiqueta/logotipo.
d) Logo, você deve dar à sua namorada roupas Pool para agradá-la/seduzi-la.

Há promessas de sedução sexual subentendidas na cinésica da nudez da modelo.

2B) Subtexto – Contexto
2B-1º Ambiente comunicacional (contexto imediato):
Campanhas publicitárias de outras empresas tentam persuadir o público a presentear roupas e produtos diversos em vez dos tradicionais ovos de chocolate.

2B-2º Contexto profundo (*output*):
Neste nível, a referência à memória mais antiga, infantil mesmo do público-alvo, apresenta uma espécie do gênero subtexto que se adequa à fórmula proposta.

Há no texto uma referência subliminar a uma cantiga de Páscoa tradicionalmente ensinada nas escolas, registrada no inconsciente pessoal do público.

Os primeiros versos são:

Coelhinho da Páscoa, que trazes pra mim?
Um ovo, dois ovos, três ovos assim.

Esses versos são coreograficamente acompanhados de gestos (cinésica). Ao final da última frase, as mãos das crianças demonstram o tamanho, em um gesto que é muito similar àquele empregado para indicar o tamanho de um pênis em ereção.

Segundo a lei da Totalidade da Gestalt, ocorrerá o inevitável fechamento, completando mentalmente a frase com a entrelinha entimemática omitida "um ovo, dois ovos..." e a recordação pela memória corporal do gesto com as mãos.

O gesto, no contexto do *outdoor* com a modelo nua de pernas abertas, assume uma conotação sexual.

Na fração de segundo em que, ao volante do carro em movimento, o público-alvo percebe de relance o *outdoor*, surge o inevitável esboço de sorriso de cumplicidade com a mensagem erótica implícita.

Tal fenômeno gestáltico empregado pela publicidade impressa força, extrai a saída do inconsciente da complementação da frase, elementos necessários ao sentido/efeito da mensagem.

Esta espécie do gênero subtexto, a referência a um contexto profundo, está de acordo com a fórmula proposta:

$$\text{SUBTEXTO} = \frac{\text{maior quantidade de informação saindo do inconsciente do público}}{(output)\ \text{menor tempo de exposição à mensagem}}$$

A informação complementar é escavada do inconsciente, extraída involuntariamente, na velocidade de leitura de um *outdoor* no trânsito, frações de segundo, comprovando o esquema acima.

Cabe lembrar que o "coelhinho" da música é também o logotipo da revista *Playboy*, de modelos femininos desnudos com os fins masturbatórios masculinos.

Ao se substituir a palavra "coelhinho" pela palavra "gatinho", cria-se uma dissonância cognitiva que prende a atenção. "Gatinho", segundo Freud, é um símbolo inconsciente que, quando presente nos sonhos, representa o erotismo, a sensualidade e a sexualidade livre, pelo carinho e pelo cio livre dos gatos, animal de hábitos noturnos.

A mensagem do *outdoor* aproveita este clima, este contexto, *Zeitgeist*, para sugerir implicitamente a compra de roupas Pool como presentes, substituindo os ovos de chocolate.

Esse quadro permite a visualização didática do método de análise do subtexto nas peças publicitárias impressas aqui proposto.

Futuras pesquisas poderão detalhar mais esse método aplicando-o ao estudo de outros casos práticos.

Como o subtexto é uma mensagem não percebida conscientemente, enquadra-se na definição geral de subliminar apresentada.

O *outdoor* da Pool apresenta toda uma complexa argumentação oculta sob as camadas de sentido. Enorme quantidade de informação aflora involuntariamente na fração de segundo durante a qual, de dentro do carro, o motorista atento no trânsito percebe, com o canto do olho, o *outdoor*.

A dissonância cognitiva causada pela substituição de "coelhinho" por "gatinho" chama a ATENÇÃO, interessa pela nudez e pela ausência de produto evidente no anúncio, cria DESEJO sexual que pretende transferir, associar subliminarmente à marca Pool, o que pode levar à AÇÃO de compra (o antigo modelo AIDA).

Ao mesmo tempo, o foco de interesse do público é o corpo feminino nu (em preto-e-branco para que o tom da pele nua não provoque reações dos segmentos moralistas).

Na FIGURA do anúncio, os três logotipos vermelhos (parecendo bandeirolas de times de futebol) com o nome Pool não são conscientemente focalizados, tornando-se um FUNDO subliminar indiferenciado, um ruído visual sem interesse.

O vermelho é uma cor associada ao sexo, à paixão ardente, mas, nesse contexto, a nudez o torna ruído ou fundo indiferenciado, ou seja, a cor sempre depende do contexto no qual é apresentada.

Portanto, o *outdoor* da Pool, assim como o cartaz do filme *O silêncio dos inocentes*, é uma peça publicitária impressa que demonstra didaticamente o emprego de propaganda subliminar na imagem e no texto.

A escavação das camadas de sentido entimemáticas, elipses, lacunas implícitas, a busca do subtexto que reconstrói o processo de criação da mensagem (em sentido inverso como o salmão que nada contra a corrente para a desova), permite uma analogia com as escavações arqueológicas. Mas, em vez de terra, escavam-se palavras e imagens na busca de um sentido, de um argumento enterrado e dissimulado a ser desentranhado das profundezas.

Uma arqueologia do argumento.

Em *Modernas técnicas de persuasão*, Donald e Herd explicam como evoluem as técnicas de venda pessoal com interação direta – a presença física do vendedor.

Por estabelecer uma afinidade e identificação inconsciente com o comprador, o vendedor profissional precisa criar vínculos subliminares:

1) Respirar no mesmo ritmo e velocidade, da mesma forma que o comprador, sem que ele perceba conscientemente. Isso faz que o comprador sinta-se mais próximo do vendedor, no mesmo ritmo de vida.

Cada um de nós vê a si próprio como normal e mede os outros por si. Logo, se o vendedor de produtos, serviços ou idéias (cabo eleitoral) respirar "normalmente", será uma boa pessoa.

2) Falar na mesma velocidade e no mesmo tom que o comprador será algo até decorrente da respiração e das pausas, fortalecendo o vínculo e fazendo surgir associações sentimentais, identificação que derruba bloqueios e mecanismos psíquicos de defesa. Confiamos nas pessoas que achamos parecidas conosco, aceitamos o que dizem.

3) Ecos gestuais. Repetir gestos típicos do comprador e até mesmo imitar sua postura e expressão corporal faz que ele se sinta diante de um espelho.

4) Ecos de palavras. No meio do discurso, empregar, sem ênfase, naturalmente, termos técnicos, jargões profissionais, expressões ou palavras do comprador, devolvendo-lhe como bumerangue suas palavras. Assim, ele sente ecoar seu próprio discurso na boca do vendedor.

5) Comandos ocultos de ação, sugestões "costuradas" nas frases. Donald e Herd afirmam que esses comandos são os equivalentes verbais das imagens subliminares.

Ora, tais "comandos ocultos de ação" dos vendedores profissionais bem treinados são os manipuladores subliminares verbais "embutidos" no discurso verbal, como os iconesos são embutidos nas imagens de Arcimboldo ou de Munari.

Na semiótica de Greimas encontram-se os "atos de linguagem", que são a manipulação, por meio da fala, de um sujeito por outro sujeito com competência verbal. São uma forma de programação no discurso que persuade, convence, leva a aceitar o argumento e agir, uma forma implícita e pressuposta de manipulação que constitui a "competência modal do sujeito" e é subliminar.

Para Greimas, tudo é narrativa e tem história, e seu programa narrativo pressupõe a manipulação para a existência da ação.

A forma de análise de qualquer narrativa é regressiva, ou seja:

- caso alguém aplauda um ato (sanção), houve performance/desempenho do ator;
- caso haja performance, houve manipulação que levou a esta ação.

Desse modo, sempre que alguém faz algo, houve outra pessoa que o manipulou, o levou à ação. Por exemplo:

a) Em um debate eleitoral pela televisão, um candidato emite uma frase que manipula as emoções do auditório visando fazê-lo aplaudir (retórica).

b) O jornalista mediador pede que não aplaudam.

Sua frase, analisada no contexto e com a pluralidade de signos, de mensagens (tom de voz, expressão facial e corporal etc.), pode ter diversos significados:

1) O jornalista quer mostrar-se neutro e assim atrair confiança, aprovação e simpatia dos telespectadores para si próprio.

2) O jornalista não quer que minutos preciosos de sua rede sejam tomados com aplausos, mostrando ao patrão como é um zeloso empregado.

3) O jornalista indica pelo tom de voz, pelo olhar e pelos gestos que o candidato não merece aplausos.

4) O jornalista realça e chama a atenção dos telespectadores em casa para o fato de que o candidato foi aplaudido. Logo, é bom, tem apoio popular.

5) Inúmeros outros significados subliminares, dependendo da análise e decupagem do contexto (lembrando que cada discurso remete a um discurso anterior).

Assim sendo, um jornalista aparentemente imparcial pode comunicar subliminarmente muitas mensagens, causando reação nos eleitores na hora de votar, direcionando suas intuições emocionais em frente à urna.

Mais adiante voltaremos a analisar o telejornalismo subliminar e suas técnicas.

Não são apenas os jornalistas que empregam essas sutis técnicas subliminares na fala e nos gestos; apresentadores de televisão e animadores de programas de auditório também as usam, além de perguntas com a resposta embutida.

Segundo Maria Thereza Fraga Rocco, em *Linguagem autoritária, televisão e persuasão* (1988), as figuras de linguagem tão exploradas pela retórica tanto servem para provocar efeitos persuasivos fortes e evidentes como para "subliminarmente levar à adesão".

Rocco cita, entre outros exemplos, a alusão, por meio da qual são evocados estados emocionais sem que o receptor perceba claramente. É uma forma de persuasão de "baixo impacto", como o são – cita a autora – os *slogans*[1] e provérbios, temas que aprofundaremos logo adiante.

Ainda segundo Rocco, o emprego de verbos no imperativo também tem efeitos subliminares. A autora exemplifica com diversos filmes publicitários; menciona também o emprego de *ou* no lugar de *e*, o que faz que os atributos do produto sejam impressos subliminarmente.

Podemos fazer aproximações entre a técnica de uso subliminar de *slogans* e a paremiologia (estudo dos provérbios).

---

1 O termo *"slogan"* tem sua origem na velha Escócia, *"slwagh-ghairm"*, que significa o grito de guerra dos clãs. Originalmente um grito falado, só posteriormente os *slogans* começaram a ser registrados por escrito.

Provérbios, ditados, máximas, adágios, aforismos, anexins, brocardos jurídicos, palavras de ordem, clichês e *slogans* têm em comum serem formas verbais concisas, nas quais muita informação subjacente é resumida, com grande economia de palavras ditas em uma frase rápida.

Ora, muita informação passada de forma concisa em uma frase é característica da fórmula

$$\text{SUBLIMINAR} = \frac{\text{maior quantidade de informação}}{\text{menor tempo de exposição}}$$

Sendo assim, os *slogans* apresentam um elevado grau de subliminaridade.

Já na obra *Estudos alemães* (1978), Tobias Barreto abordava criticamente o poder subliminar persuasivo das "frases feitas" citadas nos discursos que surtiam efeito imediato sem a percepção consciente dos ouvintes.

Até mesmo no Talmud, encontra-se um livro de provérbios considerados pílulas concentradas de sabedoria: o livro *Ditos dos pais*, com *slogans* subliminares resumindo a filosofia, a teologia e a literatura judaicas.

No Direito, temos os brocardos, *slogans* subliminares que resumem o sistema jurídico ocidental com tal concisão que Savigny chega a afirmar que o Código Civil Napoleônico é composto de dois ou três brocardos, tamanho o conteúdo subliminar de cada um deles.

Por exemplo, o brocardo *Pacta sunt servanda* ("Os acordos devem ser cumpridos") pode fundamentar todas as normas e exceções do Direito das obrigações e contratos, uma vez combinado com outros brocardos. Logo, os brocardos podem ser considerados os axiomas de todo um sistema fechado de legislação escrita.

Pacta sunt servanda é uma frase-mandamento imperativa que remete à ética e serve de base a toda uma rede de relações comerciais. Em cada contrato estão subjacentes a fé, o crédito e a confiança de que a outra parte irá cumprir o acordo. Invocada em um discurso, a frase pode ser um elogio louvando o esforço para cumprir a palavra de honra empenhada, mas também pode ser uma crítica mordaz a quem se mostrou indigno de confiança por não cumprir suas promessas. Quem estiver ouvindo o discurso associará subliminarmente a pessoa a quem a frase se endereça com todas as sensações afetivas de satisfação em acordos anteriores ou de frustração, quando houve descumprimento do prometido.

Toda escrita pode ser lida em voz alta, pode ser falada, oralizada.

Provérbios como "quem com ferro fere, com ferro será ferido" ou "casa de ferreiro, espeto de pau" e outros ditos populares trazem um grande conteúdo subjacente, representando todo um código de valores culturais em poucas palavras. Decompor esses conteúdos subliminarmente arquetípicos é tarefa da paremiologia.

Mas também existem fórmulas mnemônicas que apresentam conteúdos ocultos, como a palavra "cadáver" (*caro dada vermibus* = "carne dada aos vermes", em latim), fórmulas mnemônicas da lógica escolástica medieval (silogismos como BARBARA, o quadrado lógico etc.). Há também a criptografia, como técnica de envio de mensagens cifradas, códigos secretos cuja chave lexical hermenêutica só é conhecida pelo destinatário/receptor.

Todas essas técnicas NÃO se enquadram como subliminares.

A chave de decodificação de qualquer criptografia, bem como a tradução de línguas mortas e a paleografia (tal qual Champollion e a pedra de Roseta), são atividades conscientes, lógicas, críticas e racionais, nas quais, segundo a semiótica, trabalha-se com símbolos arbitrários convencionais. Ou seja, as atividades mnemônicas e criptográficas desenvolvem-se no eixo sintagmático, no hemisfério esquerdo do cérebro.

Dessa forma, tanto os acrósticos em poemas, anagramas, criptocódigos e outras mensagens secretas só são comunicados ao receptor específico que tem a chave de decodificação, visando impedir que terceiros apropriem-se do significado oculto (aqui se enquadram todas as fraudes de seitas de fanáticos religiosos sobre vozes ao contrário, meros golpes de marketing e criptografia pura).

Siglas e fórmulas mnemônicas (como ONU) somente podem ser consideradas subliminares quando o receptor já tiver amplo e redundante conhecimento do significado abreviado, ao contrário dos provérbios que remetem a valores arquetípicos do inconsciente coletivo, e cujo conteúdo emocional exercita as analogias do lado direito do cérebro.

Na literatura, encontramos outros recursos de subliminaridade que podem ser oralizados em canções: a rima e o refrão.

Na rima, cada final de linha, cada verso, remete a uma linha anterior, o que, com a métrica, cria um ritmo em um crescendo emocional que pontua o poema até seu final (o veneno do soneto em seu último verso, o ensaio da filosofia da composição de "O corvo", de Edgar Allan Poe), lembrando as técnicas do filme *O exorcista*, já expostas.

A rima remete a si própria. Sua similaridade com a rima anterior forma associações do eixo paradigmático, o lado direito do cérebro, subliminares.

Da mesma forma, ladainhas folclóricas ou religiosas e o refrão nos poemas e canções têm a mesma função do *slogan*, fazendo memorizar toda a mensagem inconscientemente.

Os *jingles* redigidos com essa estrutura de refrão rimado e ritmado à música (como fez Zé Rodrix) podem, portanto, ser classificados como uma forma de comunicação subliminar auditiva.

Recorde-se o comercial de televisão da Caixa Econômica Federal, cujo *slogan/jingle* era a frase musicada "Vem pra Caixa você também, vem!" acompanhada de um gesto de braço com a mão fechada, chamando de forma não-verbal o telespectador a unir-se aos atores e personalidades testemunhas do anúncio.

Após muitas exibições dos primeiros filmes, surge uma nova campanha tendo o mesmo gesto no final, porém o *jingle* muda para "Vem pra Caixa você também!".

A voz pára sem pronunciar o imperativo "vem!"; contudo, o fundo musical continua com as notas que acompanhavam o "vem!", e no momento da palavra, em sincronia com a música como antes, os atores famosos e personalidades repetiam o mesmo gesto chamativo.

Ora, o gesto e a melodia completariam a mensagem sinestésica ensinada pavlovianamente ao público-alvo, e a falta da imposição "vem!" seria subliminarmente percebida. Isso forçava o telespectador a completar o incompleto, e todo o público repetia mentalmente o "vem!" de forma inconsciente.

Este é outro exemplo, acidental ou planejado, de propaganda subliminar sincronizando o visto e o ouvido pela Lei de Completude da Gestalt.

Mas, e além da comunicação visual (impressos, fotos, quadrinhos etc.) e da falada (fala, *jingles*, rádio, televisão, cinema etc.), existem ainda outras formas de comunicar mensagens subliminarmente?

CAPÍTULO 6

MULTIMÍDIA MESMO!

Os limites das aplicações subliminares nas mídias, aparentemente, são os limites da criatividade humana. A cada dia novas técnicas são desenvolvidas, aperfeiçoando técnicas antigas, combinando tecnologias sinestesicamente, em infinitas possibilidades em áudio, vídeo e outros sentidos. Novas tecnologias de comunicação já nascem orientadas para a subliminaridade, como *showscan* (que analisaremos a seguir) e até mesmo o videotexto.

Empresas multinacionais orquestram diversas mídias veiculando a mesma mensagem de consumo do seu produto subliminarmente (midiamix ou multimídia).

Veja-se, como exemplo, o *case* da Coca-Cola.

Como já foi dito, o experimento vicarista, primeiro emprego da tecnologia subliminar na publicidade, projetava taquicoscopicamente *"Drink Coke"* em um cinema.

Key descreve uma técnica de edição de imagens que gera um mosaico de impressões visuais chamada "Efeito McLuhan" ou *"Perceptual overload"*, e cita os comerciais de TV da

Coca-Cola. Nesses anúncios, até quatro tomadas são mostradas em um só *frame*, exibindo pessoas e cenários diferentes, o que satura o consciente que não consegue forçar um sentido, aceitando a cachoeira de imagens inconscientemente. Ora, tal edição em ritmo de videoclipe, muitas tomadas ou cenas por segundo, é um claro exemplo da fórmula proposta:

$$SUBLIMINAR = \frac{\text{maior quantidade de informação}}{\text{menor tempo de exposição}}$$

No caso do subliminar ambiental, a Coca-Cola patrocina as placas de diversos bares e lanchonetes, colocando nas periferias dessas placas, nas bordas, seu logotipo vermelho.

Enquanto a visão fóvica consciente foca o nome legível em letras garrafais do estabelecimento comercial, passa despercebido o fundo, o ruído, a poluição visual indiferenciada, entrópica, das bordas captadas pela visão periférica, o fundo subliminar do refrigerante.

Mesmo a colocação dos *outdoors* pode ser estrategicamente planejada, segundo o *case* dos chapéus Knox, mencionado por Cheskin.

Talvez a Coca-Cola seja a empresa multinacional cujo produto – de 1956 a 1991 – mais bem tenha empregado a tecnologia subliminar multimídia. Esse exemplo de marketing global demonstra claramente o emprego orquestrado de multimídia subliminar (cinema, televisão, *outdoors*, rádio, revistas etc.).

No entanto, não é apenas na publicidade comercial de produtos que existem técnicas subliminares de influenciar a opinião pública. No telejornalismo, podem-se apresentar mensagens subliminares, tal qual na "TV Dante", com telas dentro de telas. Ou seja, o locutor vai falando e, a seu lado, em uma ou duas subtelas, surgem as imagens da notícia narrada. O texto que o locutor lê vai direcionando o sentido destas imagens.

Como a visão fóvica ocupa-se em focar e acompanhar as interessantes imagens em movimento da subtela, as expressões faciais e a modulação de voz do locutor tornam-se subliminares, captadas pela visão periférica e pelo ouvido.

No movimento brasileiro pelas eleições presidenciais, o "Diretas Já", no qual foram realizados comícios em que a cor oficial dos simpatizantes era o amarelo nas camisas e vestidos, pode-se observar mais um caso assumido de influência subliminar.

O diretor de telejornalismo brasileiro da Rede Globo de Televisão, o jornalista Armando Nogueira, em entrevista dada à revista *Playboy* brasileira (a *Playboy*, segundo Key, é a revista masculina americana que mais emprega técnicas subliminares gráficas), ano 13, n⁰ 2, 1988, explica outros níveis de subliminar simultâneo:

> *Playboy* – Ao terminar o jornal que mostrou o comício das "Diretas Já", Eliakim Araújo desejou a todos "um sono tranqüilo" e Leilane Neubarth, de amarelo da cabeça aos pés, riu rasgado. Foi editorial?
>
> Nogueira – Foi um excesso. Uma forma quase subliminar de influir no julgamento do telespectador... Quando a Ângela Diniz foi assassinada pelo Doca Street, a Márcia Mendes, apresentadora e muito amiga dela, deu a notícia sem colocar um caco, sem uma interferência – mas só com gestos e entonação de voz fez um verdadeiro editorial.

Os gestos e o tom de voz da apresentadora funcionavam como um tipo, uma forma de metalinguagem, direcionando o sentido do texto, interpretando-o com tom irônico, sarcástico, e afetações de voz tremida. Apertando as pálpebras e os lábios, franzindo as sobrancelhas e lançando olhares significativos, ela faz claros comentários ao texto que lia.

Essa metalinguagem, que critica e comenta a linguagem, passa uma segunda mensagem, um subtexto subliminar que leva o telespectador a acreditar que a posição é sua, a opinião é sua, e não um pseudopensamento heterodirigido, manipulado subliminarmente.

No telejornal, existe credibilidade por parte do telespectador, o que não ocorre nos comerciais, durante os quais, com o controle remoto, até se muda de canal. Nos telejornais, portanto, pela ausência de bloqueios e defesas, é mais fácil manipular crenças e opiniões disfarçadamente.

Até mesmo no marketing esportivo brasileiro surgiram casos de propaganda subliminar.

"Copa JH escancara publicidade subliminar de empresas telefônicas" foi a manchete do jornal *Folha de S.Paulo* de 10 de agosto de 2000, capa do caderno de esportes, p. D1.

"A copa João Havelange, versão 2000 do Campeonato Brasileiro, está fazendo publicidade subliminar de empresas telefônicas" afirma o jornalista Rodrigo Bueno, da *Folha*.

Operadoras de telefonia competem no mercado pela opção de seus usuários em empregar seus serviços por meio de códigos de chamadas DDD e DDI (interurbano e internacional), e caras campanhas publicitárias são veiculadas visando criar memorização (*recall*) e preferência. A empresa Intelig, por exemplo, tem o prefixo 23, e a Embratel tem o 21.

Jogadores de futebol populares, que fazem gols e são ídolos dos torcedores, usam camisas numeradas de 1 a 11 (Pelé usava a camisa 10 da Seleção Brasileira e do Santos Futebol Clube, Ronaldinho usava o número 9), e estes números ficam memorizados nos consumidores associados à euforia emotiva do gol.

Uma oportuna mudança nas antigas regras permite agora números nas camisetas até 31, e 31 é o prefixo da operadora Telemar, do Rio de Janeiro.

No Fluminense, a camisa 21 foi do jogador Roger, e a 23 de Flavinho; entretanto, em outro time de torcida gigantesca, o Corinthians, o lateral-esquerdo André Luis jogou com a camisa 23, e no Palmeiras Jorginho jogou com a 23. Já no Vasco, o meia Juninho, que sempre jogou com a camisa 8, passou a usar a 31; e no sul o Grêmio colocou o atacante Adão com a camisa 23. Segundo Rodrigo Bueno, os times alegaram coincidência.

A Embratel era anunciante da Rede Globo de Televisão, detentora dos direitos exclusivos de transmissão do campeonato, e a Intelig pagava placas nas laterais dos gramados dos estádios, comprovando o interesse dessas empresas nos consumidores/telespectadores de futebol como seu público-alvo.

A matéria é concluída com especialistas do Procom alegando que iriam instaurar processo para multar os clubes e as empresas por propaganda enganosa por omissão.

Por outro lado, a tendência das novas tecnologias de comunicação emergentes é explorar mais e mais os limites e fronteiras, os limiares da percepção e do processamento sinestésico de informação do cérebro.

Isso ocorre em formas criativas de vanguarda, videoarte, holoarte, quadrinhos experimentais, música inovadora etc.

Uma das mais novas mídias subliminares é o *showscan*, de Douglas Trumbull, criador dos efeitos especiais de *2001, Uma odisséia no espaço*, *Blade Runner* e *Contatos imediatos do 3º grau*, filmes que exploram efeitos subliminares diversos.

O *showscan* tinha, em 1990, três salas nos Estados Unidos e uma em Paris, um circuito de exibição experimental para uma mídia inovadora.

Em vez de 24 quadros por segundo e 35 mm de película, o *showscan* bombardeia os sentidos com 60 quadros por segundo em uma película de 70 mm. Nesse formato, o ritmo veloz e a quantidade de informação (recorda-se a fórmula de subliminar) enviam imagens diretamente ao cérebro, pois 60 imagens por segundo é o máximo que a retina e o cérebro toleram, segundo as pesquisas de Trumbull, fazendo que os espectadores não consigam distinguir entre cinema e realidade. O *showscan* é uma mídia no limite, explorando o limite máximo do cérebro, chegando a projetar *takes* em ritmo quase taquicoscópico.

Inclusive a Nasa explora a área de comunicação direta com o cérebro, com fins didáticos, na simulação de vôos e no treinamento de pilotos. Para isso, vêm sendo desenvolvidos aparelhos de "realidade virtual".

E o MIT desenvolve até "óculos subliminares". Ir ao supermercado, levar as crianças à escola, marcar consulta médica, encontrar com amigos à noite para uma pizza; lembrar de tudo o que se tem de fazer em 24 horas, mesmo que se tenha uma agenda eletrônica, é difícil nesta era de estresse. Richard DeVaul, cientista do Media Lab, do Instituto de Tecnologia de Massachusetts, inventou os óculos da memória baseado em tecnologia subliminar. O aparelho tem um minúsculo televisor embutido em uma das lentes, nas quais são projetados *flashes* de textos ou imagens enviados por aplicativos de um computador portátil, lembrando ao usuário suas tarefas diárias. Os *flashes*, imperceptíveis aos olhos, funcionam como mensagens subliminares. DeVaul diz que não há em sua invenção nada que induza a assassinar presidentes, cometer atos terroristas ou qualquer coisa do gênero.

Ele explica:

Não ter consciência do que está se vendo é a chave do sistema. Somente dessa forma é possível fornecer, em uma incrível velocidade, uma série de lembretes ao usuário como reuniões, listas de compras e datas de aniversários que, embora estejam em sua agenda eletrônica, podem, por algum motivo, não ser acionados no momento certo.

A MicroOptical está desenvolvendo protótipos sem fio para DeVaul realizar testes (http://web.media.mit.edu/~rich/subliminal/).

Como Faria já descreveu, técnicas de ensinar dormindo subliminarmente, as tecnologias educacionais subliminares, vêm crescendo em todo o mundo.

Segundo Mauro Sá Rego Costa, no artigo "As aventuras de Alice no país subliminar", da *Folha de S.Paulo* de 9 de outubro de 1984, diversos empregos educacionais da tecnologia subliminar vêm sendo desenvolvidos desde a década de 1960. Ele cita Jonas Mekas, cujos vídeos experimentais, os "traveloques", apresentavam, por exemplo, uma viagem à Europa em um vídeo turístico no qual em cinco minutos vêem-se todas as atrações turísticas do continente europeu.

Mekas trabalha com ritmos subliminares, cortes de quatro fotogramas, fusões sobre fusões, com a imagem todo o tempo no limite de sua fixação na retina, de modo que esta edição de corte acelerado obrigue o cérebro a receber uma enorme quantidade de informação inconscientemente.

Também cita Vanderbeek, cujo *movie-drome* era um cinema de 360 graus, onde os espectadores deitavam-se e deixavam-se inundar pelo jorro subliminar de imagens nas paredes e no teto, em alta velocidade.

Vanderbeek pesquisava métodos de educação subliminar em filmes como *História da tecnologia*, que mostrava do machado de pedra até o satélite de telecomunicações em dois capítulos de quinze minutos. Outro filme era sobre automóveis, com tudo que se precisa saber sobre carros. Logicamente, não fica nada no consciente, mas, ao surgir um problema no carro, aflora à mente o conhecimento de que se necessita para o conserto. Vanderbeek enviou seus projetos educacionais subliminares à Unesco.

Percebe-se que a quantidade de informação pode ser variada e diversa, como todos os detalhes de mecânica de automóveis nos subliminares didáticos, ou pode ser uma única sugestão imperativa de compra, como nos casos de publicidade de produtos, serviços ou eleitoral.

A diferença é que no caso da venda de sorvetes ou do ato de votar em uma eleição, necessita-se que o público-alvo reaja em um curto lapso de tempo, ao passo que nos subliminares didáticos não.

Dessa forma, satura-se o subconsciente/inconsciente pessoal com a mesma mensagem repetida diversas vezes para que, tal qual uma sugestão pós-hipnótica, o consumidor/eleitor aja como um zumbi fazendo a escolha para a qual foi programado subliminarmente.

Como afirmamos em uma das páginas iniciais deste livro, já em 1919, Poetzle comparava o subliminar à sugestão pós-hipnótica.

Experiências sobre reações à estimulação subliminar também vêm sendo levadas a cabo desde o videotexto, anterior à internet.

O videotexto é um sistema telemático (telecomunicações e informática) que emprega a conexão intermídia telefone-computador-televisão para o envio de mensagens visuais sob pixel, como um vitral de igreja gótica.

Pelo videotexto, diversos fornecedores de serviços (como o jornal *O Estado de S. Paulo*, bancos, a Universidade Católica de Santos etc.) depositam informações e programas interativos no computador central transparente da Telesp, que distribui esses serviços para cerca de 70 mil usuários-terminais (fora os terminais piratas, impossíveis de quantificar).

A interatividade e a sinergia tornam o videotexto um veículo de comunicação de públicos, rompendo o monólogo dos meios de comunicação de massa e possibilitando uma atuação por parte do usuário, dissolvendo vícios passivos gerados pela TV, pelo rádio etc., descentralizando e pulverizando os sistemas de comunicação lineares.

Assim sendo, tal tecnologia intermídia telemática dialogal permite plebiscitos instantâneos e ocasiona uma democratização dos canais de comunicação – democracia no verdadeiro sentido do termo.

Essa tecnologia de ponta telemática possibilitará o surgimento da pós-história de Flüsser, da sociedade pós-industrial, terceira onda, aldeia global.

Criado na Inglaterra pelo engenheiro Sam Fedida em 1972, o videotexto foi simplificado e popularizado na França em 1978, chegando ao Brasil em 1982.

Entretanto, o videotexto ainda em 1990 mantinha pouco explorada sua principal característica: a interatividade.

Buscando aumentar o nível de resposta dos usuários, reeducando-os e tirando os vícios adquiridos em outras mídias massificadoras, o Laboratório de Telemática da Unisantos desenvolveu um projeto de pesquisa em tecnologia subliminar implantado em março de 1990, com consultoria técnica do coordenador do laboratório, Sílvio Enio Bergamini Filho.

Criados por mim e pela estagiária do laboratório, Paula Prata Vandenbrande, foram veiculados sinais subliminares, empregando efeitos pisca (*flicker*), psicodinâmica das cores (veja capítulo sobre cor), fundos com mensagens embutidas nos grafismos e telas com desenho animado, ou apresentadas blocadas com frases em velocidade 1/10 de segundo no canto superior direito da tela dirigidas ao cérebro esquerdo.

Frases como "reaja", "digite", "toque-me" levaram os usuários a responder em massa aos estímulos, tornando o espaço da programação "videozine" um tipo de "mural telemático" onde os usuários criaram telas, enviaram poesias e mesmo grafismos, explorando ao máximo o potencial latente de interatividade do videotexto. Foi preciso até triplicar o espaço do programa para atender à demanda, gerando dois programas imitadores em outros fornecedores, em razão do sucesso.

Em um mês de subliminar, registrou-se um aumento de acessos de cerca de 90%, o que comprova os efeitos da tecnologia subliminar mesmo em novas mídias como o videotexto. O subliminar pode ser formatado para qualquer nova mídia inventada.

Outros dois casos já clássicos envolvendo subliminares são os de Bush e da Disney (veja p. 70-71).

Em setembro de 2000, no decorrer da campanha presidencial norte-americana, o candidato republicano à eleição, George Bush, em um filme de televisão veiculou críticas ao programa do candidato democrata Al Gore.

Ao criticar o sistema de reembolso de remédios, a equipe de publicitários de Bush – chefiada por Alex Castellano, que anteriormente já tinha empregado subliminares para o candidato Bob Dole em outra eleição presidencial – inseriu, em um *frame* (uma divisão de tempo de varredura da tela equivalente a uma parte entre trinta divisões de um segundo, 1/30 de segundo), a palavra "RATS" (ratos) sobreposta à frase "*bureaucrats decide*". A palavra "ratos" aparece durante 1/30 de segundo, em letras maiúsculas, isto é, maior que qualquer outra palavra contida no comercial.

Alex Castellano declarou ao jornal *The New York Times* que a insersão em um *frame* foi "acidental". O filme foi veiculado 4.400 vezes em cobertura nacional antes de ser denunciado e cancelado, e teve um custo aproximado de US$ 2,5 milhões. Muito caro, portanto, para ser deixado ao acaso e sofrer este tipo de "acidente" tão polêmico, ainda mais tratando-se de uma campanha presidencial na qual até bonés de eleitores com logotipos de times de beisebol são digitalizados e apagados para evitar antipatias.

Tal expediente de signagem subliminar foi empregado objetivando recuperar a queda de Bush nas pesquisas, à época, empatado com Gore.

Das 179 emissoras de TV retransmissoras, 162 não notaram a palavra "RATOS". Mais de 90% dos responsáveis das emissoras de televisão, nem mesmo notaram a mensagem antes de veicular o anúncio, ou seja, se os profissionais de comunicação não perceberam, provavelmente telespectadores destreinados também não perceberiam.

Segundo Osmar Freitas, correspondente em Nova York da revista *IstoÉ*: "Caracterizava-se, assim, um dos mais clamorosos exemplos de propaganda subliminar jamais descobertos" (nº 1616, de 20 de setembro de 2000, p. 118).

Esse fato foi amplamente noticiado e documentado no Brasil, em rádio e televisão, incluindo matérias em jornais conceituados como *O Estado de S. Paulo* ("Bush é acusado de usar propaganda subliminar", de 13 de setembro de 2000, p. A15) e *Folha de S.Paulo* ("Bush é acusado de propaganda subliminar", de 13 de setembro de 2000), ambas distribuídas pela renomada e fidedigna agência de notícias Reuters.

Tudo também documentado e registrado em representação efetuada pelos senadores Ron Wyden e John Breaux, em 12 de setembro de 2000, no FCC (Federal Communications Commission), detalhado por Guilherme Fernandes Neto (*Direito de comunicação social,* 2004, p. 178), e na internet, (http://ftp.fcc.gov/Speeches/Tristani/Statements/2001/stgt 123.txt).

Outro caso com muito destaque na mídia foi a inserção de dois fotogramas com fotos de uma mulher com os seios nus no desenho animado da Disney *Bernardo e Bianca,* conforme a *Folha de S.Paulo,* de 15 de janeiro de 1999: "Pela primeira vez na história da companhia, a Disney admitiu ter encontrado imagens subliminares num de seus filmes de animação". A cena acontece aos 28 minutos do filme e só é perceptível no modo quadro a quadro.

Dois sites da internet iniciaram a polêmica. Um deles foi: http://www.entertainium.com/francais/video/rescuers2. html. Graças a eles, a Disney foi obrigada a recolher 3,4 milhões de fitas em locadoras de vídeo nos Estados Unidos.

Tal precedente, de admitir o subliminar, desencadeou uma avalanche de falsas denúncias contra a Disney oriundas de seitas de fanáticos religiosos que proliferaram na internet, todas comprovadamente fraudes paranóicas.

CAPÍTULO 7

FRAGRÂNCIA DE
SUBLIMINAR NO AR

Não são apenas os sentidos da visão e da audição que podem colaborar para a sinestesia subliminar. Key, no livro *Media sexploitation* (1977), afirma que sinais olfativos podem ser mais poderosos nos níveis subliminares que os visuais, uma vez que todo o complexo límbico, o cérebro dos mamíferos, desenvolve-se a partir do bulbo olfativo.

"Os cheiros também podem operar fora de nossa área de consciência, situação que chamamos de 'cheiro cego'" (Zaltman, 2003, p. 235).

O "cheiro cego" que opera fora dos limiares de consciência na verdade equivale à visão e ao ouvido periféricos, consistindo em um fundo subliminar aromático despercebido da atenção consciente.

Alan Hirsch, diretor da Smell and Taste Research and Treatment Foundation de Chicago, após uma pesquisa em máquinas caça-níqueis do Las Vegas Hilton Hotel, afirma acreditar firmemente que os odores podem exercer uma poderosa influência subliminar nas ações dos consumidores.

Outras pesquisas demonstram o mesmo impacto na decisão de compra de tênis Nike.

"Tudo relativo à memória olfativa e cognição subliminar aromática é tratado como segredo industrial, tema sigiloso em que nada é confirmado nem negado pelas indústrias e institutos de pesquisa, que jamais divulgam seus resultados", explica Joerg Miller, aromista da Takasago (multinacional criadora do Yakult), em entrevista ao jornal *Folha de S.Paulo* de 2 de setembro de 2004 (p. 7, caderno Folha Equilíbrio).

Na anatomia da fossa nasal humana existem seis conchas nasais, três de cada lado do nariz, distribuídas de modo que o sentido do olfato possa funcionar por 24 horas sem intervalos. Sempre um dos lados parece mais entupido, e essa alternância na sensação de entupimento ocorre de quatro em quatro horas.

A umidade do nariz dissolve as partículas químicas trazidas pelo ar, e é pelo muco nasal que as terminações do bulbo olfativo "saboreiam" os cheiros e odores dos ambientes.

Indianos, chineses e egípcios atribuíam importância destacada ao olfato, desenvolvendo uma alquimia dos perfumes na qual se fundamenta a moderna indústria química cosmética e de perfumaria, cuja base ou essência é chamada nota, em uma metáfora com os acordes de uma melodia musical.

A apreciação do perfume começa pela nota de saída ou nota de cabeça, que é consciente, desperta a atenção e impressiona; muito volátil, dissipa-se velozmente e costuma ser cítrica, eucalipto, chá, pinho etc. A segunda apreciação é a nota de coração ou nota de corpo, criada para ter um efeito gradativo crescente. É a personalidade do perfume, fixada sem ser notada conscientemente como cominho, erva, canela, cravo, pimenta etc. Nota de fundo ou nota de fixação é o rastro que permanece e força a recordação e lembrança; costuma ter origem animal como almíscar, musk, castor, âmbar ou amadeirados (cedro, por exemplo), e é a parte mais cara do perfume. Também há acordes, conjuntos de essências que valorizam os centrais. O bom perfume é forte, persistente, e deixa rastro. O pó de café, respirado entre cada aspiração aspergística, ativa o bulbo olfativo dilatando-o para sentir melhor o próximo odor.

O psicólogo João Garção, entrevistado na pesquisa "Sentidos subliminares", cita o exemplo da loja de jóias Tiffany & Co., que emprega um aroma cujo objetivo é remeter à sofisticação.

A pessoa não associa o cheiro à sofisticação. É todo o ambiente que remete a isso, o cheiro é só o complemento. O lugar é maravilhoso, as pessoas são super bem-vestidas e educadas para atender, há um cristal em cima da mesa etc.

Em geral, a idéia de dispor de um cheiro é estimular o bem-estar do cliente no lugar, o que acaba incentivando sua permanência ali e, conseqüentemente, aumenta sua predisposição à compra.

Durante o estudo sobre marketing olfativo, algumas evidências sugeriram que as estratégias aplicadas podem ter, sim, efeito subliminar. João Garção diz que os cheiros são percebidos consciente e também inconscientemente, e que, quando a percepção é inconsciente, os resultados no negócio podem ser bem melhores. Isso porque o cheiro é cultural. O que é agradável para um não é para outro. É como um perfume. Alfazema é um caso típico; ela é amada ou é odiada. Em uma população acima dos 50 anos, há muita gente que adora alfazema porque ela faz parte de uma história olfativa. Alguém jovem não tem relação com aquela história.

Já o doutor em medicina e livre-docente em neurologia clínica Jaime Antunes Maciel Júnior, entrevistado na pesquisa "Sentidos subliminares", atesta que é perfeitamente possível a pessoa não perceber (CD-ROM não publicado, acervo pessoal do autor) que sentiu o cheiro, mas que seu cérebro o registre. "Existe uma série de estudos de neurofisiologia que mostram que, inclusive, nós não percebemos alguns cheiros, mas eles acabam interferindo, trazendo à tona sensações agradáveis ou desagradáveis."

Por sua vez, a consultora em marketing olfativo, Fátima Leão, entrevistada na mesma pesquisa, explica que consegue, com os cheiros, fazer que uma pessoa se acalme, se excite ou queira permanecer em um lugar. "No momento em que aquelas gotículas estão no ar e você as inspira, ocorre uma ligação direta com seu cérebro, em fração de segundos", diz. Ela admite que com o marketing olfativo é possível aumentar as vendas ou o interesse do consumidor sobre determinado produto exposto, mas classifica essas maneiras de trabalhar como não éticas. Ainda que o cliente/consumidor perceba conscientemente o aroma, são grandes as chances de que ele não perceba as reais "intenções" daquele cheirinho no ar. "Em Nova York, por exemplo, há uma loja em que cada andar tem um cheiro. Os cheiros são diferentes, mas em todos os andares o objetivo é ativar o poder de compra. O cliente que entra na loja não poderia fazer um discurso a respeito da razão daquele cheiro, mas o aroma é um dos ingredientes que faz que ele se sinta à vontade ali, inclusive para comprar. É quase como sentir cheiro de comida perto da hora do almoço: desperta muito mais o apetite", descreve Garção. E há ainda a vantagem de o olfato ser, bem como os outros sentidos, adaptativo, como explica Fátima Leão. "O nariz, depois de estar cheirando três minutos a mesma coisa, já não cheira mais, se acostuma com o aroma." A adaptação, no entanto, não evita que o cérebro permaneça sob o efeito do cheiro.

Gabriela Geminiani, no artigo "Aroma Marketing ganha espaço no Brasil"(2002), descreve o sucesso da multinacional coreana Biomist Amomasys e entrevista seu diretor, Yong Sup Yoon, que declara: "Há desde aromas que estimulam o apetite, que podem ser usados em restaurantes, até os mais sensuais requisitados por motéis", evidenciando o poder de manipulação dessas tecnologias olfativas e sua sofisticada segmentação do público-alvo. Por exemplo: Jasmine reduz estresse; Shanell é apreciado por mulheres conservadoras, que desejam qualidade e tradição e associam por condicionamento reflexo o odor ao local que freqüentam atribuindo à empresa as qualidades subliminares do perfume; Baby Talc é para lojas de crianças e recorda o odor da pele do bebê para atrair instintos maternais; Quince, marmelo chinês, estimula o apetite para salgados; Grape, uva, estimula apetite para doces; Raspberry, fruta silvestre que estimula o apetite; Zeal atrai executivas e mulheres decididas, de personalidade forte; Sport, cítrico que agrada aos jovens e inspira um estilo de vida esportivo e moderno; Dream, cítrico mais suave que evoca juventude e sensualidade, desejo e fantasias; e centenas de outras linhas de odores só demonstradas ao cliente que já assinou contrato de sigilo, podendo ser desenvolvidas essências específicas para cada freguês conforme seu *briefing* e pesquisa de consumidores.

André Maciel, diretor da Aroma Marketing, declara que cheiros florais motivam 84% dos consumidores em uma sala a manifestar desejo de compra do produto e 10% deles pagariam mais do que o preço indicado; os aromas alimentícios fazem o consumidor iniciar involuntariamente o processo digestivo, aumentando a intenção de compra em 70%.

Segundo a Biomist, existem alguns resultados positivos em função da utilização correta de aromas em negócios. Em suas experiências com o uso de aromas no ponto-de-venda, a Smell & Taste, em Chicago, conseguiu aumentar em mais de 50% o volume de apostas feitas em cassinos, em 25% as vendas de sapatos e em 12% o consumo de soda-limonada em cadeias norte-americanas de *fast-food*. Outra experiência comparando o efeito da ambientação olfativa com a sonora mostrou que, enquanto a música pode incrementar em 4% as vendas, os cheiros podem aumentá-las em 18%.

No cassino do Hotel Hilton de Las Vegas, por exemplo, a equipe do Smell Institute observou o volume de dinheiro apostado em três áreas diferentes durante três fins de semana e constatou que, com a introdução do aroma certo, usando estimulante de confiança, as apostas cresceram 45,1% e, aumentando a intensidade do aroma, 53%. Em outro experimento, os mesmos modelos de calçados Nike foram colocados em duas salas com a mesma ambientação. Uma, porém, com aroma floral misto e outra neutra. Nada menos que 84% das pessoas disseram ter gostado mais dos calçados da sala perfumada. O doutor Alan Hirsch, diretor do departamento de neurologia da Fundação Smell & Taste Treatment, tem dedicado atenção ao estudo dos aromas e sua reação nas pessoas. Sua paixão é a investigação da influência dos aromas no comportamento humano. Ele tem desenvolvido vários estudos e pesquisas na tentativa de responder quais "cheiros" despertam o homem.

Quando o aroma de pão quente é disperso em um supermercado, as vendas de sua padaria triplicam. Administradores de cinemas e teatros aspergem, nos saguões, aroma de pipoca para estimular os espectadores à compra. O cheiro de bolo de chocolate lançado no ar, em frente à confeitaria, induz as pessoas a salivar e a comprar doces. O cheiro de carro novo é uma excitante tentação para a maioria dos consumidores e um forte fator de indução para a compra. Entre algumas empresas clientes da Biomist estão: Animale, Babylandia, Bayard, Bourbon Hotéis & Resorts, CVC Viagens, Daewoo, Guaraná Brasil, Heloísa Machado, Hot Water, Levi's, LG Electronics, Morana, Quarto de Criança, Sandvik, Sea Side, Scene, Rede Globo, Rede Plaza Shopping, USP, Zion.

Na campanha de Natal de 2003, a Bauducco escolheu algumas salas de cinema de São Paulo, nas quais a atmosfera era aspergida com o odor do panetone, enquanto o comercial era exibido. O cheiro levou algumas pessoas a sentir água na boca e desejo de adquirir o produto posteriormente, explica Vanice Zanari, diretora da Croma, em entrevista ao jornal *Folha de S.Paulo*, de 2 de setembro de 2004 (p. 7, caderno Folha Equilíbrio).

Por outro lado, o processo da Croma Encapsulados consiste em fazer "tintas capsulares" com pequenas porções do produto para impressão publicitária, promovendo a aplicação da microcápsula. Microencapsular significa subdividir substâncias preferencialmente não-hidrossolúveis, pós ou óleos, em partículas infinitesimais, colocando em sua volta uma membrana. A microcápsula é um recipiente que permite armazenar em seu interior substâncias como fragrâncias, cosméticos, cristais líquidos, entre outros, propiciando a mágica de fazer chegar ao consumidor com grande impacto proporções microscópicas e estabilizadas do seu produto. Tal tecnologia foi desenvolvida pela Nasa nos anos 1970 e aperfeiçoada pela IPS (International, Products and Services) na Itália, com transferência de tecnologia para a empresa Dragoso da Alemanha, que a repassou à Aroma Marketing do Brasil; esta microtecnologia será muito aperfeiçoada no século XXI pela nanotecnologia, tornando seu efeito cada vez mais controlado e subliminar.

Segundo a Croma, anúncios perfumados são um *"must"* no mercado internacional, onde quase nenhum perfume é lançado sem a impressão da fragrância no anúncio, pois se sabe por meio de pesquisas que há um retorno de 20% a mais nas vendas dos produtos. No Brasil, acredita-se que este percentual possa chegar a até 40% por causa do ineditismo do sistema e do perfil do consumidor brasileiro. A "tinta" perfumada é chamada *slurry* ou *coating*. O *slurry* é um *capsular ink*, uma tinta à base de água composta no volume de 50% de microcápsulas e 50% de água mais adesivos, ou composições específicas ao caso.

Eis alguns dos materiais gráficos com os quais a Croma trabalha para ativação do olfato:

1) Raspe e cheire (*Scratch'n sniff*)

Pasta de microcápsulas aplicadas em *silkscreen* automático. Cápsulas de 10 a 30 mícrons são aplicadas com reserva sobre a área escolhida do impresso. Área mínima recomendada: 5 x 5 cm.

2) Abra e cheire

Pasta de microcápsulas aplicadas por sistema automático. Cápsulas de 20 a 40 mícrons são aplicadas em área sem impressão a ser dobrada e colada. *Shelf life* superior a dois anos. Inscrição recomendada: abra e sinta.

3) Passe a mão e sinta

Para mala-direta, capa de revista ou mesmo um simples cartão de visita. *Coating* aromatizado aplicado pelo sistema *off-set*, flexo e serigrafia. Cápsulas de 1 mícron são colocadas sem reserva em toda a superfície do impresso ou área mínima de 10 x 7 cm. *Shelf life* de 90 dias. Inscrição recomendada: passe a mão na página e sinta, ou friccione esse impresso sobre o dorso da mão e sinta a fragrância.

4) Levante e friccione

Etiquetas auto-adesivas laminadas com fragrância microencapsulada. Cápsulas com cerca de 20 a 40 mícrons, em forma de pó branco, aplicadas em área sem impressão. Inscrição recomendada: levante, passe o dedo, friccione sobre a pele e sinta a fragrância.

5) *Crystal scent*

Etiquetas adesivas transparentes com deposição de fragrância microencapsulada. Dispensa encarte. Vai direto no anúncio.

6) *Microvarnish coating*

À base de água. Cápsulas de 1 mícron são colocadas em áreas superiores a 15 x 20 cm ou sem reserva em toda área do papel. Inscrição recomendada: passe a mão e sinta.

7) Verniz aromático *off-set* semibrilho

Nanocápsulas são aplicadas pelo sistema *off-set*. Inscrição recomendada: passe a mão e sinta.

8) Aromatização ambiental por difusores
8.1) Difusor grande

Difusores por ruptura a vácuo de microcápsulas de fragrância ou aromas com arrastro por fluxo de ar, originando uma vazão de $160m^3$/hora de ar seco aromatizado sem névoas, fumaça ou líquidos espargidos, atingindo até 150 m^2. Difusor Automático de Aroma (Médio) – DAA para espaços entre 100 e 400 m^2. Independente do sistema de ar-condicionado, com vantagens de não contaminar os dutos. O DAA já vem carregado com microcápsulas suficientes para funcionamento de até trinta dias ininterruptamente, quando é feita a reposição do refil.

8.2) Difusor pequeno

Para espaços até 100m². Pode ser colocado em *displays* e acoplado a sensores de presença. Utiliza refis de microcápsulas secas, com um ou dois refis ao mesmo tempo e duração de 12 a 24 horas ininterruptas. Possui um regulador de velocidade que modula a intensidade de aromatização (110 volts).

8.3) Minidifusor

Portátil, funciona com pilhas recarregáveis e a eletricidade. Para espaços pequenos como salas de até 50 m². Também pode ser acoplado à bandeja de degustação ou à vestimenta da promotora em supermercados. Utiliza refis de microcápsulas secas com duração de 24 a 48 horas ininterruptas (110 e 220 volts).

Algumas empresas clientes da Croma: Bauducco, Blue Tree Towers, Banco Itaú, Museu Fundação Boticário, G.G. Presentes, Amor aos Pedaços, Mobetah, Arthur Caliman, C&A, Panvel Farmácias, Lloyds Bank, Viva Vida, Pão de Açúcar, Extra Supermercados, Makro Atacadista, Sendas Rio, Sleep Shop, entre outras.

Em agências de turismo, a apresentação de pacotes de viagens, normalmente, é incrementada com a utilização de vídeos e fotos do destino desejado. Entretanto, essa atração do consumidor pela viagem pode ser reforçada com a ambientação da agência com aromas que remetam o público à praia ou ao campo.

Já as concessionárias de automóveis *off-road,* podem alavancar as vendas com a presença de uma fragrância de terra ou mato molhado. Dessa forma cria-se uma atmosfera de aventura que aproxima o cliente do seu produto. Ele "respira" a sensação de estar em uma estrada de terra fazendo um rali.

Pet shops e clínicas veterinárias têm utilizado esse recurso com a finalidade de dar ao ambiente uma sensação terna e carinhosa, própria da relação que há entre os clientes e seus animais, além de corrigir eventuais odores desagradáveis. As lojas de conveniência, cafeterias, casas de chá e lanchonetes atraem o público para seus estabelecimentos utilizando gostosos aromas de café, baunilha, chocolate, avelã, os quais estimulam o desejo de tomar um café ou de comer um doce.

Aromas florais e de plantas podem ajudar a diminuir a tensão em locais onde há aglomeração de pessoas, como é o caso de aeroportos e estações de metrô. Companhias aéreas têm investido para melhorar as condições nas salas de embarque, visando reduzir o estresse causado pelas eventuais demoras nos vôos.

Agências bancárias, correios, casas lotéricas, cartórios, repartições públicas convivem com o estresse e a tensão, tanto dos clientes quanto dos próprios funcionários, causados pelas filas de espera. Esse desconforto pode ser minimizado com um aroma que aumente o bom humor, diminua o estresse e melhore o estado de ânimo do público. O local pode ser lembrado como um estabelecimento onde o tempo em espera é mais agradável.

Os arquitetos e *designers* de interiores também vêm aprofundando seus conhecimentos sobre o bem-estar em um ambiente. Muitas técnicas são utilizadas para que um local seja construído e decorado com harmonia. O aroma local é um aspecto muito importante. Essa preocupação é hoje uma constante nos melhores projetos de casas e empresas. Ter charme e personalidade são atributos cada vez mais exigidos pelo mercado.

Um bar com decoração tropical, onde as plantas, as cores, os objetos e o som são cuidadosamente estudados para criar a exata sensação de estar em um ambiente natural. Essa decoração temática só tem sentido se houver no ar aromas de frutas tropicais, ou de plantas nativas, por exemplo. O público é transportado para o clima que realmente foi criado, e a lembrança do local sempre será ativada quando o freqüentador sentir novamente aquele aroma em outras circunstâncias.

Em bufês infantis são usados aromas de framboesa, uva, balas e doces para incrementar esses locais dedicados à alegria e à festa. Os aromas transportam os convidados para suas lembranças mais gostosas. E as crianças, ao puro divertimento.

Quando uma cliente entra em um salão de beleza ou clínica de estética, anseia mais do que tratar a pele ou os cabelos. Seu desejo é esquecer o mundo lá fora e receber cuidados e mimos; ela quer ser tratada como uma rainha por um dia. Os melhores institutos buscam reproduzir esse clima com serviços adicionais que atraem e fidelizam suas clientes. O aroma vem ao encontro dessas intenções, pois preenchem o ambiente com uma sensação de *glamour* e qualidade.

Hospitais, clínicas e consultórios já adotam a aromatização com o intuito de eliminar o desconforto causado pelo cheiro de produtos farmacêuticos no ar – popularmente chamado de "cheiro de hospital". A tensão de aguardar notícias de alguém que esteja internado pode ser diminuída com o uso de alguns aromas. Clínicas e consultórios, principalmente os odontológicos, têm explorado o marketing olfativo. Enquanto aguarda atendimento, um paciente, principalmente o infantil, reage muito melhor se na sala de espera houver aromas que lhe agradem e o distraiam do medo e da tensão.

Paredes e Faria (1998) descrevem que o uso de aromas provoca um aumento da permanência em postos de gasolina além dos usuais 1 a 2 minutos, aumentando a aquisição de produtos. Em salas de reuniões e escritórios são utilizados aromas de hortelã e mentol, bem como aroma de pimenta, para aumentar a capacidade de concentração de executivos. Na Alemanha foi realizada uma pesquisa em 120 lojas de uma cadeia de calçados durante um ano. Nas 60 lojas equipadas com aparelhos olfativos e aromatizadas houve um aumento de 3,9% em relação ao volume de vendas das outras 60 lojas (grupo controle) sem aroma, comparado aos anos anteriores. Paredes e Faria sublinham que tal impacto sobre as vendas apresenta uma tendência de crescimento cumulativo ao longo do período, pois nos primeiros meses do teste o impacto foi mínimo, mas nos últimos tornou-se significativo entre 3 e 10%, criando fidelização dos clientes e aumento de vendas.

Esse efeito cumulativo é apresentado em muitos casos de subliminares, e talvez seja a variável principal que explique algumas pesquisas experimentais de psicólogos que em um único experimento não obtêm resultado nenhum de estimulação subliminar, isolando a mensagem de todo o contexto e ambiente e ignorando seus efeitos cumulativos bem conhecidos de todo profissional de mídia relativo ao número de impactos-lares e seus resultados mensuráveis.

O etologista da Sorbonne, Rémy Chauvin (1977), afirma que estão sendo catalogados a cada dia novos feromônios, hormônios que o organismo vivo emite para fora, visando a um tipo de comunicação química de estados emocionais/- sexuais (*phero*, em grego, significa "levo", "trago").

Norman Adler, em ensaio de biopsicologia dos hormônios na obra *Comparative psychology* (1974, p. 326), sugere que os feromônios influenciam o comportamento humano.

Já em 1967, MacClintock descobre o famoso "efeito Mac-Clintock" ao estudar a sincronização progressiva do período menstrual em jovens que dormem no mesmo quarto em repúblicas estudantis, levantando a hipótese de ser o ciclo menstrual sincronizado inconscientemente pelo olfato das moças, que sentem o odor da menstruação umas das outras.

Ou seja, transpiramos odores convidativos subliminares todo o tempo, insinuando-nos e oferecendo nossa sexualidade em nível inconsciente e subliminar, um convite silencioso que atrai a companhia desejada para cumprir a programação instintiva de procriação.

Key afirma que, em 1972, a International Flavors & Fragrances (IFF) anunciou a identificação de um odor subliminar exalado pelas mulheres durante o período fértil de ovulação mensal, o qual pretendia sintetizar e vender.

A etologia vem pesquisando a possibilidade de existência de feromônios, cheiro de agressividade, nos fenômenos de linchamento e violência de massas, como saques e depredações.

Pesquisas com feromônios identificaram que o perfume com fama de sedutor ou afrodisíaco almíscar assemelha-se à androsterona, que atua como feromônio masculino.

David Berliner, proprietário da Erox, relacionou após trinta anos de pesquisas o vomeronasal, minúsculo órgão da fossa nasal, ligado ao hipotálamo, como o possível receptor humano de feromônios exalados pelas glândulas apócrinas. Seu perfume Inner Realm apresenta-se como o primeiro a usar feromônios sintéticos que ocasionam resposta humana.

Neurogeneticistas isolaram o gene VIRLI e constataram que ele possui um receptor de feromônios no revestimento da mucosa nasal, conectando dez milhões de neurônios olfativos receptivos que desencadeiam escolhas inconscientes.

Na Inglaterra, o psicólogo Cowley e o neurobiólogo Brooksbank realizaram uma pesquisa com 75 universitárias, na qual o uso de um colar que emitia fragrância de androstenol – possível feromônio exalado na transpiração da axila – proporcionava atitudes mais receptivas por parte dos homens com os quais as mulheres usando o colar interagiam.

Em Londres, o professor George Dodd, diretor de pesquisas da Kiotech, explica: "Os feromônios são extratos naturais que agem subliminarmente e influenciam o humor, os sentimentos e comportamentos dos animais e das pessoas". E detalha: "Dos cinqüenta feromônios conhecidos, selecionamos dois para criar um perfume masculino e outro feminino". Com base nos resultados dessa pesquisa, a Kiotech lançou dois lenços no mercado embebidos com feromônios; o produto foi batizado "Xcite!" e "age imediatamente sem que a presa se dê conta". Dos trinta jovens do teste piloto, 28 tornaram-se irresistíveis para os voluntários da pesquisa que desconheciam o que era pesquisado; repetindo com outro grupo de controle sem os lenços, o resultado inverteu-se (*A Tribuna*, 18 de março de 2001, p. 5).

O APC (Androsterone Pherormone Concentrate), feromônio sintético, é um líquido inodoro ao nível consciente que é vendido nos Estados Unidos para ser misturado ao seu perfume preferido e assim manipular subliminarmente futuros parceiros sexuais.

Na Alemanha, a estilista Anna Figoluscha, em parceria com a Carsten Reinke, introduziu os feromônios na indústria têxtil e no mundo da moda. O "Fashion Pheromone" é aplicado em camisetas para "baladas", batizadas de "Flirtshirts", as quais trazem adesivos colados com velcro que exalam feromônios. Para lavar a camiseta retira-se o velcro com as nanopartículas odoríferas.

O químico francês Jean Lachenay investiga feromônios e sua aplicação na indústria da perfumaria para aumentar o *sex-appeal* com frascos ou pingentes, que liberam gradual e constantemente doses de feromônios. Há também pesquisas em andamento conduzidas pelo finlandês Paavo Tikkanem, da Universidade de Turku, e pelo suíço Claus Wedekind. Sendo o olfato, tal qual o paladar, um sentido de base química, enquanto a visão e a audição são sentidos de base física, o custo das mensagens subliminares olfativas é mais elevado e seu alcance mais limitado.

O saudoso Modesto Farina, em aulas de pós-graduação em Ciências da Comunicação na ECA-USP, descrevia – como exemplo de propaganda subliminar olfativa – o caso de uma revista feminina norte-americana na qual fora impresso um anúncio de perfume misturando-se essência à tinta empregada na impressão. Dessa forma, ao abrirem a página com o anúncio do perfume, as leitoras sentiam subliminarmente a fragrância agradável.

Em São Paulo, o *designer* gráfico Elinton de Menezes aplicou essência de chocolate à tinta marrom de uma mala-direta de chocolates de luxo, reforçando a sinestesia subliminar e a similaridade icônica da programação visual com o chocolate.

Três sentidos – o tato, ao manusear o papel escolhido com textura que lembra chocolate; a visão, ao perceber a cor do papel e da tinta; e o olfato, cheirando a essência de chocolate – enviavam a mesma mensagem ao cérebro, antes mesmo de se lerem as letras arredondadas e de Gestalt agradável, convidativa e saborosa.

Por fim, o único veículo de comunicação no qual se podem empregar os cinco sentidos subliminarmente é o teatro. Eis que nele é possível queimar incenso ou aspergir perfume sobre o público (como em algumas peças de vanguarda), afetando o olfato; podem-se distribuir doces para ser saboreados pelo paladar; distribuir brindes ou mandalas, apreciadas pelo tato; estimular a visão com o cenário, as luzes e os figurinos; e atuar sobre a audição pelo fundo musical, pelas vozes dos atores e pelos efeitos sonoros.

E tudo o que pode ser feito em uma peça de teatro também pode ser aplicado aos palanques de políticos em campanha eleitoral.

As informações deste capítulo foram compiladas, com a devida atualização, de duas monografias de pós-graduação orientadas por Calazans: *Sentidos subliminares* e *Marketing olfativo como propaganda subliminar*, de Juliana Lambert.

CAPÍTULO 8

PSICODINÂMICA
SUBLIMINAR DAS CORES

Muitas pesquisas de alto nível vêm sendo realizadas em todo o mundo sobre o problema motivacional das cores. Há trabalhos sobre a cor como símbolo ou ícone, a cor em cada cultura, cromoterapia, colorimetria de embalagens e capas de revistas e livros, ergonomia em fábricas e escritórios, programação visual de lanchonetes etc.

O que chamamos de "cor" é como percebemos na nossa cultura judaico-cristã ocidental o espectro da luz; cada cor equivale a um comprimento de onda da luz, uma vibração eletromagnética que nosso olho recebe pelas células cones, cerca de três milhões delas em cada olho. Do centro da fóvea sai o nervo óptico que vai direto para o cérebro, na nuca, onde fica o córtex visual que interpreta culturalmente a luz como cor.

A cor é medida pela física em comprimentos de onda; os tons do vermelho têm entre 610 e 760 nanômetros e, acima deles, os matizes do laranja têm entre 590 e 610 etc.

Modesto Farina realizou vasta obra de pesquisa sistemática sobre o problema da cor e, em sua obra *Psicodinâmica das cores em comunicação* (1986), comenta as pesquisas de Luscher, para quem o azul e o vermelho podem alterar o ritmo cardíaco e a pressão arterial. Ele explica que tais efeitos se dão no sistema neurovegetativo, funções que ocorrem abaixo do limiar da consciência. Ou seja, as cores têm efeitos subliminares psicossomáticos.

Ao argumento de Farina vem somar-se o do filósofo Vilém Flüsser. Em *Filosofia da caixa preta* (1985, p. 68), ele afirma que: "as cores penetram nossos olhos e nossa consciência sem serem percebidas, alcançando regiões subliminares, onde então funcionam".

Ora, tanto Farina quanto Flüsser são autoridades reconhecidas internacionalmente quanto à questão da cor, ambos consultores da entidade internacional de coloristas denominada Casa da Cor, que reúne especialistas em cor de todo o mundo. Em São Paulo, essa instituição realizou dois ciclos de debates de repercussão mundial, em 1988 e 1989, sob o patrocínio da multinacional alemã Basf.

Tais pesquisas vêm romper uma tradição ocidental de ignorar o problema das cores e, em decorrência disto, subestimar seu poder subliminar.

Nietzsche afirmava que os gregos eram acianoblépticos, isto é, cegos para o azul. Por sua vez, a antropologia cultural prova que todos os povos do mundo começam suas manifestações artísticas com as cores quentes como o vermelho (cerca de 610 nanômetros) e o laranja (590 nm). Por exemplo, as pinturas corporais e as cerâmicas dos tupis brasileiros, a arte pré-colombiana e africana, e outras formas de expressão espontâneas e primitivas ("primeiridade icônica", para Peirce).

Conforme as culturas vão se civilizando, urbanizando e perdendo o contato com a natureza, vão surgindo as cores frias como o verde (535 nm), o azul (460 nm) e o violeta (400 nm), quando o arco-íris encontra, tal qual o ouróboros da alquimia (a cobra que morde o rabo), seu oposto, e o vermelho encontra o azul, o alfa e o ômega.

Isso indica um padrão cultural de percepção das cores que cresce, evolui historicamente do vermelho para o azul. O Ocidente é vermelho e o Oriente é azul.

Dez mil anos antes de Cristo, a arte egípcia já empregava o azul, e os egípcios eram mais místicos que os gregos com seus deuses antropomórficos e seu culto à morte em múmias e pirâmides.

Crianças pequenas são atraídas pelas cores quentes. Os vegetais mais evoluídos, que não necessitam de insetos para a polinização (explica a botânica), não têm cor, sua reprodução é pelo vento. Os insetos mais complexos e evoluídos (explica a entomologia) vêem na escala do azul e do ultravioleta (abelhas, por exemplo).

Há uma tribo em Zâmbia, na África, onde as pessoas percebem culturalmente apenas duas cores; *Ruy* – espectro de cor azul (cores frias/ondas curtas), e *Zizah* – espectro do vermelho (cores quentes/ondas longas); culturalmente eles descrevem as cores dentro deste vocabulário, desta palheta limitada.

Mas em Papua-Nova Guiné, outra tribo só tem três palavras para descrever todas as cores: *Wor* – matizes do verde (*green*), *Nol* – matizes do azul (*blue*) e *Mehi* – matizes do vermelho (*red*). Coincidentemente ou não, eles vêem todas as cores como tons de cor–luz, pois o RGB (Red Green Blue) é o padrão de cores dos monitores de computador, da televisão e dos *outdoors* eletrônicos das grandes cidades. O canhão de raios catóditos da tela do televisor baseia-se na cor primária luz (os *spots* de teatro usam gelatinas dessas mesmas cores para iluminar o palco).

A cor é cultural, um construto, ou seja, aprendemos a ver e sentir cores. Além disso, cada cultura adota um simbolismo próprio para as cores: para os ocidentais, o luto é representado pelo preto; no Japão, pelo branco.

Nossa cultura nunca prestou muita atenção às cores. Os filósofos gregos depois de Platão diziam que a mesa é uma idéia, pertencia ao mundo das idéias, e que é uma *substância* mesa. Por sua vez, a cor da mesa é só um mero acaso, *acidental*. Se a mesa for roxa ou amarela, não muda a substância, a verdadeira essência do ser mesa. Assim, a cor era depreciada, vista apenas como a beleza efêmera e transitória captada pelos sentidos.

Cada cor só vai ter significado dependendo das cores ao redor, ou seja, se ela combina com o ambiente. É engano pensar que *lingerie* vermelha seduz sempre, pois, se a moça for ruiva ou muito bronzeada, o vermelho não terá contraste e sumirá, sem efeito nenhum!

Tudo isso, tantas pesquisas em tantas áreas diferentes, apenas aponta um tipo de conclusão: a cor tem significado, mesmo que inconsciente, mesmo que subliminar.

Para os filósofos gregos, a cor seria mera aparência, algo acidental que não faz parte da essência, da substância dos objetos, dos seres.

Somente no Renascimento surgem tratados sobre arte e pintura que estudam as cores. Alberti, por exemplo, relaciona os quatro elementos da natureza com as cores (vermelho-fogo, azul-ar, verde-água, cinza-terra) e Leonardo da Vinci, em seu tratado da pintura, afirma que "o branco é composto por todas as cores" e propõe uma simbologia cromática (branco-luz, amarelo-terra, verde-água, azul-ar, vermelho-fogo, preto-trevas).

Contra a consagrada teoria da cor de Newton, levanta-se o poeta criador do Werther e do Fausto, Johann Wolfgang von Goethe, com sua "Teoria das Cores", partindo da questão: "Como pode a luz branca ser formada por luzes mais escuras que ela?" Das suas teorias, Land, em 1959, criará a Polaroide.

Então surge a profissão de colorista, um pesquisador/consultor de cores e seus efeitos, a dinâmica da cor na mente, psicodinâmica da cor.

Mas, afinal, o que é cor?

Cor é luz. Cada cor equivale a um comprimento de onda:

COR	NANÔMETROS
Ultravioleta	–
Violeta	380 – 450
Azul	450 – 500
Verde	500 – 570
Amarelo	570 – 590
Laranja	590 – 610
Vermelho	610 – 760
Infravermelho	–

Os raios x, raios gama, raios cósmicos, raios de radar e da televisão também são comprimentos de onda.

Cada comprimento de onda tem um efeito físico, e mesmo biofísico; basta recordar que larvas de mosca morrem quando expostas à luz verde. Uma dose excessiva de raios x pode causar câncer e esterilizar mulheres (queimando o núcleo dos óvulos no ovário). A ergonomia prova que a luz pode queimar a retina e cegar.

Há estudos em andamento sobre os efeitos dos raios catódicos da tela da televisão nos olhos e no cérebro, cujos resultados podem ser surpreendentes.

Em *Homem, comunicação e cor* (1988, p. 96-97), Irene Tiski-Franckowiak cita Harold Wohlfarth, presidente da Academia Alemã de Ciência da Cor, que também é fotobiólogo da Universidade de Aeberta (Canadá). Para ele, as ondas (ou partículas) de energia eletromagnética que compõem a luz afetam os neurotransmissores do cérebro. E o que são neurotransmissores? São substâncias químicas que transmitem as mensagens de nervo para nervo ou para um músculo.

Quando a luz chega à retina, influencia a síntese da melatonina, que ocasiona a síntese da serotonina, um neurotransmissor do sistema nervoso central que inibe ou ativa os neurônios do hipotálamo ou do complexo límbico.

Para Wohlfarth, a primeira sensação de cor ocorre no complexo límbico (cérebro mamífero, para McLean), causando instantâneas reações emocionais e estimulando as glândulas pituitária e pineal. Tais reações ativam o sistema endócrino, ativando o hipotálamo (cérebro réptil) e o sistema nervoso simpático e parassimpático.

Esse é o trajeto da cor que causará fome, sede ou excitação sexual direto no cérebro, agindo subliminarmente, sem ser percebida.

Por exemplo:

1) O azul (tempo de percepção: 0,06 segundo) corresponde a ondas curtas de intensidade, tendo efeito calmante; mas

2) O vermelho (tempo: 0,02 segundo) equivale a ondas longas de maior intensidade, tendo efeito oposto.

Já o amarelo-avermelhado (tempo: 0,1 segundo) ativa as funções de metabolismo do hipotálamo, despertando a fome e alterando a atividade gástrica.

Irene T.-Franckowiak dá como exemplo do uso da cor na programação visual de ambientes internos do Grupo McDonald's, empresa que busca o lucro na rotatividade dos clientes (*fast-food*).

O amarelo-alaranjado desperta a fome e faz comprar mais do que era desejado, e o vermelho desde o logotipo "M" excita para que engula rapidamente e saia logo. Para a autora citada, "o cliente, sem saber, sente-se inquieto, com pressa e sem disposição para curtir por mais tempo o local". Ora, o cliente fica inquieto "sem saber" por ter sido manipulado subliminarmente pelas cores do ambiente. O McDonald's já foi citado por Mauro Sá Rego Costa, quando afirma que "as lanchonetes são subliminares" (1984, p. 27).

É o mesmo princípio da pintura e decoração dos hotéis de Las Vegas, cujas cores "expulsam" o hóspede do quarto obrigando-o, por toda a arquitetura planejada, a sair do elevador e passar entre o "papa-níquel" e o salão de jogos, o cassino.

Segundo Irene, Fere pesquisou as reações fisiológicas perante a cor, concluindo que as cores intensas, de longos comprimentos de ondas, aumentam a circulação sanguínea e a força muscular. Houve aumento no desempenho de esportistas expostos a uma seqüência gradativa de azul, verde, amarelo e laranja antes de competições.

Centenas de pesquisas sobre a cor vêm sendo realizadas em universidades e centros internacionais de estudos da cor, abrangendo áreas tão díspares como a fotobiologia e a antropologia, desde as cores das vogais de Rimbaud até as formas da cor de Kandinsky (o triângulo amarelo, o círculo azul e o quadrado vermelho de Gerstner).

A cor pode induzir subliminarmente à escolha de uma embalagem na prateleira de um supermercado, pode levar a trabalhar mais tranqüilamente, pode curar a pressão arterial ou ser relaxante. Fitas de videocassete com subliminar taquicoscópico empregam as cores subliminarmente; peças de teatro, filmes de cinema e TV utilizam *spots* com gelatinas que projetam luzes coloridas, causando um "clima" subliminar que orienta as emoções dos espectadores, e podem orientar uma escolha eleitoral.

Evidentemente, o emprego errado de cores ou sua má articulação com as mensagens de áudio, vídeo, olfato, tato ou paladar pode anular completamente os resultados de uma orquestração subliminar multimídia.

Trabalhei como monitor da pesquisa "Cor no ambiente hospitalar", em conjunto com o professor Modesto Farina, grande especialista em cores da USP. Essa extensa pesquisa, realizada com verbas do CNPq (Conselho Nacional de Pesquisa), cobriu 16 especialidades de doenças (patologias) e foi baseada em entrevistas com 22 mil médicos, 5 mil enfermeiros padrão e 15 mil pacientes hospitalares internados, de 60 hospitais de cidades com mais de 500 mil habitantes por todo o Brasil.

Os resultados foram muito surpreendentes, pois 95% dos médicos acreditam que as cores usadas no ambiente hospitalar podem ajudar na recuperação dos pacientes, 4% acham que as cores talvez ajudem e 1% tem dúvidas se a cor teria efeito na fisiologia.

Já entre os pacientes existem certas preferências de cores de acordo com as patologias que sofrem. Eles são atraídos por alguns padrões vibratórios e repudiam outros, talvez por causa da doença:

- Cardiopatas preferem bege.
- Doentes mentais preferem verde-claro.
- Pacientes com lesões neurológicas são atraídos por azul-claro.
- Internos de traumatologia e ortopedia são os únicos a sentir-se atraídos pelo branco.
- Os pacientes de centros cirúrgicos e UTI (Unidade de Terapia Intensiva) escolheram o verde-claro.

- Portadores de PMD (Psicose Maníaco-Depressiva) rejeitam todos os tons de azul.
- Mais de 50% preferiam que o branco fosse substituído por azul-claro ou marfim.
- A única exceção total em uma área de especialidade foi em ginecogeriatria, pois as senhoras idosas internadas preferem o branco e justificam a escolha como assepsia.
- 70% dos médicos se recusam a abrir mão do branco, mesmo que auxilie na recuperação dos seus pacientes e simbolize higiene e assepsia; o professor Farina (na revista *Diálogo Médico* n. 2, ano 16, p. 11) disse que a preferência pelo branco seria auto-afirmação pessoal como doutor ou corporativismo.

Os resultados da pesquisa foram:

1) Vermelho (760 a 610 nanômetros): abre e estimula o apetite. Bom para hipotensos (uma pesquisa em Berlim demonstrou que mil portadores de insuficiência cardíaca rejeitaram instintivamente a cor vermelha, e Max Lüschem, autor da consultoria de marketing dessa pesquisa, recomendou retirar essa cor de todas as embalagens de medicamentos do coração).

2) Laranja (610 a 590 nanômetros): para depressivos ou pacientes com batimento cardíaco irregular, acelera metabolismo ósseo.

3) Amarelo (590 a 570 nanômetros): hepatite e doenças do baço e da medula óssea, estimula a concentração e trabalhos intelectuais.

4) Verde (570 a 500 nanômetros): melhora o equilíbrio e atua como tranqüilizante. Acelera o metabolismo hepático e incrementa a velocidade de cicatrização de tecidos no pós-operatório.

5) Azul-claro (500 a 450 nanômetros): para hipertensão arterial, pressão alta. Reduz ansiedade e estresse.

6) Azul-da-prússia (subdivisão da mesma faixa): contra processos infecciosos, também atua como sedativo ou analgésico.

7) Violeta (450 a 380 nanômetros): anti-séptico e regenerador do sistema nervoso esgotado e estressado com fadiga prolongada, auxilia em processos tumorais. É usado nos Estados Unidos em banhos de luz contra psoríase e dermatites.

8) Ultravioleta: padrão de onda invisível ao olho humano, com mais de 450 nanômetros de ondas muito curtas; lâmpadas irradiadoras com essa freqüência de luz-cor são usadas desde os anos 1980 pela antiga União Soviética para prevenir doenças pulmonares em trabalhadores das minas de carvão.

O Laboratório de Fotometria de Bures-Sur-Yvette, na França, comprovou em pesquisa fotobiológica de plantações rurais que o vermelho acelera o crescimento das plantações e o azul retarda o amadurecimento e a colheita da safra.

Em uma fábrica da Renault, havia paredes verdes rajadas de preto, e esta combinação de ondas causava depressão e enxaqueca nos funcionários.

A Clínica de São Lucas na cidade de Dornach, Suíça, efetuou pesquisas com cores, nas quais o pesquisador Norbert Glass descobriu um padrão alternado de cores que alega ser eficaz no tratamento de câncer.

O neurologista Kurt Goldstein realizou experiências com pacientes sofrendo de lesão cerebral e constatou que a cor vermelha causava desequilíbrio e labirintite com náuseas, e que cessavam os sintomas ao expor-se à luz da cor verde. O comprimento de onda maior do vermelho tem efeito expansivo, extrovertido, fazendo aumentar o ambiente, e o verde como complementar tem ondas curtas que favorecem a concentração e o centrar-se em si mesmo, equilibrando o paciente.

Muitas pesquisas sérias sobre cor foram realizadas em vários países, mas ainda é um risco recorrer às cromoterapias. Afinal, há muito o que pesquisar e é perigoso expor-se a qualquer "curioso" mesmo que bem-intencionado, pois existe um fenômeno chamado saturação, uma constante matemática e biofísica, ou seja, dependendo do comprimento da onda, tempo demais exposto dá o efeito inverso. Agora um exercício para comprovar isso: basta olhar muito fixamente por 30 segundos para um objeto amarelo bem clarinho e depois voltar os olhos para um fundo branco que surgirá a silhueta do objeto em um roxo escuro, isto é, a saturação oposta e o efeito oposto após 30 segundos. Este é o perigo dos auto-intitulados "cromoterapeutas" que nada conhecem das pesquisas e do funcionamento do olho humano, fazendo muito mal e piorando seus pacientes ao usar cores por tempo demasiado. Tudo é questão de dosagem. Beladona é um veneno, mas doses diluídas fazem dele um relaxante muscular. Dosagem segura e tempo correto de tratamento são o segredo.

Por outro lado, sendo desencadeadoras de emoções e percebidas visualmente (há pesquisas dermocromáticas sobre cegos que identificam cores pelo tato), pode-se afirmar, segundo Sperry, que as cores seriam percebidas pelo hemisfério direito do cérebro.

Todavia, há pesquisas que, aparentemente, vêm contrariar essa hipótese.

A já mencionada Casa da Cor recebeu um artigo distribuído pelo Centre Français de la Couleur, que comprova por meio de eletroencefalograma e fluxo sanguíneo do cérebro (as mais modernas técnicas de mapeamento cerebral) uma inesperada atividade predominante no hemisfério esquerdo do cérebro. O artigo, de autoria de Lueck *et al.*, chama-se "The colour centre in the cerebral cortex of man" e havia sido extraído da revista *Nature* de agosto de 1989. De acordo com os autores: "We are unable to explain this" (*Nature*, v. 340, n. 6.282).

Tal pesquisa veio contrariar todos os conhecimentos acumulados sobre cores desde que existe registro escrito.

Outras pesquisas têm sido desenvolvidas buscando aprofundar mais cientificamente o conhecimento dos efeitos subliminares das cores no cérebro.

Veja-se o livro de Luciano Guimarães, *A cor como informação* (2000), dentro dos parâmetros neurológico-culturais mais modernos.

Resta continuar estudando as técnicas que apresentam reconhecido resultado subliminar, enquanto se aguarda a publicação das pesquisas que estão em andamento por todo o mundo. A verdadeira ciência ergue-se sobre contradições e novos parâmetros.

CAPÍTULO 9

BIOMIDIOLOGIA

Os propagandistas do futuro serão, provavelmente,
químicos e físicos, além de escritores.

ALDOUS HUXLEY

A biomidiologia pode ser definida como um ramo de
pesquisa derivado da midiologia, o qual estuda as relações
biossemióticas entre signos veiculados pela midiosfera, mídia
eletrônica (videosfera-televisão, internet etc.), que afetam
direta ou indiretamente formas de vida biológica tanto em
sua fisiologia quanto em seu comportamento.

Didaticamente, a biomidiologia pode ser comparada, apenas em termos alegóricos de analogia cognitiva, a quando
uniram a engenharia eletrônica e a engenharia mecânica
criando a mecatrônica, que é a base da robótica, biônica e
automação industrial; ou como quando uniram a química e a
biologia dando origem à bioquímica; e a biologia e a física, à
biofísica. A biomidiologia contribuirá para a compreensão dos
fenômenos da comunicação de massas em sua esfera de efi-
cácia biológica.

Desde o século XVIII, os professores doutores do Leste
Europeu praticam a divisão do conhecimento em duas grandes áreas:

- **Ciências da Natureza** (*Naturwissenschaften*) cujos métodos são explicativos (*Erklarung*), como a física, biologia e biofísica (vida influenciada pelas forças da natureza, do ambiente, ecossistema, vida reagindo a estímulos de ondas de luz-óptica, ou ondas sonoras-acústicas).

- **Ciências do Espírito** (*Gemienenwissenschaften*) cujos métodos são da compreensão (*Verstehen*); a interpretação (hermenêutica) dos signos (semiótica) culturais, psicoantropológicos, a linguagem da arte e mídia-comunicação (midiologia).

A biomidiologia surge como uma das disciplinas cuja proposta é o cruzamento heurístico entre ambos os paradigmas: *Naturwissenschaften* (bio) e *Gemienenwissenschaften* (midiologia).

Ciência revolucionária, um novo paradigma transdisciplinar no sentido da epistemologia de Kuhn, e seguindo o rigor dos parâmetros metodológicos de Feyerabend, sob procedimentos que Peirce denomina abdução.

Ainda do idioma grego, *Zoé* é vida natural; ao passo que *bios* é a vida como existência, a vida axiológica, vida como valor existencial, vida investida de valores culturais, vida que tem um sentido, a vida consciente, como dizem os germânicos; *Lebenswelt*, o mundo da vida.

A vida (*bios*) neste sentido amplo que Platão já descrevera no *Filebo* e Aristóteles explica no *Ética a Nicômano*, sobre as três existências (*bios*) na cidade-civilização (*polis*).

- *BIOS THEORETIKOS* (vida contemplativa).
- *BIOS POLITIKOS* (vida política).
- *BIOS APOLAUSTIKOS* (vida prazerosa, vida do corpo, vida sexual, vida esportiva, vida saudável sobre a qual os estóicos romanos diziam: *Mens sana in corpore sano*).

E Nicholas Negroponte, do Medialab – MIT, propõe uma vida digital (no livro *Vida digital*), uma vida interdependente do ciberespaço (Willian Gibson), a computopia-sociedade da informação (Yoneji Masuda), a aldeia global (Marshal McLuhan), a midiosfera (Régis Debray), o hypercórtex (Roy Ascott), a noosfera da consciência do ultra-humano (Teillard de Chardin) e o quarto bios (Muniz Sodré). Todas essas convergências, coincidências ou sincronicidades demonstram o acerto epistemológico da biomidiologia.

Cabe à biomidiologia estudar os processos virtuais-semióticos-midiáticos da sociedade tecnológica, os efeitos fisiológicos de uma idéia-mensagem-notícia veiculada pela mídia.

Fato documentado: terça-feira, 16 de dezembro de 1997, 18h30, Japão, começa a transmissão do desenho animado da série Pokémon, o episódio intitula-se "Computer Warrior Porigon" (*Den no Usenshi Porigon*) e é transmitido em rede por uma cadeia de 37 emissoras.

Cerca de vinte minutos após o término do episódio, algumas crianças tiveram convulsões e foram hospitalizadas, dando início ao evento histórico cujas repercussões ecoarão através dos anos seguintes, um evento de tamanha magnitude que pode apenas ser comparado à transmissão radiofônica de *Guerra dos mundos*, de Orson Wells, em Nova York, pelo seu impacto social multitudinário e à "Experiência Subliminar Vicarista", em Nova Jersey.

O jornal *Yomiuro Shimbun*, de 19 de dezembro de 1997, noticiou outra alarmante conseqüência: uma pesquisa oficial do sistema educacional japonês nas escolas de todo o país teria registrado em 12.950 o número de estudantes que faltaram às aulas, alegando sintomas semelhantes aos dos internados após terem assistido o desenho animado. Esses dados comprovam um fenômeno midiático indubitavelmente ligado por uma relação de causa e efeito à televisão, unanimemente diagnosticado pelos psiquiatras japoneses como conseqüência fisiológica da exposição ao sinal televisionado em rede.

Ora, nunca antes houve registro tão bem documentado de tal tipologia de efeito colateral, epifenômeno, relacionado à mídia eletrônica, um exemplo excelente de estudo da biomidiologia.

O artigo "Boneco gera epilepsia", publicado na internet no site "Expresso" de 20 de dezembro de 1997, afirma que nesse episódio de Pokémon foram projetadas exatamente 54 imagens em 5 segundos.

Aplicando-se a fórmula da subliminaridade: o *dividendo* 54 imagens (quantidade de informação) e o *divisor* 5 segundos (tempo de exposição ao sinal), obtém-se o *quociente* de 10,8 imagens por segundo (Calazans, 1991, p. 30 e 65).

Em 1994, a Independent Television Commission regula os comerciais de TV na Inglaterra, limitando os "*flickers*" ou "pisca-pisca" (*paka-paka*) ao ritmo máximo de 3 por segundo.

Ora, em dezembro de 1997, Pikachu piscou o quociente taquicoscópico de 10,8 vezes por segundo, excedendo em mais de três vezes a margem que os pesquisadores ingleses regulamentaram como máxima. O pisca-pisca de luzes subliminares/taquicoscópicas atingiu níveis de reação fisiológica subliminar, ativando a glândula pineal e liberando a melatonina que realiza a síntese do neurotransmissor serotonina, quebrando cadeias de alcalóides do sangue, como explica a biofísica.

Entretanto, sabe-se que as cores são comprimentos de ondas da luz, mensuráveis pela unidade física nanômetros. Na ordem que o desenho de Pikachu piscou, pode-se calcular:

1) **Vermelho:** 610 a 760 nanômetros, ondas longas de grande intensidade, tempo fisiológico de percepção = 0,02 de segundo; acelera o batimento cardíaco, eleva a pressão sanguínea, provoca tensão e agressividade.

2) **Branco:** sobreposição de todos os comprimentos de onda; sobrecarrega o nervo óptico e o córtex visual primário e secundário (na parte posterior do crânio, acima da vértebra atlas, sob o osso occipital), saturando e cansando em curto intervalo de tempo, e provocando ofuscamento e fadiga/estresse.

3) **Azul:** 450 a 500 nanômetros, ondas curtas de intensidade fraca, tempo fisiológico de percepção = 0,06 de segundo; equilibra o ritmo cardíaco, reduz a pressão sistólica, relaxa e acalma.

A revista eletrônica *Mundi* (http://mundi.zaz.com.br/ciencia), de 24 de julho de 1999, publicou artigo meu sobre Pokémon, e a seguir a jornalista Leila Cunha entrevistou-me e publicou matéria sobre o assunto também na internet, no *Cadê* (http://aqui.cade.com.br/), em 19 de novembro de 1999, segundo a qual:

Em estudo publicado este ano nos Anais de Neurologia, o dr. Shozo Tobimatsu, do Departamento de Neurologia Clínica da Universidade de Kyushu, em Fukukoa, Japão, confirmou a hipótese levantada por Calazans dois anos antes: os ataques foram provocados em crianças que nunca tinham tido ataques epiléticos.

A pesquisa citada, realizada sob patrocínio do governo japonês, foi publicada no *Annals of Neurology* (v. 45, n. 6, junho 1999) e prova por meio de EGG (eletroencefalograma) de quatro pacientes vítimas do evento original que um efeito pisca-pisca luminoso de branco, preto e cinza não obtém efeito fisiológico tão violento quanto o que emprega aquelas cores; neste *paper*, foi registrada oficialmente, perante a comunidade científica internacional, mais uma nova doença, batizada pela equipe como epilepsia sensitiva cromática, outra contribuição à área da saúde pública desencadeada por Pokémon.

A pesquisa científica realizada por mim na USP provou detalhadamente o perigo da propaganda subliminar e denunciou o risco psicossocial dessas técnicas publicitárias antiéticas que ignoram nossa vontade, nossa cidadania e liberdade de escolha ou livre-arbítrio. O médico psiquiatra professor doutor José Carlos Ferraz Salles, professor universitário na Escola Paulista de Medicina, comprovou estas e outras teses com bases científicas neurofisiológicas.

Segundo Salles:

> Meses atrás fui um dos membros examinadores de uma dissertação de mestrado sobre a propaganda subliminar. Belíssima tese [...] é necessário, sim, conhecer minuciosamente as técnicas da propaganda subliminar e nesse caso a tese apontada do professor Flávio Mário de Alcantara Calazans deve ser amplamente divulgada [...] os sindicatos das associações ligadas a todos os meios de comunicação, jornais, revistas, rádio e televisão, bem como as ligadas a propaganda e marketing devem estudar e reformular os seus códigos de ética no que se refere ao assunto. (*Diadema Jornal*, 23 de dezembro de 1990)

A biomidiologia foi desenvolvida como decorrente da pesquisa sobre subliminares.

Biomidiologia: efeitos bioquímicos mensurados como resultante de exposição a filmes cinematográficos violentos. "Subliminares nos filmes de cinema e na televisão poderiam ter efeitos mensurados bioquimicamente?" Partindo deste problema, Kenji Toma desenvolveu um trabalho científico inovador, pesquisa de ponta no Brasil, e suas inovações abriram caminho, firmando-se historicamente como precursoras do paradigma da biomidiologia.

No trabalho de Toma (2000), foram estudados os efeitos fisiológicos dos filmes violentos com subliminares na agressividade, destacando a variação fisiológica ocorrida, mensurada por uma inovadora combinação de metodologias heuristicamente cruzadas, que consistem em sofisticadas baterias de testes laboratoriais bioquímicos e testes psicológicos.

Toma realizou a pesquisa como parte de sua pós-graduação, sob a orientação do doutor Paulo Correa Vaz de Araújo, médico psiquiatra.

Foram consideradas as inúmeras possibilidades de análise que poderiam ser realizadas no corpo humano. Entre reações galvânicas na pele, eletroencefálicas, variações da pressão arterial, dos batimentos cardíacos e dos hormônios, muitas seriam as possibilidades. A escolha da testosterona foi feita por Toma após uma pesquisa sobre viabilidade prática e correlação entre o processo biológico e o tema escolhido; no caso era a agressividade resultante de estímulo midiático, conforme propõe a biomidiologia.

Toma explica detalhadamente nas justificativas de suas pesquisas que a testosterona é o hormônio masculino sintetizado pelas células intersticiais (Leydig) do testículo, a partir do colesterol. Para que esse processo ocorra, a hipófise libera ICSH (hormônio estimulante das células de Leydig), estimulando a produção de testosterona no testículo, a qual estimula o eixo hipotálamo-hipofisário a produzir mais ICSH.

Toma explica que este hormônio está diretamente ligado à agressividade e agressão. Sua mensuração serviu de ponto de referência para variação fisiológica que pudesse alterar o psicológico ou pudesse ter sido alterada por ele. Nesse estudo de caso, foi mensurado também o nível de agressividade dos indivíduos por meio de um teste psicológico (Hand Test), e houve uma corroboração entre os testes psicológicos e os testes de testosterona, o que torna plausíveis as hipóteses biomidiáticas e confere mais um ângulo de abordagem científica à biomidiologia; a pesquisa foi corroborada com testes laboratoriais bioquímicos, do qual a tese de Toma é o principal precedente.

Foi realizado criteriosamente um experimento piloto do teste do Hand Test (projetivo) como instrumento para pré e pós-aplicabilidade em um mesmo experimento, com dez voluntários de ambos os sexos com idades entre 18 e 21 anos. Os indivíduos foram numerados para que a psicóloga responsável pelo teste não tivesse acesso às identidades, resguardando o experimento de influências extrateste. A amostragem do universo passou por três etapas: teste, exibição do filme, segundo teste.

O filme escolhido foi *Assassinos por natureza* (*Natural born killers*, de Oliver Stone), por seu conteúdo violento e pelo contexto urbano que facilita a identificação com menor distanciamento psicossocial, já que um casal cometeu crimes dizendo-se inspirado no casal de personagens do filme.

Não houve resposta repetida em nenhum dos sujeitos sonados, validando o teste para continuidade.

No experimento final, com nove voluntários do gênero masculino entre 18 e 22 anos, amostragem não-probabilística por conveniência, submetidos antes e depois ao Hand Test e avaliados pela psicóloga, técnicos habilitados do laboratório

LAB HORMONE efetuaram a coleta de sangue antes e depois em cada indivíduo numerado. Os sujeitos foram divididos aleatoriamente em dois grupos de três elementos: GA, exposto ao filme violento; e GB, grupo de controle exposto a filme romântico.

Eticamente, todos foram avisados de que seriam expostos a produto cinematográfico da indústria cultural com conteúdo de violência explícita (existente no mercado, não trazendo risco diferente do qual já se encontram expostos na sociedade), e de que tinham liberdade de desistir a qualquer momento do experimento.

O filme precisava ser inédito para todos, pois no experimento piloto os que já tinham assistido ao filme não registraram reação no Hand Test. A fita escolhida foi *South Central, o bairro proibido*, que se caracteriza por apresentar um contexto urbano.

De acordo com os resultados apresentados neste trabalho, 100% dos indivíduos registraram modificações no nível de testosterona e de predisposição à agressividade.

As dosagens de testosterona tenderam a corroborar com os índices de agressividade no Hand Test; os sujeitos que tiveram um aumento de agressividade reagiram fisiologicamente de forma a aumentar também o nível de testosterona e vice-versa, mas não foi estabelecida a mesma proporção como constante – utilizou-se um grupo de controle GB, isto é, um grupo não sujeito às mensagens subliminares violentas com o qual se pudessem comparar os resultados, o que é necessário quando se faz ciência aplicada às populações.

Kenji Toma propõe que futuras pesquisas empreguem estudos estratificados com amostragens mais amplas, o que demanda equipes, cronograma, instalações de exibição e custos proporcionalmente elevados.

FÓRMULAS DE MENSURAÇÃO DO SINAL SUBLIMINAR AQUI DESENVOLVIDAS:

SUBLIMINAR (*INPUT*)

1) Mídia eletrônica (TV, cinema, computadores):

S = QI/TV (subliminar é o quociente do divisor "quantidade de informação" pelo dividendo "tempo de varredura óptica — fotograma cinematográfico" ou *frame* televisivo/ou *delay* do estímulo na tela do computador — RGB).

2) Mídia impressa (cartazes, jornais, revistas):

S = QI/E (subliminar é o quociente do divisor "quantidade de informação" pelo dividendo "espaço preenchido pelo iconeso impresso — CMYK").

SUBTEXTO (*OUTPUT*)

INVERSÃO DA FÓRMULA:

OUTPUT = muita informação solicitada a SAIR do inconsciente do receptor dividido por pouco tempo de exposição à mensagem.

Em síntese:

Na equação *INPUT* em mídia impressa ou eletrônica, constata-se uma grande quantidade de informação ENTRANDO despercebidamente no consumidor ao ser dividida pela variável tempo (mídia eletrônica) ou espaço (mídia impressa).

Já na equação OUTPUT, a grande quantidade de informação evidencia-se SAINDO despercebidamente do inconsciente do consumidor, ao dividir-se pelo tempo de exposição ao sinal.

CAPÍTULO 10

O *MERCHANDISING*
É SUBLIMINAR

Escrever *merchandising* é uma prostituição gostosa porque pagam bem.[1]

LEONOR BRÉSSERES

O *merchandising* é o casamento incestuoso entre a ficção e a publicidade.[2]

SILVIO GIANINI

Obrigados, por assim dizer, a inserir as mensagens comerciais dentro de seus textos... os autores se vêem convertidos em redatores de publicidade subliminar.[3]

ARAGÃO E BEUTTENMULLER

No jargão técnico publicitário brasileiro existe um termo cuja aplicação é, no mínimo, singular, atraindo interesse da opinião pública e gerando polêmica e controvérsias. Trata-se do *merchandising*.

Não cabe aqui discutir se tal termo é empregado correta ou erroneamente, e sim detalhar o que realmente significa e

---

1. Depoimento de Leonor Brésseres, co-autora da novela *Louco amor*, in: ALMEIDA, Dalmer Pacheco, dissertação de mestrado "Telenovela, o discreto charme da burguesia", *apud* NASCIMENTO, Rodney de Souza. "O merchandising nas novelas da Globo", dissertação de mestrado, Faculdade Cásper Líbero, 2001, p. 138.
2. Gianini, 1991, p. 96.
3. *Apud* MATELLART, Armand e Michelle, 1987, p. 50.

quais são suas aplicações multimídia. Sabe-se que no marketing tal termo tem significado diverso do que foi adotado nas agências de publicidade e que em outros países tais técnicas recebem denominações diversas como *tie-in, product placement, subliminal insertion* etc.

Relembre-se a clássica distinção entre gramática e lingüística: a lingüística ensina que se deve observar o termo com o sentido que lhe dão os usuários.

Morris, seguidor da semiótica de Peirce, explica que há três níveis de análise do signo: sintático, semântico e pragmático.

No nível pragmático, estuda-se a interação do usuário com o signo, e o usuário pode alterar-lhe o sentido, pois a fala é vida, cresce e transforma-se (*Panta rei*, diria Heráclito).

Como exemplo, veja-se o termo "aquário", que vem do latim *acqua*, água, e significa local com água onde homens se dedicam à natação. Por outro lado, piscina vem de *pisces*, peixes, e significa local onde ficam expostos os peixes.

Ora, os usuários alteraram o sentido a tal ponto que os gramáticos, os estudiosos criadores da gramática normativa, viram-se obrigados a ceder e a registrar nos seus dicionários o sentido invertido.

Tal princípio da lingüística e da semiótica permite isentar o problema do *merchandising* de juízos de valor etimológicos ou preciosismos, como o anglicismo *tie-in* que nunca chegou a ser mesmo empregado no mercado brasileiro.

O sentido desse termo técnico na comunidade de publicitários brasileiros é explicado por Mizuho Tahara, do Grupo de Mídia, na obra *Contato imediato com mídia* (1986, p. 43):

Convencionou-se chamar de Merchandising em Propaganda a aparição dos produtos no vídeo, no áudio ou nos artigos impressos, em sua situação normal de consumo, sem declaração ostensiva da marca.

Na revista *Marketing*, de julho de 1987, Roberto Simões, no artigo "Quem sabe o que é merchandising?", afirma ser o *merchandising* uma: "[...] nova modalidade de comercialização de espaços sem o rótulo da propaganda [...] por falta de rótulo melhor, batizou-se a idéia como *merchandising*".

Contudo, essa técnica, arbitrariamente "rotulada" de *merchandising*, de veicular o produto ou serviço embutido em outra mensagem, mensagem dentro da mensagem, não é recente. No jornal *A Tribuna*, de Santos, de 11 de julho de 1987, afirma-se:

> Segundo o publicitário Jorge Abid, um dos primeiros veículos de merchandising foi o marinheiro Popeye, que ajudou o governo americano a acelerar o consumo de uma supersafra de espinafre. As crianças, que não eram muito chegadas às verduras em geral, passaram a acreditar que ficariam fortes como o Popeye, se comessem espinafre como ele comia.

Desse modo, tal forma de veiculação de mensagens disfarçadas teria tido sua origem nas tiras de histórias em quadrinhos do personagem Popeye, nos anos 1920.

Álvaro de Moya, em *História das histórias em quadrinhos* (1986, p. 71), afirma que Popeye apareceu pela primeira vez no dia 17 de janeiro de 1929, no jornal de Nova York *Evening Standard*, na tira "Thimble Theatre", criada por Elzie Crisler Segar.

Ionaldo Cavalcanti, na obra *O mundo dos quadrinhos* (1977, p. 178), afirma que: "Esta intensa promoção da verdura valeu a Popeye uma estátua em Cristal City, no Texas, importante centro produtor de espinafre".

Assim, o precursor do *merchandising* nos quadrinhos, sob encomenda do governo e das empresas de conservas de Cristal City, acelerou de tal maneira o consumo de espinafre que chegou a merecer uma estátua, tamanho o poder do *merchandising* embutido como propaganda.

Das histórias em quadrinhos, essa técnica de insinuar mensagens de consumo passou a ser aplicada no cinema, como afirma a revista *Marketing* (n. 165, jul. de 1987, p. 37).

A prática de inserir mensagens comerciais dissimuladas no editorial do material veiculado já existe há muito tempo, e teve início na década de 30 com o cinema americano explorando este filão através de inserções nos filmes, o que os produtores de cinema perceberam ser ótimo recurso para auxiliar na cobertura de parte, ou às vezes a totalidade das despesas de produção. No Brasil esta prática também não é muito recente. Já no tempo da Cinédia ou Atlântida, os produtores de cinema incluíam produtos nas cenas das chanchadas em troca de alguns cruzeiros que ajudavam nas despesas das filmagens.

Cabe ressaltar a afirmação constante dos autores de serem tais mensagens comerciais totalmente dissimuladas, não ostensivas.

No *Jornal do Brasil*, de 3 de janeiro de 1984, Aljean Harmetz, no artigo "O merchandising chega às telas", apresenta mais detalhes desta forma de comercialização:

A inserção de produtos agora se transformou num grande negócio em que dúzias de marcas são mostradas num só filme. Os agentes de produtos lêem milhares de roteiros por ano, assinalando banheiros que possam ser entulhados de produtos de limpeza que eles representam ou rodovias em que apareçam outdoors. O acordo da Columbia Pictures com a Coca-Cola. Um memorando foi despachado para os executivos do estúdio proibindo a utilização de 7-Up e Pepsi-Cola em qualquer dos eventos da Columbia. Ficou acertado que estes produtos não apareceriam em filmes da Columbia.

Megacontratos realizados por multinacionais envolvem grandes montantes de capital, e a distribuição da indústria cultural garante a colonização das telas de cinema em todo o mundo. A preocupação dos agentes em plantar ou embutir mensagens dentro da mensagem-filme evidencia a importância do *merchandising*. Observe-se o caso dos *outdoors* nas estradas, dos filmes, e recorde-se Cheskin com o caso dos chapéus Knox, que estudamos no item "O que os olhos não vêem o coração sente".

No Brasil, o termo *"merchandising"* tem uma história recente, sendo fácil de historiografar, segundo Simões (1987):

> [...] a Gang, graças ao talento de Lívio Ragan, premido ante a curta verba de seu cliente Staroup, propôs à Rede Globo uma solução inusitada de veiculação: fazer com que a marca do seu cliente aparecesse no entrecho de uma novela como um gancho enquadrado no cotidiano. Nada ostensivo; muito ao contrário, um institucional leve e perfeitamente casado com a paisagem.

Ora, a inserção casada com a paisagem tornava o anúncio da Staroup um fundo despercebido. E compara o *merchandising* à publicidade institucional, exatamente a verdadeira dimensão dos sinais subliminares, estímulos sutis de reforço de imagem de marca, mera técnica de apoio para influenciar decisão futura por predisposição, difícil de mensurar tal qual a publicidade institucional.

O boletim técnico CBPE, de julho de 1978, *"Merchandising agora é pra valer"*, explica que tal inovação teve efeitos que superaram as expectativas de Lívio Ragan e abriram para a Globo uma nova forma de comercialização de espaço.

A Staroup vendia 40 mil calças mensalmente até 1979; no início de 1980, após estrear a novela *Dancing days*, sua produção, já de 300 mil calças por mês, era insuficiente para atender às encomendas do mercado.

Na novela, Sônia Braga, símbolo sexual, dançava constantemente numa boate diante de um letreiro luminoso da marca Staroup. O corpo da atriz era a figura focada pela fóvea em seus sensuais movimentos, e o fundo estático era captado pela visão periférica.

Já a boneca "Pepa" teve uma campanha de lançamento multimídia, incluindo filmes para a televisão, anúncios em jornais e revistas e *outdoors*.

Enquanto a campanha desenvolvia-se só por meio da publicidade convencional, as vendas estavam sob controle. Ao se iniciar o *merchandising* na novela *Dancing days*, a campanha teve de ser bruscamente encerrada, pois a boneca esgotou nas lojas e a fábrica não tinha condições de atender ao enorme número de pedidos.

Na novela *Marrom glacé*, o *merchandising* das toalhas Santista também esgotou o produto em todas as lojas.

Outro bom exemplo: a Empresa Brasileira de Correios e Telégrafos (ECT) fazia inúteis e infrutíferas campanhas contra o endereçamento precário ou até mesmo errado nas cartas. Foi só inserir na trama de uma novela da Globo uma carta importante que não chegou ao destino por culpa do endereço incompleto, e explicar como preencher corretamente, que se registrou uma diminuição de 30% nas cartas mal endereçadas.

É o poder educativo do *merchandising* ou o tal do *merchandising* social, com o qual as empresas posam de bem-intencionadas. Outro caso digno de nota é o da Cobal, Companhia Brasileira de Alimentos, que estava com toneladas de milho encalhadas em Minas Gerais.

Na novela *Pai herói*, foram inseridos diversos personagens que consumiam com prazer e alegria milho verde, inclusive um velhinho que atribuía ao milho verde a sua virilidade. Quinze dias depois de o velhinho contar o segredo da sua potência sexual, os armazéns da Cobal estavam vazios daquele cereal.

O caso do milho verde lembra muito o espinafre de Popeye: se o espinafre da supersafra de Cristal City prometia força física às crianças, o milho verde da Cobal prometia virilidade a um público-alvo machista. Ambos os casos foram muito bem-sucedidos.

O caso "Pepa" demonstra que o *merchandising*, em sua dissimulação, teria sido mais eficiente que a campanha publicitária ortodoxa.

A já citada edição n. 165 da revista *Marketing*, no artigo "Merchandising na televisão brasileira", explica que há um problema de audiência que favorece o *merchandising*, pois existe um índice de afastamento da audiência durante os comerciais, ou seja, o telespectador desvia sua atenção quando do surgem as mensagens publicitárias ou muda de canal.

O artigo cita uma pesquisa realizada pela s.s.c.&b. Lintas Brasil, de julho de 1983: apenas 49% dos telespectadores permanecem no recinto da televisão durante todo o intervalo comercial, 30% permanecem na sala durante parte dele e 21% ausentam-se durante todo o tempo para realizar outras atividades.

A estes dados podem somar-se os efeitos do *zap*, do controle remoto que permite passear pelos outros canais durante o *break*. Isso obrigou as agências a inserir comerciais fora do intervalo, dentro das novelas e dos filmes.

Giannini, no *Jornal da Tarde* de 7 de janeiro de 1989, afirma que, por força da lei, a emissora de televisão só pode veicular 15 minutos de comerciais por hora de programação.

Molica e Magyar, no artigo "Como misturar propaganda à emoção das novelas", no *Jornal da Tarde* de 9 de setembro de 1983, explicam que a Globo não pode aumentar o número de comerciais nos intervalos, o que faz que seu faturamento com o *merchandising* cresça dia a dia.

Desse modo, burla-se a legislação, entupindo as novelas e os programas com anúncios pagos que excedem os tais 15 minutos por hora. Portanto, o *merchandising* é uma atividade claramente ilegal que recheia, a contragosto do telespectador e das autoridades fiscalizadoras dos audiovisuais, toda a programação com publicidade clandestina.

O *Jornal do Brasil*, de 8 de dezembro de 1978, explica que a novela narra uma história que envolve emocionalmente, não deixando ao espectador a opção de sair da sala, tornando-o vulnerável e desatento à propaganda dissimulada, ainda mais se o produto estiver bem encaixado na trama da novela.

Ora, tal tipo de inserção comercial é não-ostensiva, e não assumida, ferindo, assim, a liberdade de escolha do telespectador.

Quanto ao fato de ser o *merchandising* tão eficiente, superando em muito a propaganda ortodoxa, recorde-se a já citada pesquisa de Cuperfain e Clarke sobre os efeitos do subliminar quando o espectador não possui defesas.

Diversos exemplos poderiam juntar-se a estes já clássicos casos, como o batom Boka Loka (*Ti-ti-ti*), as calcinhas Hope (*Roque Santeiro*) etc., sendo tamanho o sucesso que a Globo chega a criar um completo departamento de *merchandising*, o Apoio de Comunicações.

Esse departamento apresenta à agência publicitária diversas opções de *merchandising* global, por exemplo:

1) Ação vertical: inserir o produto, serviço ou marca na mesma novela em determinado número de capítulos.

2) Ação horizontal: a) programar toda a novela, b) inserir *merchandising* em toda a programação da emissora: novelas, shows, minisséries, especiais etc.

Os contratos do apoio prevêem também um bloco de dez inserções, divididas em:

1) Ação visual: simples aparição do produto em cena.

2) Ação especial: o produto faz parte da história.

A modalidade "Ação especial" integra o produto ostensivamente à narrativa e serve para casos de emergência, como o milho verde da Cobal, nos quais o produto precisa ser vendido rapidamente.

Óbvio que tais modalidades apenas funcionam para bens de conveniência, como demonstrado por Robertson *et al.*, na obra *Consumer behavior* (1984, p. 200).

Por outro lado, a "Ação visual" apenas mostra o produto na cenografia, sendo analisado adiante.

Outro aspecto relevante do *merchandising* é que o autor da novela e os atores também lucram, recebendo porcentagens sobre os resultados da comercialização dissimulada.

Agnelo Pacheco, em entrevista à *Folha de S.Paulo* de 23 de outubro de 1988, explica a técnica empregada na novela *Ro-*

que Santeiro ao cliente de sua agência de publicidade, as calcinhas Hope, afirmando que: "O *merchandising* não deve durar mais de três segundos, ou acaba virando propaganda e as pessoas desconfiam".

Portanto, a informação publicitária é transmitida em apenas três segundos, sem que as pessoas fiquem conscientes do anúncio dissimulado, permanecendo, assim, subliminar, com grande quantidade de informação transmitida em pouco tempo, com a fórmula já descrita, evitando que "as pessoas desconfiem" do subliminar.

Sempre no mesmo n. 165 de *Marketing*, temos a opinião de Otávio Mesquita, ex-diretor de *merchandising* da Rede Globo de Televisão, que afirma ser *merchandising* toda veiculação de mensagens comerciais dissimuladas, tendo em vista que nem sempre o consumidor está disposto a atribuir credibilidade aos anúncios ostensivos, declaradamente comerciais. Isso porque o consumidor consciente raciocina e ativa mecanismos psíquicos de autodefesa em face da mensagem persuasiva publicitária. Criando um clima inocente de neutralidade e dissimulação, o produto consumido pelos personagens com os quais ele se identifica tem maior penetração do que os anúncios propriamente ditos.

Essa é a força do *merchandising*: atuar no inconsciente pessoal. O dramaturgo e autor de novelas Lauro César Muniz, na *Folha de S.Paulo* de 23 de outubro de 1988, explica: "O merchandising é uma prática mundial, no cinema e na televisão. Geralmente, não fazemos merchandising oral, porque ele é menos elegante, menos sutil, e o melhor é que ele seja assimilado **subliminarmente**" (grifo do autor).

O novelista evidencia a necessidade de o *merchandising* ser visual para que a mensagem seja subliminar, assumindo assim a subliminaridade desta técnica.

Roberto Simões, em *Marketing*, n. 164, explica: "Do jeans facilmente se chegou à cachaça e os espectadores foram **subliminarmente** levados a ingerir Saramandaia" (grifo do autor).

E Márcia Cezimbra, no *Jornal do Brasil* de 10 de março de 1987, no artigo "O lucro subliminar das telenovelas", declara:

Você sabe o que é merchandising. Esse é o rótulo que o gerente comercial da Rede Manchete, João Pecegueiro do Amaral, deu aos contratos de propaganda **subliminar** em novelas. "Roda de fogo", no ar às 20h20, também está recheada com 18 anúncios **subliminares**. (Grifo do autor)

Desde a pesquisa original da primeira edição deste livro, muita coisa mudou; surgiram subdivisões e categorias ou tipologias de subliminares mascaradas sob o nome de *merchandising*, causando dúvidas e confusão, e a maioria das tipologias não pode ser imediatamente denominada de subliminar.

Conforme explica a lista de preços de abril a setembro de 2003, da Rede Globo:

Ação de merchandising no programa, mantendo a naturalidade e a qualidade artística, possibilitando a reversão de atitudes, mudança de comportamento, memorização de marca e slogans, etc. [...] as ações do projeto poderão conter estímulos visuais e textuais, ações conceituais, de compra e de uso/consumo ou eventos especiais. (p. 38)

Pelo texto inferem-se pelo menos seis tipos de ações diferentes, desde o estímulo subliminar visual de três segundos sem menção verbal, que diversos autores citaram como o verdadeiro espírito do *merchandising* subliminar, até longos eventos decorrendo em muitos capítulos com aparentemente quase nada de subliminar (cada caso é um caso, pois ainda pode tratar-se de subliminar contextual do tipo subtexto). O material para agências de publicidade do SBT, "Proposta de patrocínio/merchandising" de 2004, apresenta três formatos de *merchandising*:

1) Ação integrada: menção verbal junto com a focalização do produto e a situação de consumo, inserindo o produto no contexto do programa; freqüência mínima de seis ações ao preço unitário de R$ 60.700.

2) Estímulo visual: focalização da marca ou do produto integrada ao cenário do programa, seis aparições no trimestre ao preço unitário de R$ 18.210.

3) *Merchandoor*: imagens de cartazes inseridos, colados ou digitalizados em *outdoors*, que aparecem no cenário da novela; freqüência mínima de três ações por mês, duração de oito a dez segundos, ao preço unitário de R$ 24.280.

O *merchandoor* é um exemplo de inovação tecnológica, digitalizando até cenários reais de filmagens externas no fundo do cenário e de passagem em oito a dez segundos durante a ação dos atores em foco-figura; tanto este como o estímulo visual apresentam maior probabilidade de apresentação subliminar, já a ação integrada pode enquadrar-se na tipologia de subtexto. Cada caso precisaria ser estudado na prática para ter-se a certeza, desde a decupagem do filme até pesquisas de recepção cognitiva com o público-alvo.

Com base no resumo ou sinopse da telenovela, é feito o "Levantamento de oportunidades" (Levops). A seguir, o departamento de *merchandising* envia o material luxuosamente produzido às agências de publicidade, que propõe aos clientes e anunciantes as inserções subliminares/*merchandising*.

Uma vantagem covarde do *merchandising* é que ele atinge o telespectador em seu momento de descontração, quando não espera anúncios, sem seus mecanismos de defesa ativados, ao contrário, relaxado, indo contra o disposto do artigo 20 do Código de Ética e do artigo 36 do Código de Defesa do Consumidor, e sendo descaradamente antiéticos e também ilegais todos os tipos de *merchandising*. Além disso, burla-se também a regra de proporcionalidade entre os minutos de programação e de comerciais, pois fica impossível mensurar quantos minutos seriam de anúncios pagos e quantos de material editorial (programas informativos, de entretenimento ou educativos), pois toda a grade de programação seria infectada com *merchandising* subliminar.

"O maior objetivo de uma empresa de comunicação é o lucro. Sem o lucro não existe televisão, cinema, editoras de livros, produtores de teatro. E o *merchandising* é uma das fontes do lucro" (Alcides Nogueira, autor de telenovelas, em entrevista a NASCIMENTO, Rodney de Souza. "O *merchandising* nas novelas da Globo", dissertação de mestrado, Faculdade Cásper Líbero, 2001, p. 47).

Quando um artista consagrado toma um uísque, fuma uma determinada marca de cigarro [...] diz-se que essa ação deliberadamente planejada e feita sob remuneração é uma técnica de *merchandising*. Essa não é a acepção correta do termo, mas recebeu este nome indevido para justificar sua forma, e, ao mesmo tempo, furtiva veiculação nos meios de comunicação [...] em alguns países esta técnica é conhecida como tie-in. (Simoni *apud* Nascimento, 2001, p. 34)

Simoni, citado por Rodney, sublinha que o termo "*merchandising*" é empregado erroneamente como publicidade "furtiva" e apresenta o termo *tie-in* (pronuncia-se como o nome do peixe tainha, trocadilho feito por alguns publicitários pescadores). Ou seja, *tie-in* é a mensagem subliminar amarrada ou costurada na narrativa de modo a burlar as defesas conscientes do consumidor com técnicas de subtexto descritas no capítulo de subtexto. O *tie-in* no Brasil chama-se *merchandising.*

E com o passar dos anos chegou a ocorrer uma inversão de valores por causa do abuso extremo da prática ilegal do *merchandising,* corrompendo gradativamente a percepção do telespectador que passa a desejar ser alienado, massificado, ter um pseudopensamento heterodirigido.

"Com o passar dos anos ocorreu até mesmo uma contaminação gradual do público por parte do *merchandising.* O espectador estranha quando a propaganda subliminar não aparece" (Gianini, 1991, p. 98).

Gianini cita a novela *Beto Rockfeller,* de 1968, como primeiro exemplo de propaganda subliminar ou *merchandising* ou *tie-in* do Brasil, com o ator Luiz Gustavo tomando Engov para curar suas ressacas. O autor destaca que "muitas vezes não se sabe o que é história e o que é anúncio" (p. 96).

> Tanto as emissoras como os anunciantes fazem o possível para combinar personagens com os produtos que serão veiculados na novela. Quando o encaixe é verossímil, não há problema. Quando surge uma dificuldade, muda-se o personagem. Na novela *Champagne,* de Cassiano Gabus Mendes, a Ford havia feito um bom investimento para que um personagem da trama fosse funcionário de sua revendedora. Pelo roteiro original de Cassiano, a certa altura da novela o sujeito seria traído pela mulher e desfilaria sua infelicidade perante milhões de brasileiros. A Ford não aceitou e Cassiano mudou a novela – outro personagem foi convocado a ficar na situação de marido traído. (p. 98)

Na Globo, a arrecadação com *merchandising* chega hoje a bancar 35% do custo total de uma novela. (p. 97)

"O *merchandising* pode até ser meio constrangedor" – afirma Guilherme Karan, que fez o divertido Porfírio de *Meu bem, meu mal*, — "às vezes você está falando de alguém que está morrendo de câncer e a seguir pede uma Brahma chopp." A era do *merchandising* provocou um colapso das novelas de época. Sumiram as produções que, como *Escrava Isaura*, retratavam o país no século XIX, não é que a audiência não tenha interesse nesses dramas, o problema é que não é muito grande a lista de mercadorias que poderiam ser levadas ao ar entre carruagens, senhores de engenho e senzalas. (p. 98)

No dia 1º de janeiro de 1988, começaram a sair as tiras "Afagos Amargos" no Caderno 2 (*O Estado de S. Paulo*), com criação do Pitliuk e desenhos de Newton Foot.

O tema das tiras é a relação entre as pessoas, misturando sexo e neurose. Agora, Pitliuk, que também é diretor de criação da Scali, McCabes, Sloves, pretende comercializá-las com um esquema de mídia inédito. Trata-se do *merchandising* dentro das histórias.

Os produtos entrariam com visibilidade, de maneira a não interferir com a história, mas dentro do espírito da tira.

Produtos como bebidas, cigarros, iogurtes, grifes, enfim, produtos consagrados de consumo poderiam ter no "Afagos Amargos" uma boa e bem diferenciada mídia.

O primeiro cliente a fechar o contrato conseguiria por meio disso uma boa divulgação na imprensa, pelo ineditismo.

Um segundo passo seria a utilização dos personagens em campanhas publicitárias. Pitliuk contava com a colaboração dos colegas publicitários para viabilizar o projeto.

Isso permitiria republicar as tiras em outros jornais do Brasil, tornando as histórias em quadrinhos um trabalho tão sério aqui como já é no resto do mundo.

Diversos outros autores, pesquisadores e jornalistas vêm empregando o termo *"merchandising"* como sinônimo de subliminar, como o jornalista Evêncio da Quinta, em *A Tribuna*, de Santos, de 28 de agosto de 1987:

A legislação em vigor não proíbe o merchandising, se há uma coisa intrinsecamente imoral é o merchandising. A coisa evidentemente se agrava quando se trata de um programa dirigido a crianças, pois, como se sabe, elas são bem mais vulneráveis que os adultos às mensagens comerciais, especialmente às subliminares.

Ora, o Código de Ética dos Profissionais de Propaganda, em seu artigo 20, diz que:

A propaganda é sempre ostensiva. A mistificação e o engodo que, escondendo a propaganda, decepcionam e confundem o público são expressamente repudiados pelos profissionais de propaganda.

Dessa forma, o *merchandising* não-ostensivo e escondido é eticamente repudiado pela classe publicitária, ferindo o Código de Ética.

Novamente *A Tribuna*, de Santos, de 12 de julho de 1989, esclarece: "No meio publicitário, é considerada antiética e até proibida a propaganda subliminar, mas há formas sutis que podem vender de tudo – idéias, conceitos, ideologias, desejos – sem que nenhuma lei possa impedir".

A propaganda subliminar taquicoscópica é a única proibida por lei nos Estados Unidos. Todas as outras técnicas que descrevemos, englobadas no quadro sinótico final, são liberadas naquele país e em todo o mundo. Por outro lado, no Brasil, nenhuma lei proíbe expressamente qualquer modalidade de propaganda subliminar. Sendo assim, nem a projeção taquicoscópica nem os iconesos ou os sons subliminares são proibidos, quanto mais as variações sutis de engenharia emocional com a identificação e a empatia ancoradas no *merchandising*, o envolvimento na narrativa que manipula crenças e cognições.

De 1956, data do anúncio de Vicary, até hoje, a FCC (Federal Communications Commission) já se manifestou publicamente quatro vezes a respeito das mensagens subliminares: em 1973, 1977, 1984 e no já citado "Caso Bush", em 2000.

A FCC proíbe o uso de mensagens subliminares nos Estados Unidos porque elas são, por natureza, deliberadamente escondidas, o que é considerado contrário aos interesses do público.

A notificação pública de 1974 da FCC provê a definição oficial de subliminar nos Estados Unidos: "Qualquer técnica por meio da qual é feita uma tentativa de passar informação ao espectador transmitindo mensagens debaixo do limiar de consciência normal".[4]

Em 1987, houve um exemplo de subliminar "educativo" ou "bem-intencionado", em relação ao qual a Comissão (FCC) deu acolhida a uma reclamação de mensagem subliminar: A KMEZ (FM), uma estação de rádio em Dallas, Texas, foi adver-

---

4. Os três pronunciamentos podem ser lidos na íntegra em: http://www.parascope.com/articles/0497/sublimd.htm e http://ftp.fcc.gov/Speeches/Tristani/Statements/2001/stgt123.html.

tida devido à sua transmissão repetida de mensagem subliminar no dia 19 de novembro de 1987, durante um programa antitabagista em benefício da Sociedade de Câncer Americana (American Cancer Society).

A lei federal norte-americana autoriza a FCC a regular apenas as mídias concessionárias e os licenciados, como locutores de rádio e apresentadores de TV. A Comissão não regula os publicitários; a publicidade está fora de sua alçada de competência.

Segundo o artigo 9 da lei francesa, Decreto n. 92-280, de 27 de março de 1992:

> O anúncio clandestino é proibido. Para a aplicação do decreto presente, constitui um anúncio clandestino a apresentação verbal ou visual de bens, de serviços, o nome, a marca ou as atividades de produtor de bens ou um beneficiário de serviços em programas, quando esta apresentação é feita em uma meta de propaganda.

Além disso o artigo 14 proíbe o *merchandising*.
E em toda a União Européia proíbem-se subliminares.

E, no artigo 10, inciso 3:
Modificado por Decreto 2001-1331 2001-12-28 art. 2 JORF, 29 de dezembro de 2001.

> O anúncio não deve usar nenhuma técnica subliminal.

União Européia Directiva 89/552/CEE do Conselho, de 3 de outubro de 1989.

CAPÍTULO IV – Publicidade televisiva e patrocínio – Artigo 10 – Parágrafo 1. A publicidade televisiva deve ser facilmente identificável como tal e nitidamente separada do resto do programa por meios ópticos e/ou acústicos. 2. Os *spots* publicitários isolados devem constituir exceção. 3. *A publicidade não deve utilizar técnicas subliminares.* 4. É proibida a publicidade clandestina.

No livro *Código brasileiro de defesa do consumidor: comentado pelos autores do anteprojeto,* fica claro que a vontade do legislador era coibir as práticas subliminares:

A publicidade há de ser identificada pelo consumidor. O legislador brasileiro não aceitou nem a publicidade clandestina, nem a subliminar. (p. 262)

Veda-se, portanto, a chamada publicidade clandestina [...] bem como a subliminar e ainda deixa claro sobre o merchandising: "denomina-se merchandising [...] portanto, a comunicação é subliminar". (p. 265)

Essa citação deixa explícito que o *merchandising* é considerado subliminar.

Fábio Coelho, ao comentar o artigo 36 do Código de Defesa do Consumidor, explicitou que:

Com esta norma, algumas das técnicas publicitárias não poderão continuar a ser praticadas pelos fornecedores, principalmente duas: a propaganda travestida de reportagem e o merchandising publicitário [...] outra técnica que deve ser adequada a norma prescrita pelo artigo 36 do Código de Defesa do Consumidor é o merchandising, introduzido geralmente na trama de filmes, novelas, teleteatros etc. Não é jurídica a prática deste tipo de publicidade quando o telespectador não puder distinguir o objeto promocional da cena apresentada. (*Comentários ao código de proteção do consumidor.* Oliveira, 1991, p. 157-160)

O *merchandising* subliminar é ilegal, resta fazer valer a lei para que não seja letra morta. Cabe a associações de consumidores, ao Ministério Público e a cada cidadão denunciar esta ilegalidade e fazer aplicar a lei em nossa defesa, principalmente dos cidadãos mais frágeis expostos a tais abusos da "boa-fé da criança, homem do campo, o ignorante, desprotegido", como explica muito bem Paulo Jacobina (1996, p. 91).

Anunciar um produto por atores de novela não custa pouco para as marcas que têm seus produtos inseridos na trama. Apenas para que você compreenda quanto vale o tempo na TV, em especial na Rede Globo: no horário chamado "nobre", cada segundo custa em média R$ 6 mil. Logo, um espaço publicitário de 30 segundos durante o intervalo custa por volta de R$ 180 mil. Porém, se o mesmo produto ou marca for anunciado por meio de *merchandising*, ou seja, for inserido no roteiro e anunciado por um ator ou aparecer de relance ao fundo em uma cena, o custo geralmente fica três vezes maior. O mesmo comercial, agora "mascarado" no meio da trama como *merchandising*, custa R$ 540 mil.

Hoje, estima-se que o merchandising na TV represente entre 5% e 10% do investimento total feito nesta mídia. (Araújo, 2002, p. 40)

As ações de merchandising na emissora (SBT) representam 10% do faturamento que não é divulgado. (Ibidem)

A rede (Record) criou um departamento para planejamento de merchandising [...] temos uma fila de espera de dois meses e meio para a realização de merchandising, afirma Clemente. [...] essa organização aumentou a participação do merchandising nos negócios da emissora, que hoje corresponde de 15% a 20% de seu faturamento anual. (Ibidem)

China in Box [...] investindo nesta estratégia 70% de sua verba anual de marketing, que gira em torno de R$ 2 milhões, a empresa otimizou seu capital. – Nenhuma ação atingiu nosso público-alvo com a força do merchandising – comenta o gerente de marketing Celso Giannico. (Ibidem)

Warren Miller, presidente da Warren Miller Productions, Estados Unidos, empresa especializada em propaganda subliminar em filmes e televisão, desenvolveu as mensagens subliminares do filme *E.T., o extraterrestre* para seu cliente, as balas Reese's Pieces. Em entrevista para a revista *Television/Radio Age*, de março de 1983, Miller explica que, para trazer *E.T.* para dentro da casa, Eliot faz uma trilha com as balas Reese's Pieces.

Enquanto o espectador, no escuro do cinema, foca o movimento da mão de Eliot, a embalagem estática fica subliminar, ao fundo.

Miller enfatiza que o truque é jamais verbalizar ou mencionar oralmente o nome do produto, apenas colocá-lo visualmente no canto, sendo captado pela visão periférica. O mesmo disse Lauro César Muniz, nunca pronunciar o nome. Cuperfain e Clarke provaram que, para otimizar os resultados do subliminar, devem-se empregar ícones, sinais analógicos, imagens captadas pelo lado direito do cérebro.

No olho, os bastonetes são atraídos involuntariamente pelo movimento, forçando a fóvea a focar a mão de Elliot como figura. A embalagem torna-se, então, fundo subliminar captado pelos mesmos bastonetes, pela visão periférica. O videotexto, assim como os quadrinhos, presta-se naturalmente à subliminaridade.

Vergínio Zaniboni Netto, na obra *Videotexto no Brasil*, (1986, p. 31) explica que o videotexto reformata a "linguagem escrita em formas abreviadíssimas adaptáveis ao espaço da tela de TV, isto é, dizer o máximo num mínimo de espaço-tempo".

Um efeito muito empregado desde o videotexto e agora na internet é o pisca, que Zaniboni recomenda: "Utilizar o efeito pisca com grande prudência. Ele é por demais perceptível e diminui o impacto do resto da página" (p. 130). O movimento ritmado do efeito pisca estimula os bastonetes, atraindo o foco (fóvea-cones). O símbolo gráfico piscando torna-se figura, e o resto da tela um fundo subliminar.

Desse modo, um nome ou logotipo formatado à grade de videotexto que esteja no fundo da tela será enviado ao inconsciente pessoal do usuário. Visando evitar que haja tempo para que a varredura dos olhos do usuário foque o subliminar, basta programar uma máscara/animação, de modo que a segunda tela seja formada em um ou dois segundos, sobreposta à primeira; o mesmo ocorre com a internet nos *websites* em Flash ou qualquer edição veloz de animação.

Esse princípio de movimento formatado ao videotexto é o mesmo do filme *E.T.* e da novela *Dancing days*, na qual Sônia Braga dançava tendo como fundo um letreiro Staroup. No caso da dança, a edição de imagem com cortes rápidos, fusões e contracampos evita que a mensagem-fundo se torne focada e consciente.

Técnica semelhante pode ser empregada em propaganda eleitoral.

O *merchandising* ação visual é realizado pela cenotécnica: o cenógrafo procede à colocação do produto no cenário com o rótulo voltado para a câmera. Enquanto os atores falam e gesticulam, em rápidos contracampos, o produto vai sendo repetidas vezes enviado – como estímulo subliminar – ao inconsciente pessoal dos telespectadores.

Essa técnica de atrair o olhar é muito antiga, remonta aos primeiros mágicos e prestidigitadores, que com movimentos rápidos das mãos treinadas fazem que o público olhe para o lado diagonalmente oposto ao ponto onde ocorre o truque.

Pela edição cinematográfica, tornou-se fácil direcionar o olhar do público com ajuda da ilha de edição eletrônica e do cronômetro.

Fachadas de lojas que empregam néon têm o mesmo efeito, como já explicou Moles ao falar dos luminosos. Pode-se forçar o olho a focar o movimento do néon, enviando o nome ou logotipo da loja para o inconsciente.

Também no vitrinismo pode-se aplicar a mesma técnica. Basta observar o fluxo de transeuntes em frente à loja, determinando se a maioria das pessoas vêm pela esquerda ou pela direita. Assim, fica-se sabendo que lado do cérebro receberá à mensagem nos dois segundos que levam, em média, os passos na frente da loja.

Quando o lado esquerdo do rosto se volta para a loja, o hemisfério direito recebe as imagens pelo olho esquerdo (o nervo óptico é cruzado). Diante disso, é só diagramar a vitrine com um pisca-pisca, ventilador, água corrente ou qualquer elemento que atraia os bastonetes.

Um palco de teatro pode ser o cenário de mensagens subliminares do mesmo tipo que as vitrines, a tela de videotexto, a TV ou o cinema. Prepara-se o canhão de luz ou algum *spot* ou mesmo *blackout* para que a cena com a mensagem dure um ou dois segundos. Os atores devem ser ensaiados para que as marcações cênicas, os gestos e a expressão corporal atraiam o olhar da platéia para o lado oposto àquele onde foi colocada a mensagem.

A mensagem pode ser reforçada com luz negra ou iluminação que empregue a psicodinâmica subliminar das cores, fazendo-a passar despercebida.

Obviamente, a mesma técnica aplica-se em palanques de comícios políticos. Haja vista Goebbels, ministro da Propaganda de Hitler e um dos articuladores da propaganda nazista. Goebbels era doutor em Letras e Filosofia, com tese escrita sobre teatro, e tornou os comícios nazistas verdadeiras "óperas" com efeitos cênicos, som, luzes, tudo muito teatral; uma estética subliminar comunicando ideologia política. "Showmícios" ou comícios estetizados como espetáculos.

Tochas, bandeiras vermelhas gigantescas tremulando com a suástica, filas de soldados, longas esperas por Hitler. Tudo contribuía para criar uma expectativa (como as pausas no filme *O exorcista*), assim como a entonação e modulação de voz envolvente de Hitler nos discursos escritos com tinta colorida para enfatizar o tom emocional necessário, juntamente com botões no palanque para que fosse controlada toda a iluminação ambiente para acompanhar sua voz.

O palanque político é um ótimo local para aplicar, nos cinco sentidos, todas as técnicas subliminares existentes.

Desta forma, fica evidente que *merchandising* é apenas um novo nome para uma antiga técnica de envio de sinais subliminares que remonta aos prestidigitadores e pode ser aplicada no teatro, na política e nos quadrinhos.

CAPÍTULO 11

GUERRA PSICOLÓGICA
SUBLIMINAR

As batalhas de marketing serão combatidas dentro da mente [...] o campo de batalha tem 15 centímetros.

AL RIES E JACK TROUT

Al Ries e Jack Trout ficaram famosos internacionalmente com o livro *Marketing de guerra* (1986), no qual aplicavam a estratégia militar às atividades de marketing, adaptando Clausewitz, Sun Tsu, Che Guevara e outros à política da empresa e ao planejamento empresarial.

Partindo dessa analogia, é possível aplicar alguns conceitos da guerra psicológica às armas subliminares hoje disponíveis.

As atividades bélicas são objeto de uma ciência multidisciplinar, a polemologia, estudo dos conflitos, e, considerando que "governar é fazer crer", percebe-se a importância da tecnologia subliminar para as instituições governamentais, religiosas e econômicas manterem seu *status quo* inalterado.

A guerra psicológica compreende todas as modalidades que visam afetar a saúde mental dos inimigos, abalando subliminarmente o moral das tropas, empregando a propaganda e os meios de comunicação orquestrados para atingir o ponto fraco de todos os homens: a emoção.

Manipulando as crenças, essa forma de engenharia de emoções originalmente visava abreviar os conflitos físicos, a violência armada, organizada entre Estados, tal qual a empregou o nazismo. Atualmente, trava-se uma constante guerra pelas idéias. Ries e Trout afirmam que as circunvoluções do cérebro humano são o palco, o teatro de operações e as trincheiras dessa guerra.

Lutam por fazer prevalecer modos de vida, ideologias, religiões, partidos políticos e marcas comerciais em uma mente na qual há pouco espaço para tantos signos concorrentes.

BOATOS E PANFLETOS

Agências internacionais de notícias, distribuidoras internacionais de filmes, literatura e quadrinhos, tudo que se convencionou denominar indústria cultural faz parte desta guerra de todos contra todos na qual nunca há tréguas.

Contida na guerra psicológica está a propaganda ideológica; dentro desta, está a propaganda política (partidária ou governamental); e todo este conjunto é posto à prova e testado pela propaganda eleitoral, quando a opinião pública se manifesta e é ferida em massa.

Por isso é tão importante estudar o resultado das eleições: porque elas acusam qual ideologia ou bloco de ideologias e valores (axiologia) está vencendo a guerra pelos corações, para onde sopram os ventos da emoção das massas, antipatias e simpatias.

Votos nulos, por exemplo, indicam protesto, insatisfação, desencanto, ao passo que votos em branco são sinal de indecisão ou falta de informação.

Além das eleições e dos plebiscitos, há uma terceira forma de estudar as tendências da opinião pública, é a pura "expressão não-institucionalizada da opinião pública", afirma Monique Augras, na obra *Opinião pública: teoria e pesquisa* (1978, p. 82). "O boato expressa as tendências inconscientes de um grupo".

Pelos boatos podem-se diagnosticar tais tendências não-conscientes e, a partir delas, prescrever subliminares que redirecionem ou reforcem a tendência. Augras explica que o boato é uma poderosa arma de propaganda e de contrapropaganda, uma eficiente ajuda de guerra psicológica cuja subliminaridade se baseia na informalidade, pois, uma vez lançado o boato correto, este não tem fonte ou autor: aparentemente, é espontâneo e espalha-se como uma epidemia.

"A voz do povo é a voz de Deus", e o povo aceita o boato criado artificialmente, encarregando-se de ampliá-lo – "quem conta um conto aumenta um ponto" –, e logo temos diversas versões espalhando-se incontrolavelmente. Lançar desmentidos só coloca mais fogo nas emoções reprimidas que geraram sua divulgação informal.

O boato, ou rumor, é uma arma subliminar semelhante aos atos de fala e à retórica, descritos por Rocco, sendo objeto de uma disciplina específica, a psicologia do rumor, como afirmam Allport e Postman, sendo que o boato segue as mesmas leis evolutivas da fofoca ou mexerico.

Observe-se que o desencadear de um rumor vem ao encontro de suspeitas inconscientes do público (exemplo: boatos sobre a saúde do presidente não-empossado Tancredo Neves, quando de sua internação no hospital; boatos sobre Sarney e o cruzado novo e sobre novos confiscos de contas bancárias por Collor).

Mais eficiente é o boato de contrapropaganda, o destrutivo, preconceituoso e negativo. Recordando Jung: há relações entre os conteúdos subliminares e a sombra.

Da mesma forma que iconeses sexuais atendem a desejos inconscientes, os boatos, transmitidos por agitadores ou cabos eleitorais, por meio da guerra de ondas por rádios clandestinas ou rádios livres, desencadeiam pulsões primitivas de agressividade reprimida sediadas no cérebro réptil.

Tanto boatos de morte quanto de quebra de tabus (adultério, homossexualidade) são reptilianos, hipotalâmicos, o que configura sua subliminaridade.

Os rumores são subliminares orais, verbais, muitas vezes com objetivos dissimulados de contrapropaganda. Buscam denegrir, desacreditar ou abalar a imagem de pessoas públicas ligadas a alguma instituição.

Do mesmo modo que um *slogan* verbalizado remete a conteúdos inconscientes, o boato, sem a forma verbal rígida e rimada do *slogan*, obtém os mesmos resultados e comporta muita informação no subtexto, nas entrelinhas, no que fica subentendido.

Ora, tanto *slogans* como boatos podem assumir a forma escrita, e o melhor instrumento para veicular ambos na contrapropaganda é o contato pessoal do agitador ou cabo eleitoral treinado nas técnicas de venda subliminares já expostas.

O segundo melhor veículo é a TV, além das rádios piratas, pela força emocional do locutor.

Por fim, resta a forma impressa do panfleto.

O panfleto é, normalmente, uma folha que cabe na mão e pode ser facilmente dobrada para se esconder no bolso ou na bolsa, sendo sua distribuição física, de mão em mão, pessoal e com ar de algo proibido, pecaminoso, desafiador.

"Panfleto" é um termo que pode ter três origens:

1) Poema de versos satíricos sobre uma alcoviteira, escrito no século XII, que alcançou grande popularidade: *Pamphilus seu de aurore*;

2) *Par un filet*, brochura de poucas folhas, dobradas e costuradas por um só fio de linha; e

3) *Pamphlektos* (grego), ardente, abrasador.

O panfleto critica uma pessoa concreta ou uma instituição, convoca apaixonadamente a população à ação direta. Sua principal qualidade é ser breve.

Seu autor, o panfletário, vai direto ao assunto, é conciso e emprega figuras de linguagem com tom emocional forte. O título é de efeito, como um *slogan* que telegrafa a idéia, a mensagem.

Além do conteúdo, com diversos níveis de subliminares verbais na redação, sua forma, seu formato, as dobras, a programação visual e a editoração apresentam o discurso gráfico subliminar.

O panfleto deve ser subliminar, sinestésico, dando nitidamente a sensação que deseja comunicar, adequando-se à idéia (conteúdo), à apresentação (forma), desde o formato aos vincos e dobras, tipo de papel, cor, tinta e mesmo o processo de impressão (mimeógrafo, *off-set*, *silkscreen*, tipografia etc.), tudo articulado para obter o efeito emocional desejado.

Quando bem realizado, o panfleto é uma eficiente arma de contrapropaganda na guerra psicológica, incendiando paixões inconscientes pelos diversos níveis de subliminaridade, podendo desencadear boatos ou mesmo a ação direta via passeatas, linchamentos, voto nulo etc.

Em poucas páginas, o panfleto apresenta grande quantidade de informação, remetendo a um repertório de suspeitas sombrias, em uma leitura rápida que o torna adequado à fórmula subliminar:

$$SUBLIMINAR = \frac{\text{maior quantidade de informação}}{\text{menor tempo de exposição}}$$

O panfleto, ardente e apaixonado, pode apresentar-se como texto, fartamente ilustrado com caricaturas (caso da contrapropaganda) ou fotos, como também ser inteiramente visual, sob a forma de história em quadrinhos, o que abordaremos mais adiante.

A GUERRILHA DOS ZINES

A indústria cultural procede a um amplo esforço de doutrinação subliminar, apresentando mensagens no subtexto dos filmes de Hollywood, nos quadrinhos Disney e dos super-heróis, nas informações distribuídas pelas agências de notícias e pelo marketing e propaganda globais, orquestração multimídia como a do multinacional refrigerante Coca-Cola.

A estandardização das técnicas de redação das notícias de televisão, rádio, jornal e revista esconde a tendenciosidade persuasiva do material distribuído. Sob o mito de "objetividade jornalística", vence bloqueios dos consumidores de informação.

Esse estado da técnica em comunicação fez surgir a figura do *press-release*, instrumento de Relações Públicas enviado pela empresa aos jornais, com a notícia já pronta e redigida com as palavras e do modo que a firma deseja que seja publicada.

O leitor de jornal ou revista nem de longe suspeita que as matérias que lê, despreocupadamente, com seu cérebro esquerdo são de cunho persuasivo e foram escritas por técnicos dentro das empresas noticiadas e pelas agências de notícias comprometidas com interesses comerciais multinacionais.

O artigo 19 da Declaração dos Direitos Humanos afirma que todo homem tem o direito de receber e transmitir informações. Neste princípio, baseia-se a política de livre circulação de informações; contudo, não é o que observamos na prática, em que a colonização cultural é evidente.

Impedir a livre circulação de informações ou o acesso a essas informações por parte dos cidadãos fere frontalmente o artigo 19 citado, o que, por si só, torna ilegal toda forma de censura exercida pelo Estado signatário da Declaração dos Direitos Humanos.

Uma das principais armas da guerra psicológica é a desinformação, uma técnica altamente desenvolvida de influir na opinião pública pela supressão de informações. Tal supressão leva os cidadãos a – inconscientemente – cair em erro, concluindo com base em informações mutiladas, parciais, propositalmente incompletas ou enganosas, sofismas muito bem arquitetados e textos redigidos com todas as técnicas de redação subliminar já descritas.

Aparentemente, não haveria defesa contra tão grande, poderosa e organizada estratégia global de guerra psicológica, empregando tamanha *"subliminal high-tech"*.

Todavia, não se devem subestimar a capacidade de adaptação, a inteligência e a criatividade humanas. Contra a atividade organizada e planejada de guerra psicológica, surgem a imprensa alternativa, o *underground*, os fanzines independentes.

Tal qual a guerrilha, que concentra esforços em um ponto fraco e destrói em uma ação rápida e apaixonada (o "morde-corre" de Guevara), os "zines" agem do mesmo modo que as microempresas que seguem os conselhos de Ries e Trout, no livro *Marketing de guerra* (1986).

Fanzine vem de *fan* (aficionado, fanático, tiete) e *magazine* (revista). O termo originalmente designava publicações *underground*, nos anos 1960. Nos anos 1975-76, com o movimento punk, houve um *boom* de publicações de formato pequeno, xerocadas, com baixa tiragem e enviadas pelo correio.

Nos primórdios, os zines apenas promoviam bandas punks que não eram divulgadas nas revistas musicais nem tocadas nas rádios. Com o tempo, desenvolveu-se todo um movimento de contracultura alternativo, seguindo o mesmo princípio.

Hoje, os zines caracterizam-se como um sistema de contracomunicação que corrói as bases da guerra psicológica, divulgando todo o tipo de informação boicotada pela desinformação, que induz ao erro de julgamento por omissão de dados.

Essa imprensa livre, ligada ao movimento de rádios e TVs livres, baseia-se no já citado artigo 19, o direito de transmitir informações, a livre expressão do pensamento espontaneamente emitido em diversos pontos do mundo.

Há fanzines ecologistas, punk-anarquistas, de quadrinhos de arte (ou HQ de autor), de poesias etc. Há quem os chame de "refúgio dos rejeitados", pois neles há veiculação para material rejeitado por editoras – mas eles são muito mais do que isso.

Zines ensinando posições sexuais tantra, pregando o pacifismo; outros ensinando a fazer e jogar coquetéis molotov; zines de todo tipo, tendo em comum apenas a espontaneidade (*do it yourself*) e a paixão, sem preocupar-se com o público, se agradam ou não. São o que são, protestam e provam, incomodam muita gente, mobilizam multidões.

Há de tudo entre os zines, desde os que denunciam subliminares até os que empregam subversivamente tecnologia subliminar.

Os que empregam subliminares justificam-se afirmando que "fogo se combate com fogo" e acreditam sinceramente no valor benéfico de sua mensagem para os leitores, usando subliminares para melhor atingir o inconsciente dos leitores já saturados de subliminares de desinformação.

Mais adiante, analisaremos um panfleto de contrapropaganda em quadrinhos que demonstra esta "guerrilha libertária" dos zines.

LEITURA SUBLIMINAR DOS QUADRINHOS

Os zines fazem um trabalho de base, são passados de mão em mão em um mecanismo idêntico ao dos panfletos, embora não sejam datados. Suas mensagens costumam resistir ao tempo, apresentando muitas "notícias frias", como a denúncia de emprego no Brasil de produtos químicos proibidos pelas leis de defesa do consumidor nos Estados Unidos. Essa contracomunicação, esse circuito paralelo de comunicação, faz o trabalho de "quinta-coluna", sabotagem do esforço dirigido de doutrinação subliminar no âmbito da guerra psicológica.

Um exemplo claro do emprego de subliminares é a peça de contrapropaganda que apresentamos a seguir, a história em quadrinhos (HQ) "Anarquista" (veja págs. 220-221). Publicada originalmente no zine *Desobediência Civil* (n. 4, São Paulo, janeiro de 1988), foi distribuída internacionalmente e reproduzida pela revista *Antípoda*, n. 9, de Lisboa, em outubro de 1988.

A linguagem dos quadrinhos é predominantemente visual, concreta, prestando-se a fins didáticos de divulgação de valores e modos de vida.

Normalmente, encontram-se peças de propaganda em quadrinhos, por exemplo, panfletos de bares e restaurantes, espetáculos, produtos e serviços, ou mesmo com fins educativos, como a prevenção de acidentes de trabalho.

Por sua apresentação dinâmica, seus textos curtos nos balões e sua rápida e fácil leitura, os quadrinhos penetram em diversas camadas sociais, razão pela qual são tão empregados na propaganda eleitoral, que busca resultados imediatos.

E, se têm tamanho efeito eleitoral, o que dizer de seu emprego na propaganda política?

227

HISTÓRIA EM QUADRINHOS: ANARQUISTA

Um exemplo são os famosos "Quadrinhos de Mao".

Logo após a revolução comunista na China, Mao Tsé-tung realizou um amplo programa de propaganda ideológica que doutrinasse a população, plantando a nova ideologia marxista. E os quadrinhos, verdadeiros romances moralistas, ajudavam a dar exemplos aos jovens de como delatar seus pais, queimar livros "contra-revolucionários" e diversas outras atividades de interesse do Estado.

Todavia, existem também quadrinhos de contrapropaganda, como é o exemplo da HQ "Anarquista".

Enquanto a visão fóvica (cones) focaliza as letras nos balões e vai lendo linearmente linha após linha e saltando de balão, de cima para baixo, a visão periférica (bastonetes) capta o fundo subliminar, os desenhos olhados de relance, superficialmente, sem prestar atenção, inconscientemente.

O argumento apresenta uma crítica ao marxismo, representado pelo personagem barbado, cujo contraposto é uma atraente simpatizante do anarquismo.

Para dissecar a HQ, é necessário nos determos na análise de cada quadro, antes de tecermos uma síntese global. Para tanto, observe-se o primeiro quadrinho.

O título, "Anarquista", já apresenta didaticamente a letra "A" no globo, logotipo da ideologia política libertária.

A linguagem cinematográfica apresenta um plano geral que situa o leitor nos eventos narrados e já expõe os personagens do drama; ao fundo, agentes policiais de tropa de choque, com escudos, cassetetes e máscaras de gás atiram granadas de gás lacrimogêneo nos manifestantes de uma greve, que portam placas e faixas de protesto.

O marxista é apresentado fugindo do tumulto e, covardemente, jogando fora a placa com a foice e o martelo, enquanto uma jovem voluptuosa, cujo rosto fica a cargo da imaginação do leitor, o chama.

No canto inferior esquerdo, dirigido ao hemisfério direito do cérebro, uma mão e uma poça de sangue sugerem subliminarmente a violência policial, reforçada pela imagem ao fundo de um policial pisando em um trabalhador já caído no chão. As gotículas em torno da cabeça do marxista são um símbolo arbitrário da signagem convencional dos quadrinhos para indicar medo ou covardia.

A placa jogada ao chão sai fora do quadrinho, realçando seu gesto de abandono oportunista.

No segundo quadrinho, um plano americano torna próximos os personagens, explicitando com mais minúcia o rosto da anarquista, que nos outros dois quadros é detalhado em um *zoom-in*. O fundo vai escurecendo para retícula cinza e depois preta para aumentar o contraste e conferir intimidade e proximidade ao rosto sorridente e bonito em *close*.

O balão da jovem é o tradicional das HQs, redondo e agradável, todo o corpo da personagem é suave, em uma Gestalt redonda e feminina, gestos abertos, sinceros, expressão corporal tranqüila.

Seu *design* e o de seus balões visam atrair subliminarmente a simpatia dos leitores, fazendo-os projetar esta simpatia, inconscientemente, para a ideologia libertária narrada em seus balões e cujo logotipo ela corajosamente assume e porta na camiseta.

Ao contrário dela, o marxista é desenhado com formas quadradas, antinaturais, angulosas e ásperas como se fosse algo duro, como demonstram os pontinhos ao final de cada linha em seu corpo. Este *design* dá a sensação subliminar de ser ele tão rígido e inflexível quanto os dogmas que defende.

Ao mesmo tempo, suas linhas saem para fora nos cantos, passando a mensagem subliminar de ser ele um esboço malacabado, algo malfeito e inferior à jovem bem-acabada.

Sua barba e sobrancelhas sempre cerradas dão-lhe um aspecto bruto, simiesco e agressivo. Completando a Gestalt desagradável que gera antipatia subliminar, vemos seus punhos cerrados e sua expressão corporal fechada, de pescoço encolhido e tenso.

Os olhos são apertados, como que olhando a tudo cheio de ódio, e as orelhas pontudas e triangulares lembram orelhas de animal.

Por fim, os balões do marxista são quadrados, com ângulos retos como seu corpo, reforçando a sensação de algo artificial e construído, antinatural.

Já a roupa colada da jovem é um apelo sexual ao hipotálamo. Vêem-se seios soltos sem sutiã e mamilos duros, como se ela estivesse excitada, e calça justa realçando as formas redondas das nádegas e marcando os lábios vaginais, reforçando sua sexualidade disponível e sua postura de amor livre, estando em todos os quadrinhos com as pernas convidativamente abertas, seduzindo subliminarmente o leitor.

Os dois quadrinhos horizontais demonstram didaticamente como acender e atirar um coquetel molotov, mirando o chão perto da pessoa para que o líquido inflamável espirre e incendeie as pernas da calça.

Observe-se o rosto apavorado do policial, estilizado como os mangás, os quadrinhos japoneses, que se destaca no conjunto do traço, todo no estilo europeu (belga) chamado Linha Clara.

A diagramação da página em três tiras denuncia a Gestalt de construção de página norte-americana, mais difundida entre os leitores de todo o mundo.

Uma diagramação inovadora poderá dificultar a leitura e afugentar leitores, e o objetivo do panfleto é atingir o máximo número de pessoas, massificando a mensagem.

No último quadrinho desta primeira página, o marxista demonstra em sua expressão corporal todo o ódio e violência destrutiva que motiva seus atos.

Os raios em torno da cabeça são um símbolo convencional de raiva que reforça essa impressão subliminar, e os riscos tremidos em volta do punho cerrado indicam o esforço do braço retesado.

O olhar da jovem e suas sobrancelhas indicam desaprovação, o que encontrará eco subliminar no inconsciente do leitor, forçando novamente a identificação com a bela personagem.

No primeiro quadrinho da página dois, um policial apresenta eco corporal do marxista no último quadrinho da página anterior.

Basta copiar em uma folha de papel de seda, papel vegetal ou outro papel transparente o desenho, a silhueta do marxista, e sobrepor este decalque ao corpo do policial para provar o emprego desta técnica subliminar (originária dos vendedores, como já foi visto).

Deste modo, emitiu-se a mensagem subliminar de ser o marxista igual ao policial, identificando inconscientemente a violência policial com a doutrina marxista, afirmando, assim, que se o marxista tomasse o poder, uma vez no governo, nada mudaria.

É possível desenvolver argumentos complexos subliminarmente.

Já o texto do balão redondo da anarquista explica as posições do filósofo anarquista Proudhon sobre os políticos profissionais. No balão seguinte, ela contesta a fidelidade partidária, e a linguagem cinematográfica em câmera baixa realça a barriga volumosa do marxista, dando-lhe um aspecto visceral, guloso, enquanto seus dentes trincados evidenciam novamente seu ódio.

O balão dele está em *splash*, pontiagudo, destacando o sinal de exclamação que comprova ter ele sido atingido pelo argumento exposto pela jovem. Ele concorda, embora raivoso. Os dois primeiros quadros quebram a monotonia com contracampo.

No primeiro quadro, percebe-se bem que os dentes trincados de ódio do marxista, suas orelhas, voltadas para trás, lembram as de um cão que deseja atacar.

Seu balão quadrado contém um argumento ilógico, típico pseudopensamento heterodirigido de pessoa massificada, dando uma sensação de ser pessoa pouco inteligente e dogmática, com crenças cegas e sem fundamento.

Essa sensação subliminarmente plantada propaga-se, por generalização, a todos os marxistas, gerando, assim, antipatia subliminar.

Ao não encontrar contra-argumentos, o marxista limita-se a rosnar no segundo quadrinho, e, no terceiro quadrinho, ao ver a polícia ao fundo, seu balão de pensamento exibe uma lâmpada, símbolo convencional de ter uma idéia.

Por fim, nesses dois últimos quadrinhos, o marxista empurra violentamente a jovem, delatando-a e entregando-a à violência policial, reiterando a sensação subliminar de antipatia por este brutal alcagüete, cúmplice dos policiais e igual a eles em essência.

O espancamento da jovem é mostrado explicitamente, os policiais têm sorrisos sádicos e aparentam gostar da violência que perpetram enquanto o traidor assiste e cruza os braços, sorrindo pela primeira vez na HQ.

Por meio do exercício de leitura subliminar dos quadrinhos, pode-se perceber a complexa interação de técnicas subliminares no breve espaço de duas páginas.

Todo o desenvolver da trama leva ao argumento favorável ao anarquismo e de contrapropaganda (antimarxista), fazendo que o leitor simpatize e identifique-se com a jovem bonita e inteligente, tendo pena dela ao final e, por conseguinte, recusando e rejeitando o vilão e sua ideologia marxista. Essa HQ, no reduzido espaço de uma página, apresenta os principais axiomas anarquistas, ensina a acender e a jogar um coquetel molotov e ataca subliminarmente o marxismo autoritário stalinista.

Desse modo, enquadra-se na fórmula:

$$\text{SUBLIMINAR} = \frac{\text{maior quantidade de informação}}{\text{menor tempo de exposição}}$$

Uma leitura desprevenida e inocente desta HQ coloca todas estas mensagens repetidas vezes no inconsciente do leitor.

Enquanto o governo de países marxistas encampava uma ofensiva de guerra psicológica, empregando vasta propaganda ideológica doutrinadora, fanzines anarquistas efetuavam uma guerrilha de contrapropaganda com subliminares como esta HQ-panfleto, solapando pouco a pouco seus esforços.

O mesmo fazem fanzines nacionalistas antiamericanos, zines em esperanto, skin-nazi, vegetarianos, capoeiristas, religiosos etc. Os zines fazem propaganda e contrapropaganda sob as mais criativas e diversificadas formas, empregando todas as tecnologias subliminares possíveis, quer impressos nesta imprensa independente de anunciantes, distribuição, postos-de-venda e lucros, quer pela guerrilha de ondas das rádios piratas, das rádios e TVs livres que a cada dia multiplicam-se pelo Brasil e pelo mundo.

E no meio de todo esse fogo cruzado de subliminares está a "população civil", os consumidores/receptores/leitores expostos às mensagens de inúmeras fontes, múltiplos interesses, ideologias e fés religiosas buscando converter e salvar para sua boa verdade.

Bombardeado por todos os cinco sentidos e perdido entre mensagens contraditórias está você, leitor.

A VÍTIMA É VOCÊ

Pode parecer paranóia, mas as dúzias de autores citados indicam o contrário.

Sérias pesquisas de grande porte, patrocinadas por multinacionais com verbas absurdas e alta tecnologia empregada, também são um sinal da importância dada aos subliminares.

Tantas dissertações de mestrado e teses de doutorado apontam a validade científica dessa linha de pesquisa, já secular nas universidades européias e norte-americanas.

Por fim, um histórico da teoria que remonta a Demócrito demonstra a idade das idéias sobre subliminar.

Tanta gente não pode estar errada por tantos séculos.

Porém, toda a civilização ocidental tem por base o princípio do "livre-arbítrio", a liberdade de escolha e a autonomia da vontade.

De livre e espontânea vontade diz-se o sim matrimonial, selando o casamento e criando a instituição da família, célula máter da sociedade civil.

Com a autonomia da vontade, livremente, assina-se o contrato de compra de imóveis, automóveis, eletrodomésticos, bens de consumo, aluguéis, viagens turísticas etc.

A livre escolha dirige o ato de votar. As eleições e todo o regime de governo da democracia baseiam-se nessa escolha espontânea e livre.

Teologicamente, para haver culpa e castigo deve haver a opção pelo mal, pelo pecado, para que possa haver o arrependimento, a confissão e a penitência. Eva deve aceitar o pomo da serpente livremente para ser expulsa do paraíso. Ora, os subliminares não-ostensivos, dissimulados, não deixam opção ao público-alvo, ferindo, assim, esse axioma filosófico, teológico e jurídico da civilização ocidental. Ficam, portanto, nulos e invalidados todos os atos, contratos e negócios fechados sob efeito de sugestão subliminar. A compra de um maço de cigarros ou refrigerante e a eleição de um presidente da República são atos viciosos. Houve vícios na vontade do eleitor/consumidor, e tais atos não podem produzir efeitos, são nulos *ex tunc*, desde a origem.

A doutrina jurídica, a hermenêutica e a filosofia do direito vêm somar-se ao já citado Código de Ética dos Profissionais de Propaganda; os subliminares são antiéticos e "criminosos", embora não haja lei explicitando ser uma tecnologia ilícita quando aplicada com fins comerciais ou eleitorais.

Segundo Vokey e Read, no artigo "Subliminal messages" da revista *American Psychologist*, n. 40, de novembro de 1985, os efeitos do material subliminar podem não aparecer imediatamente, mas podem requerer um período de incubação, de modo que o comportamento desejado (comprar o produto) não ocorra por algum tempo.

Key, em *Media sexploitation* (1977, p. 100), aprofunda o problema explicando que, em 1917, Otto Poetzle, o já citado contemporâneo de Freud, provou cientificamente, empregando o taquicoscópio e a hipnose, que as percepções subliminares podem evocar sonhos e mesmo ações, atos de escolha, dias ou até mesmo semanas após a exposição ao subliminar. Key volta ao tema com mais detalhes no livro *The clam-plate orgy* (1981, p. 27).

Isso significa que a exposição a qualquer uma das técnicas subliminares descritas aqui pode motivar a qualquer momento atos do sujeito exposto, desde imediatamente após receber o sinal, até dias ou semanas depois.

Estas invasões subliminares da privacidade do público, privacidade mais íntima possível, a psicológica, podem ter efeitos mais nocivos do que aparentam.

Basta recordar a cibernética, para a qual um organismo inteligente é aquele que reaje adequadamente aos estímulos do ambiente (homeostase), fazendo as escolhas corretas.

Uma ameba, ao ser colocada diante de uma poeira, uma partícula de veneno e uma partícula de alimento, ignora a poeira, evita o veneno e assimila, ingere, o alimento.

Uma ameba faz escolhas inteligentes, opta pelo que lhe fará bem. Está adaptada ao seu ambiente, interage com ele, reage aos estímulos criteriosamente e sobreviverá, não será extinta enquanto fizer as escolhas boas, corretas.

Ora, uma população exposta a subliminares, teleguiada, que se veste, se comporta, consome produtos, serviços, crenças, religiões, ideologias, e vota levada por sugestões externas, subliminares, não pode ser considerada uma forma de vida inteligente, adaptada, autônoma.

Isso equivale a dizer que populações inteiras seriam tratadas como irresponsáveis, não seriam livres... humanas? Pelo menos não seriam assim tratadas pelos emissores de mensagens subliminares manipuladores.

Esse é um tema que pede, clama, exige reflexão bem mais aprofundada da parte de cada um de nós.

A vitimologia é parte da criminologia, sendo uma disciplina que estuda as relações sadomasoquistas geradas por provocação de uma vítima em potencial que deseja ser vítima, que passivamente concorda, aceita e até mesmo pede para ser vítima.

A omissão e a passividade configuram isto. É possível pecar por omissão. Existe o crime de omissão de socorro.

Agora que você já leu todo este livro e viu todas estas técnicas, não pode mais alegar ignorância; a partir de agora você também é responsável, cúmplice, co-autor de todo crime subliminar que ocorra no ambiente que envolve você.

Agora você já leu.

Agora já é tarde demais.

Você faz parte da lenda, você vive na lenda.

A lenda da propaganda subliminar multimídia. Começa a sua história.

Era uma vez...

MENSAGENS SUBLIMINARES MULTIMÍDIA (QUADRO SINÓTICO)

ÓRGÃO SENSÓRIO RECEPTOR	BASE	CÓDIGO DE COMUNICAÇÃO	TIPO DE MENSAGEM	TÉCNICA SUBLIMINAR		VEÍCULO
olho	física	visual	dinâmica	projeção taquicoscópica		cinema televisão/vídeo computador
				visão periférica (pisca/movimento)		cinema televisão/vídeo internet vitrine de loja palco de teatro palanque de político néon
			estática	impressos	iconesos	fotografia desenho/pintura logotipo
					discurso gráfico	onomatopéia (HQ) jornal revista livro
				ambiental/urbano		panfleto *outdoor*/cartaz placa/fachada de loja grafite/pichação

(Continua)

(Continuação)

ÓRGÃO SENSÓRIO RECEPTOR	BASE	CÓDIGO DE COMUNICAÇÃO	TIPO DE MENSAGEM	TÉCNICA SUBLIMINAR	VEÍCULO
ouvido	física	auditivo	sonora	engenharia de som subliminar	supermercado consultório/escritório cinema
				fundo musical/*jingle*	televisão/vídeo rádio teatro palanque político
			verbal	figuras de linguagem imperativos rima/refrão pergunta com resposta embutida venda pessoal boatos *slogans*	fala
pele	física	tátil	—	texturas	tipo de papel dos impressos material das embalagens
nariz	química	olfativo	—	essências/fragrâncias feromônios	tinta dos impressos teatro palanque político
língua	química	palatino	—	sabores	alimentos pasta de dentes cigarros

CAPÍTULO 12

CONSIDERAÇÕES FINAIS

Não faça aos outros o que não queres que façam a ti.

MATEUS, 7:12.

Podemos perceber que a bibliografia disponível em português se encontra muito defasada no estado da técnica referente à comunicação de mensagens subliminares no resto do mundo.

Tal lacuna bibliográfica favorece mal-entendidos, como o batismo da nova técnica de subliminares nas telenovelas como *merchandising*.

Observe-se que a tecnologia subliminar aplica-se às mídias mais diversas, como jornais, revistas, *outdoors*, panfletos, cinema, televisão, internet, música etc., o que comprova ser adequado adjetivar o subliminar de multimídia.

Podem-se embutir imagens dentro de imagens quer em desenhos, fotografias, filmes ou hologramas. Esses tipos de subliminar foram batizados como iconesos, criando a semiótica subliminar.

Recorrendo à psicologia analítica de Carl G. Jung, percebe-se a existência de um conceito mais amplo de subliminar (semelhante ao fundo em Gestalt), o qual configura as percepções não-conscientes que compõem o inconsciente pessoal ou subconsciente, sendo a base das intuições e formando o arquétipo sombra.

Segundo Poetzle, os sonhos são compostos de uma só matéria-prima: as percepções subliminares (lei de exclusão). A morfologia celular do olho vem reforçar os conceitos psicológicos ao contrastar os efeitos neurofisiológicos da visão fóvica (cones-foco-figura consciente) com a visão periférica (bastonetes, fundo subliminar), o que possibilitou a Key desenvolver seu método de treinamento para detectar subliminares.

Já as duas principais teorias neurofisiológicas podem ser igualmente empregadas para a compreensão da mecânica subliminar:

1) Para D. Sperry, aplicado aos subliminares por Cuperfain e Clarke, o hemisfério direito do cérebro decodificaria em frações de segundo os ícones enviados pelo olho esquerdo.
2) Para McLean, os conteúdos sexuais dessas imagens dirigem-se ao cérebro réptil (hipotálamo).

Propôs-se, igualmente, uma fórmula versando sobre a quantidade de informação dividida pelo tempo de exposição, cujo resultado seria o grau de subliminaridade.

Quanto maior a quantidade de informação enviada no menor intervalo de tempo, por um mecanismo de defesa psíquico, o excedente de informação ficará subliminar. É o fenômeno a que Key chama "efeito McLuhan".

Na publicidade, tal fórmula apresenta-se, pavlovianamente, pela repetição do mesmo imperativo de compra em grande número de exposições, visando gerar um comportamento de decisão-escolha pelo consumidor/eleitor, como reforço de condicionamento consciente ou técnica de apoio, do mesmo modo que a publicidade institucional faz.

Por outro lado, subliminares educativos empregam informações diversificadas no pouco tempo de exposição, para que aflorem ao consciente apenas no momento em que forem necessárias.

Em ambas as aplicações a fórmula é a mesma; só que na publicidade a mesma imagem/informação é repetida diversas vezes.

Casos como o da campanha eleitoral de Bush e o da Disney admitindo subliminares falseiam a hipótese intuitiva inicial da inexistência de subliminares na mídia dos séculos xx e xxi.

Futuras pesquisas poderão aprofundar e detalhar as aplicações e características das técnicas apresentadas neste panorama geral da propaganda subliminar multimídia.

ANEXOS

SEU VOTO ROUBADO: PROPAGANDA POLÍTICA SUBLIMINAR

Política é a arte de impedir que nos envolvamos naquilo que nos diz respeito.

Valéry

O período mais propício para o pesquisador de subliminares coletar espécimes é o do ano eleitoral. Nesta época, vêm à tona todos os grupos de pressão interessados em manipular a sua liberdade de escolha, e como o tempo voa e a data de depositar o seu voto na urna aproxima-se os esforços são intensificados, explícitos.

Esse panorama da desesperada luta pelo poder leva os menos éticos e os mais afoitos a lançar mão de técnicas subliminares de manipulação. E de todo lado, em todas as mídias que transportam signos, brotam subliminares que convidam a um safári subliminar na floresta da propaganda eleitoral.

Os candidatos que empregam essas técnicas repudiadas não estão preocupados com você, com seus direitos civis e até mesmo humanos. Não lhe dão o respeito de cidadão que você merece e que os seus ancestrais conquistaram por gerações, das revoltas da plebe romana à Revolução Francesa.

Por isso, é importante saber escolher bem, negar seu voto aos oportunistas políticos profissionais, impedir o acesso deles aos cargos públicos nos quais disseminarão corrupção e prevaricação, suborno e "mamatas", nepotismo e estelionato eleitoral.

A escolha do voto passa pela crítica das mensagens que o candidato envia, desde sua expressão corporal até os impressos e o *jingle* que ele usa. Cada candidato que planta subliminares não é merecedor de confiança, não é digno de seu voto. Assim, quando estiver indeciso, escolha por eliminação, cortando da sua lista de candidatos todos aqueles em cujo material de propaganda você encontre subliminares de qualquer tipo.

Agora veja cuidadosamente cada etapa a analisar, passo a passo. Para identificar os maus candidatos, aprenda a sublinhar o subliminar.

Lembre-se de que votar é dar um voto de confiança a alguém, é delegar-lhe poderes para decidir por você. A palavra "voto" vem do latim *voluntas*, que significa vontade. Ele deve ser dado de livre e espontânea vontade; quem usa subliminares não merece sua confiança, já começa traindo você ao tentar roubar seu direito de escolher livremente.

Existem algumas teorias já consagradas sobre a propaganda política que fornecem critérios para julgar as mensagens eleitorais. Por exemplo, esta tabela:

Propaganda elucidativa	Propaganda opressora
1. Esclarece o público	1. Autoritária e dogmática, quer adesão cega
2. Fala em um estilo racional	2. Estilo pomposo e pedante, emocional
3. Libertária, suave	3. Tirânica, violenta
4. Apóia-se em fatos reais	4. Fantasia fatos, sensacionalista
5. Leva o cidadão a criticar, questionar	5. Entusiasma a massa a aceitar sem refletir

A propaganda elucidativa resume-se a uma frase: "Você já pensou nisto?" Cada mensagem questiona e deixa em aberto para o cidadão decidir livremente.

Por outro lado, a propaganda opressora está contida na ordem "Vá por aqui!", que já dá as respostas, indica as soluções e os caminhos, fazendo as massas mover-se como um rebanho.

Cada candidato escolhe o tipo de propaganda cujos princípios refletem sua postura e ideologia. Somente os que são verdadeiramente democráticos e respeitam você como cidadão empregam a propaganda elucidativa. Já os que empregam as técnicas da propaganda opressiva não merecem seu voto de confiança na urna.

O primeiro tipo de subliminar a sublinhar é a fala do corpo, os gestos e a expressão corporal do candidato, dizendo o que ele pensa e sente de verdade, pois são rápidos demais, de improviso e espontâneos. Como não dá para ensaiar todos os tipos de gestos, é aí que os hipócritas acabam se traindo.

Para sublinhar as mensagens corporais, a primeira coisa é treinar sua própria percepção para ler gestos no horário da propaganda eleitoral gratuita na televisão. Você desliga o som e fica concentrando toda sua atenção nos gestos, nas posições do corpo e na expressão facial do candidato.

Preste atenção, insista, fazendo esse treinamento sem som. Em dois ou três dias você sentirá os gestos ensaiados que a equipe de *image makers* do candidato programou e poderá separá-los dos gestos e expressões espontâneos. O modo como ele olha, como aperta as pálpebras com raiva, trinca os dentes e retesa o pescoço, o gestual das mãos, tudo vai aos poucos tomando significado e mostrando quem ele é e o que deseja esconder de você.

Veja bem as cenas de multidão. Nestes momentos é tão importante olhar os gestos dele (como se retesa e franze o nariz ao tocar as pessoas) quanto observar as pessoas, como o olham, como tocam nele (se o operário humilde retesa o corpo ao apertar-lhe a mão, é porque teve algum medo instintivo, e isso denuncia falsidade do candidato). Observe as crianças. São muito instintivas e sentem a maldade: bebês de colo choram quando ele tenta pegá-los e se esticam na direção da mãe? Crianças arregalam os olhos desconfiadas ou com medo?

Anote essas reações corporais de cada candidato, sozinho ou em contato com as pessoas do povo. É o primeiro critério para você eliminar os mentirosos e os opressores, autoritários, que desprezam os eleitores e os vêem como massa que manobram e manipulam em períodos eleitorais.

Em pouco tempo, a sua percepção estará aguçada e você em um relance, em uma rápida olhadela, já saberá distinguir os candidatos de propaganda opressora que querem roubar o seu voto.

Outro elemento a sublinhar é o som. Para tanto, procure ouvir o candidato no rádio ou, se for pela televisão, sente-se de costas para ela, sem olhar a tela, apenas ouvindo.

Perceba se o *jingle* dele e as músicas de fundo têm um ciclo, ritmo de cerca de 80 ciclos por minuto, aquela técnica nazista de batidas de coração para fazer você sentir-se indefeso, criança de colo obediente. Ouça bem a voz dele, se é empostada, artificial e ensaiada, se o tom inspira confiança (você seria amigo dele? Você o deixaria freqüentar sua casa? Deixaria namorar sua irmã?). O tipo de palavras empregadas também é importante.

Por exemplo, se ele fala de "nossos filhos", "nossos lares", "proteção", é porque quer que você subliminarmente o sinta como imagem de pai, como figura paterna que cuida de você e toma decisões – propaganda opressora do pior tipo.

Cada palavra dele, cada frase deve ser anotada mentalmente. Pergunte-se por que ele diz isto, o que ele quer. Coloque-se no lugar dele – se você estivesse lá, diria aquelas coisas? Para obter que efeito? Falaria para o bem dos eleitores? Pense que você está na televisão falando para seus amigos, parentes, para as pessoas que ama. Então perceberá se ele é bom ou mau para nós, cidadãos, se ele quer nosso bem ou só poder e dinheiro.

Lembre-se, você vota em poucos minutos e tem quatro anos para arrepender-se. Você é responsável pelos atos do seu candidato, pois delegou-lhe poderes quando depositou seu voto nele.

Não reclame se ele aumentar impostos, se denunciarem compras sem concorrência pública, escândalos, desvios de verbas, se houver confisco de seus depósitos bancários ou se for negado aumento aos aposentados. Você é cúmplice de tudo o que ele fizer com o poder que deu a ele na urna.

Por isso, pense bem, escolha bem, pesquise.

Quando pegar os impressos do candidato, panfletos e jornais com texto, além de sublinhar os subliminares do discurso gráfico, procure pelas mentiras e efeitos psicológicos, pela retórica. Veja se ele emprega falácias.

Falácias são argumentos falsos que políticos profissionais usam para enganar você e roubar seu voto, são um assunto estudado pela Lógica. Eis alguns exemplos mais comuns:

a) *Argumentum ad hominem*: é uma ofensa pessoal contra os outros candidatos – dizer que o outro é mau pai, que não toma banho, que é ignorante, sem estudo, ou qualquer coisa que desqualifique o concorrente. Discutem-se os podres do passado pessoal e não as idéias e argumentos, os planos e propostas de futuro.

b) *Argumentum ad verecundiam*: é o argumento de autoridade. Tal coisa é verdade porque "Fulano" o disse. O *status* de quem falou é mais importante que as provas e os fatos reais.

c) *Argumentum ad populum*: apelo popular, populista. Quando o candidato diz: "todo mundo vota em mim", ele faz você se sentir minoria, marginal, errado se não vota também; você se sente diferente e discriminado.

d) *Argumentum ad ignorantiam*: se você não tem fatos que provem que é mentira, então deve aceitar como verdade comprovada.

As falácias são jogos sutis, difíceis de perceber na primeira leitura. É preciso prestar muita atenção, estudar todos os tipos existentes, e quando você já as reconhecer facilmente no texto escrito pode treinar para percebê-las na velocidade da fala, pois é nos debates televisionados que elas são mais empregadas, é no falar veloz que você é enganado pelos políticos que adotam a propaganda opressora.

Observe também quais candidatos abusam do poder econômico, forram os muros da cidade com cartazes e poluição visual, pichações, enchem as sarjetas de santinhos, distribuem adesivos de vidro para carros e *bottons*, camisetas e brindes.

Pergunte-se: quem pode estar pagando por tudo isso? Que grupos financeiros têm interesse em eleger este candidato? Pergunte-se principalmente se ele terá autonomia para governar ou será uma marionete destes grupos, se votará leis e tomará decisões para o bem dos cidadãos ou para o bem do grupo que o colocou lá, pagando a campanha.

Pode acontecer que, em uma eleição, todas as opções de candidato que os partidos políticos impõem a você adotem a propaganda opressora, que escolhendo por eliminação você prove que nenhum deles é merecedor do cargo que pleiteia, que todos serão maus para você e para os cidadãos.

No caso de não haver um candidato bom e sincero, nenhum em quem você confie de verdade, se todos são oportunistas, políticos profissionais, então é o momento de mandar sua mensagem para os partidos que escolheram esses candidatos.

É a hora do voto de protesto ou voto nulo.

Quando você não tem opção, não quer que nenhum candidato represente você, é a única saída. Se todos votassem nulo, a eleição seria cancelada e outros candidatos seriam indicados para uma nova eleição.

Um grande número de votos nulos alerta os partidos para o descontentamento e ajuda a moralizar, dá força aos bons cidadãos para denunciar a corrupção.

Veja que o voto nulo não é novidade; o hipopótamo Cacareco, trazido para o Brasil, foi muito votado. O Sugismundo do desenho animado, o macaco Tião (ladrão por ladrão, voto no macaco Tião), Ubu (da peça de teatro do grupo Ornitorrinco: horror por horror, Ubu para governador) e muitos outros casos são registrados em diversas cidades.

Já o voto em branco demonstra apatia e desinteresse. O eleitor comparece e assina a lista para evitar punições jurídicas. O voto obrigatório é uma contradição, recordação da ditadura. Em todos os países civilizados o voto é um ato de vontade livre, vota quem quer. Como no Brasil o voto é coagido, forçado, os eleitores que não têm mais esperança e não acreditam em nenhuma promessa de político votam em branco.

A diferença é que o voto nulo é um protesto ativo, enquanto o voto em branco é passivo, apático. Ambos são protestos em tons diferentes.

O voto de protesto é a melhor resposta à propaganda opressora, a única atitude digna do cidadão consciente, perante uma situação insustentável.

Porém, o mais importante é você pensar criticamente e não se deixar influenciar por nada, nem mesmo por este livro.

PESQUISA COM PROFISSIONAIS DE PROPAGANDA E MARKETING

Foi feita uma pesquisa exploratória antes da realização deste livro, visando levantar um breve panorama das opiniões dos profissionais de propaganda e marketing sobre as seguintes questões:

1. O que é propaganda subliminar?
2. Cite um caso ou exemplo de aplicação de mensagem subliminar.
3. A propaganda subliminar é proibida por lei no Brasil?
4. A propaganda subliminar aumenta as vendas?
5. É ético empregar técnicas subliminares?

Foram entrevistados publicitários de 33 agências, 10 diretores de marketing de empresas de médio e grande porte e 15 profissionais *free-lancers* das áreas de redação, arte e consultoria de marketing, nas cidades de São Paulo, São Bernardo do Campo, São Caetano, Santo André, Santos, São Vicente, Praia Grande e Bertioga.

Dessa amostragem aleatória chegamos aos seguintes resultados:

Pergunta 1:

mensagem que afeta o inconsciente/subconsciente 50%
mensagem embutida/intercalada 5%
mensagens rápidas demais para serem percebidas 8%
merchandising
tudo que está implícito/sutil 1%
metalinguagem/subtexto 1%
não sabe 15%
não respondeu 1%

Cinqüenta por cento definem propaganda subliminar como a mensagem que afeta o inconsciente/subconsciente, 19% definem como *merchandising* e 15% não sabem o que significa.

Isso vem demonstrar que a maior parte dos profissionais sabe o que é subliminar, sendo que 19% consideram o *merchandising* como um tipo de subliminar.

Pergunta 2:

Coca-Cola/pipoca 48%
merchandising na TV 3%
propaganda política na TV 3%
outros produtos 8%
não sabe 25%
não respondeu 13%

Quarenta e oito por cento dos entrevistados citam a Coca-Cola, o que evidencia seu conhecimento do experimento vicário citado por Packard e muito mencionado na bibliografia em português.

Pergunta 3:

sim	50%
não	8%
merchandising prova que não	3%
não sabe	28%
não respondeu	11%

Metade dos entrevistados acredita que a propaganda subliminar seja proibida por lei no Brasil, embora 3% afirmem que o emprego de *merchandising* em telenovelas prova que não há proibição, e 28% não sabem dizer se há ou não proibição legal. Estes números, por si sós, evidenciam a falta de informação.

Pergunta 4:

sim	85%
não	1%
não existe subliminar/não está provado	6%
só serve para mensagem institucional	4%
não sabe	28%
não respondeu	11%

Nesta questão, 85% acreditam que aumente as vendas.

Pergunta 5:

sim	8%
não	83%
merchandising é ético	1%
depende do uso	1%
não sabe	1%
não respondeu	6%

Oitenta e três por cento dos entrevistados consideram que não é ético o emprego de técnicas subliminares.

Pode-se observar que se reflete, na comunidade profissional entrevistada, o problema identificado na bibliografia em português sobre a propaganda subliminar, pois 48% dos entrevistados citam o exemplo da Coca-Cola e pipoca de Packard, e 50% repetem o que atestam as obras em português, afirmando ser proibida por lei, embora não citem qual lei a proíbe.

Tal fato confirma o quadro de falta de informação sobre as tecnologias de comunicação subliminar existentes após o experimento vicarista de 1956.

Outro fato digno de nota é a identificação do *merchandising* como forma de subliminar por 19%; para citar casos de subliminar, 3% deram exemplos de *merchandising*, e 3% afirmam que o *merchandising* nas novelas é prova de que o subliminar não é proibido por lei no Brasil.

Os resultados desta pesquisa vêm corroborar as justificativas da necessidade de uma atualização das novas técnicas subliminares surgidas entre 1956 e 1990 em outras mídias, além do cinema.

COMO PROCEDER
À PESQUISA CIENTÍFICA
DE SUBLIMINARES

Caso algum dos pretendentes a pesquisadores deseje trazer a público os resultados de suas investigações e análises, expondo como evidências as decupagens de peças publicitárias ou vinhetas de programas televisionados, *websites*, embalagens de produtos, material impresso e outros, há que se ater às conseqüências e à responsabilidade social por suas alegações.

Um ponto preliminar antecede a quaisquer recomendações: já ter coletado, analisado, comparado e assimilado a bibliografia produzida sobre o tema subliminar. Com base nestes estudos prévios, e sabedores dos antecedentes teóricos, da história destas pesquisas entre médicos psiquiatras, psicólogos e outros profissionais da saúde, pode-se atualizar o material militar em guerra psicológica sob a rubrica "PSY OPS" e efetuar o levantamento de denúncias de subliminares em propaganda político-eleitoral, publicidade comercial de produtos, serviços e eventos, e outras aplicações (sempre dando preferência a material escrito por pesquisadores sérios comprometidos com a metodologia científica; para tanto, basta pesquisar seus currículos e sua titulação de mestres e doutores, bem como suas obras veiculadas em congressos científicos).

No caso de uma pesquisa pretender ser científica, se o pesquisador almeja o reconhecimento dos resultados de seu trabalho, que sejam cientificamente válidos, deve-se tomar o máximo cuidado e todas as precauções possíveis no sentido de controlar algumas variáveis; caso contrário, é altamente improvável que uma hipótese formulada por tais pesquisadores possa ser considerada vagamente plausível.

Duas posturas errôneas desde a origem devem ser evitadas a todo custo:

1) TUDO é subliminar: um primeiro quesito é evitar a postura de apego pessoal e subjetivo a uma idéia, comportamento duvidoso e de questionável honestidade científica, a equivocada atitude de já eliminar de antemão as *hipóteses alternativas*, desconsiderando outras explicações que não venham confirmar a hipótese preconcebida de existência *sempre* de signagens subliminares em toda a mídia sem exceção. Tal postura preconceituosa poderia dissimular uma tendência à racionalização, a colocar a culpa por desejos de consumo ou justificar *a posteriori* atos de compra com a desculpa de ter sido forçado subliminarmente, fazendo da publicidade um bode expiatório, atribuindo à mídia um poder de sugestão quase de divindade, de forma ingênua e infantil, supersimplificando os fenômenos psicossocioeconômicos, psiquiátricos e antropológicos envolvidos, agindo de forma reducionista. Outras explicações devem *sempre* ser consideradas e somente depois de esgotadas pode-se admitir uma probabilidade de signos subliminares.

2) NADA é subliminar: a outra postura extrema a ser igualmente evitada é a de exigir e selecionar todas as pretensas provas ditas comprobatórias de que *nunca* houve nenhuma signagem subliminar em nenhuma mídia e, ao encontrar um exemplo comprobatório indiscutível, insistir que o subliminar não tem efeitos, é ineficaz, pseudocientífico, lenda urbana e outros argumentos extremistas que até soam desesperados. Isso abrange apelar para falácias e sofismas, incluindo ataques retóricos *erga homini* tentando ofender, difamar e desqualificar a pessoa do pesquisador que encontrou evidências de propaganda subliminar.

Ambas as posturas, de ser tudo subliminar em toda parte (paranóia e teorias conspiratórias ou mesmo fanatismo pseudo-religioso), e sua oposta, de nada ser subliminar em nenhum lugar, são extremadas (quer seja por neofobia – medo de novidades –, quer seja por interesse econômico comprometido com empresas e anunciantes que desejam silenciar esse assunto e manter ignorante a opinião pública). O bom senso e a honestidade científica situam-se entre as duas posturas.

O pesquisador deve manter uma postura de curiosidade científica e mente aberta, e não estar predisposto, eivado de pré-juízos e preconceitos os quais tenta reforçar com sua pesquisa.

No início de minhas pesquisas, em 1981, eu mesmo havia partido da posição preconceituosa de que não existiam subliminares, e minha arraigada fé na humanidade e no livre-arbítrio recusava-se a aceitar que subliminares pudessem ter algum vago efeito que fosse. Já por volta de 2004, mais de vinte anos depois, havia coletado um sem-número de informações teóricas e práticas (de mercado), e estudado grande quantidade de casos (desenho *Bernardo e Bianca* da Disney, propaganda eleitoral de Bush na campanha presidencial dos Estados Unidos, Pokémon e seu pisca-pisca taquicoscópico epileptogênico, meu experimento no videotexto da Unisantos aumentando em 550% os logs-acessos do programa etc.). Aos poucos fui flexibilizando aquela postura extremista. Fui obrigado a admitir que tais subliminares existem e têm efeitos; tal postura resulta do amadurecimento como pesquisador, testando a pesquisa continuamente ao debater dúzias de *papers* em congressos científicos nacionais e internacionais, diante de outros pesquisadores das áreas de humanas, exatas e biomédicas.

Pessoalmente, costumo empregar o *modus tolens* de Popper, *falsear hipóteses*. Popper aceita que as evidências empíricas e espécimes/fatos coletados devem servir como um controle negativo, pois um único juízo singular derruba um juízo que se pretendia universal e teórico. O princípio desse método é essencialmente lógico: se, após as tentativas de refutar a teoria, ela continua servindo para explicar fatos sem ser contradita empiricamente, deve-se aceitá-la como hipótese plausível provisoriamente, até ser refutada, sem se apegar a ela nem identificar-se com ela (cf. Epstein, 2002, p. 65, 74, 90, 160).

Peirce introduziu o termo "abdução" para explicar a postura na qual se aceita provisoriamente uma conclusão lógica com base na evidência disponível no momento (Ibidem, p. 158).

Meu objetivo sempre foi, é e continuará sendo o de desmascarar a suposta existência de subliminares, provar a inexistência de estímulos subliminares na mídia, e busco evidências e fatos que confirmem tal hipótese. Se não consigo obter sucesso em provar que a peça publicitária não tem nenhum nível de subliminaridade, então, forçosamente, pela honestidade científica, devo admitir a possibilidade de ter minha hipótese falseada e de ser plausível a hipótese contrária, ou seja, de tratar-se de signagem subliminar. Esta hipótese contrária é então aceita provisoriamente, por abdução no sentido de Peirce.

Uma vez não obtendo sucesso em negar a hipótese de não ser subliminar, pode-se então passar a classificar a tipologia de sinal subliminar. Como exemplo, cito o gênero iconeso e as espécies efeito Arcimboldo, anamorfose, entre outras, seguindo um modelo taxionômico de Árvore de Porfírio (gêneros e espécies).

Para o estudo, levo em consideração as leis de paradigmas considerados rigorosamente científicos, como a Gestalt (lei da figura e fundo, completitude) e o behaviorismo (reflexo condicionado, estímulo-resposta). Quando é cabível ou necessário, recorro ao apoio explicativo de outros paradigmas, como a psicologia analítica de Jung (arquétipos, inconsciente coletivo) ou Freud, Reich, Otto Poetzle, Lacan e outros. Incluo a psiquiatria, com os princípios da percepção seletiva, morfologia celular do olho humano, limiares estatísticos da percepção, ergonomia etc. e qualquer recurso teórico relevante, por meio de *métodos dedutivos* oriundos das "ciências da linguagem" como leitura semiótica, hermenêutica e outras que se enquadrem como metodologia científica do estudo de caso.

Entretanto, não se pode ignorar a signagem subliminar como construto, segundo a antropologia cultural, assim definida pelo semioticista da cultura Ivan Bystrina como códigos hiperlinguais (Nunes, p. 60, ao discorrer sobre a semiosfera tal qual cenário dos produtos do meme "semiológico", ou melhor, semiótico).

Um mecanismo de controle útil e prático pode ser o acompanhamento de "descrentes", observadores que discordem das interpretações de subliminaridade aplicadas aos dados obtidos: estes serviriam de "advogados do diabo", indicadores da carência de comprovação e das fragilidades das hipóteses, como a "dúvida metódica" de Descartes, exercendo uma função externa de vigilância e evitando desvios ou delírios do pesquisador (Descartes, no *Método*, também ensina a dividir um problema complexo em problemas menores e ir solucionando em partes). Pesquisas multidisciplinares, interdisciplinares e transdisciplinares exigem recorrer a equipes de pesquisadores de várias formações e áreas diferentes do conhecimento.

Recordem-se sempre os aspectos positivos e negativos da "navalha de Occam", criada na Idade Média pelo filósofo de Oxford, Guilherme de Occam: pela navalha, cortam-se os construtos teóricos, as hipóteses mirabolantes, fantásticas e improváveis, as impossibilidades delirantes (teorias conspiratórias, paranóicas, fanáticas e pseudo-religiosas), atendo-se à hipótese mais simples e racional, mais provável. Somente depois, analisam-se as possibilidades alternativas de explicação, começando sempre da mais simples, lógica, racional e evidente, para só muito depois partir para as hipóteses mais surrealistas e irracionais.

Contudo, essa navalha pode ser castradora como a foice de Cronos decepando os genitais de seu pai, Urano, na mitologia grega, pode tornar estéril um campo de conhecimento removendo sua fertilidade e crescimento criativo. Recorde-se o quadro de Goya retratando o lacrimoso e melancólico Saturno/Cronos desesperadamente devorando seus próprios filhos com medo de que o futuro o destrone; mesmo agindo assim, não conseguiu deter o fluxo dos acontecimentos e foi destronado por seu filho Zeus. Teorias são superadas, prova-o a história da ciência em casos como de Darwin, Einstein, Plank etc.

Como explica o biólogo Sheldrake, o mecanicismo desenvolvido a partir de Descartes surge de uma metáfora na qual se compara o cosmo a uma máquina, como um relógio antigo, e apenas a alma religiosa e espiritual seria diferente dos mecanismos. Sheldrake aprofunda (1999, p. 20):

> Os mecanicistas costumam invocar um argumento chamado navalha de Occam [...] como uma maneira de negar que os construtos teóricos tenham qualquer realidade fora da mente [...] mas quando os mecanicistas usam a navalha de Occam, não o fazem em nenhum sentido filosófico estrito e sim como mera justificativa para se apegarem ao ponto de vista ortodoxo em vigor.

Assim sendo, muito cuidado, cautela extrema com a navalha de Occam, que pode castrar sua pesquisa como a foice de Cronos tornou Urano um eunuco.

Bem nos primórdios, minha pesquisa era amarrada e limitada por essa postura radical contida, temerosa e defensiva, como se evidencia no *paper* "Propaganda subliminar: a técnica e o tabu", publicado na revista científica *Leopoldianum*, da Unisantos, em 1987.

Estes vinte anos de pesquisa somados à prática de transmitir esse conhecimento em palestras, conferências e cursos universitários, para calouros a pós-graduandos, com vivência extensa do mercado de telecomunicações, além de testar a pesquisa com meus pares pesquisadores nos congressos científicos internacionais, fizeram-me aceitar o emprego didático de metáforas como ilustração provisória abdutiva (Peirce). No

Talmud judaico, o método Czerrá Shavah significa entender comparando; a hermenêutica o denomina metodologia analógica; a heurística da inteligência artificial dos computadores o chama de cruzamento de arquivos e análise combinatória de *databases*. Vilém Flüsser o explicava em suas palestras com a sua frase lapidar: "O incomparável é incompreensível" (*Pós-história*, p. 9). Isto posto, permito-me o emprego de mitologia e arquétipos como recurso pedagógico preliminar e provisório, ao apresentar a aridez e o rigor das pesquisas científicas.

Metáforas mitológicas podem ajudar a compreender as dificuldades abstratas da epistemologia, a filosofia da ciência e ontognoseologia – teoria do conhecimento, bases e pré-requisitos para a construção da ciência.

LEITO DE PROCUSTO: Procusto era um gigante na mitologia grega que defendia hipóteses dogmáticas sobre o tamanho ideal do ser humano médio e não aceitava discussões. Coletava espécimes (seres humanos) que passavam perto de sua caverna e os deitava em um leito ou cama no qual cabia exatamente seu homem. Caso o infeliz viajante fosse maior do que o leito, Procusto corrigia o problema decepando os pés e as pernas até obter o tamanho correto; se fosse menor, esticava braços e pernas até o tamanho correto. O leito de Procusto serve como exemplo de falta de honestidade científica, deturpando os fatos e alterando a amostragem de espécimes coletados de modo a corroborar a teoria.

O pesquisador deve tentar lembrar-se de Procusto ao examinar os objetos coletados e aceitar a realidade trazida pela coleta sem esticar nem cortar, sem distorcer por vaidade, apego ou identificação com a teoria.

BURRO DE BURIDAN: João Buridanus, escolástico medieval francês, reitor da Universidade de Paris, filósofo para quem a escolha de um bem é necessariamente determinada por um juízo do intelecto, que distingue o bem maior do menor. O nome Buridan acabou ligado ao exemplo do burro que, colocado entre um balde de aveia e outro balde de água igualmente distantes, não conseguia nunca decidir se primeiro comia ou bebia e acabou morrendo ao mesmo tempo de fome e de sede. (Mais sobre o tal burro indeciso em Dante, Purgatório IV 1-3.)

O burro de Buridan é um exemplo caricatural e tosco. Todavia, é colorido e divertido, demonstrando o dilema lógico de certos pretensos pesquisadores comprometidos com os interesses de anunciantes e suas verbas milionárias, que exigem que subliminares sejam desacreditados perante a opinião pública. Tais pseudocientistas escrevem e dão entrevistas negando os efeitos da subliminaridade e até mesmo a sua própria existência. Geralmente são alegações vagas e contraditórias, feitas na mesma proporção da utilização dos subliminares nas campanhas publicitárias a que estão vinculados. Esses profissionais vivem presos a um dilema existencial de produzir peças com técnicas subliminares e, ao mesmo tempo, ser convincentes negando tudo. Tal postura "esquizofrênica" os deixa com um discurso repleto de atos falhos, contradições e duplos vínculos. Sempre perdem a calma e irritam-se nos debates. Recorrem então a agressivas falácias *erga homini*, assumindo irracionalmente uma postura extremamente adversa aos pesquisadores que demonstram a existência de subliminares com evidências e rigorosas comprovações científicas.

Umberto Eco, no livro *Como se faz uma tese*, apresenta, resumidamente, os quatro principais requisitos da cientificidade:

1) O estudo deve tratar de um *objeto* reconhecido e definido, claramente identificado e circunscrito a amostragem, período de tempo e espaço delimitados.

2) Deve dizer algo sobre o objeto que ainda não tenha sido dito, ou rever sob outra ótica as afirmações tradicionais, trazer algo de *inédito e* novo.

3) Deve ser *útil* à comunidade, servir ao interesse dos demais, ter uma função social.

4) Deve fornecer elementos e critérios para que suas considerações finais e conclusões possam vir a ser *verificadas* e *contestadas* por outros pesquisadores; fornecer *provas* e *evidências*, detalhar os *procedimentos* seguidos, informar como *reproduzir* o procedimento metodológico e, raramente, explicar como seria possível *contestar a hipótese, falsear a interpretação dada ao objeto coletado.*

Assim sendo, aplicando o conselho de Eco para realizar uma pesquisa científica sobre subliminares na mídia, sugere-se proceder da seguinte maneira:

1) A definição do objeto subliminar pode ser obtida em dicionários de psiquiatria e psicologia, áreas do ramo de conhecimento em que o termo foi criado originalmente; essa definição, oriunda das ciências biológicas e da saúde, é uma constante em autores como Ferrés, Key e tantos outros: basta examinar a definição que caiba mais exatamente em seu projeto de pesquisa, delimitando com exatidão a circunscrição do tempo e do espaço da coleta de peças midiáticas, e isolar as variáveis a serem estudadas.

2) A revisão de pesquisas anteriores seria mais fácil e rápida para o iniciante do que começar do nada. Esta revisão é um desafio por causa do grande volume de trabalho. Porém, traz resultados gratificantes quando realizada criteriosamente, com rigor científico máximo e em fontes com credibilidade, como anais e *websites* de congressos científicos.

3) A utilidade está tanto na construção do conhecimento sobre mensagem subliminar como no serviço de utilidade pública em conscientizar consumidores e eleitores das questões éticas implícitas nas tentativas de manipular o *processo decisório*; além disso, pode propiciar subsídios para perícias em eventuais processos judiciais.

4) Detalhar a metodologia de decupagem semiótica das peças, os procedimentos, e sugerir, se possível, a metodologia de falsear a hipótese plausível provisoriamente aceita por abdução, por exemplo, empregando os métodos projetivos citados mais adiante.

Quando se fala em *isolar as variáveis da pesquisa qualitativa*, também é imprescindível o controle das variáveis de ordem psicológica, da subjetividade do pesquisador. Sempre que se objetiva investigar quaisquer fenômenos cuja natureza é presumida, é preciso ficar atento à possibilidade de *fraude*.

A fraude pode ser intencional (dolosa) ou acidental (culposa). Pode ocorrer em um esforço de convencer outros pesquisadores (ou, principalmente, o grande público leigo) sobre o resultado de suas pesquisas ou a validade de suas hipóteses. Muitas vezes, isso é feito com o objetivo de manter um *status* de "grande pesquisador". As causas de tal necessidade psicológica podem ser as mais diversas: auto-afirmação e compensação de sentimentos de fracasso pessoal, vários graus de desequilíbrio emocional, desordens psíquicas, delírios de megalomania, surto psicótico ou até problemas financeiros que levem o suposto pesquisador a buscar locupletar-se tirando proveito da ingenuidade alheia, do despreparo, da superstição e ignorância, ou mesmo do fanatismo religioso.

Assim, é de suma importância sublinhar o risco permanente de *fenômenos projetivos*. Áreas como a psicanálise e a psicologia social fazem uso de testes projetivos como instrumento de diagnóstico, dos quais o mais conhecido é o Rorschach, método que utiliza cartões com manchas simétricas. A mente humana tende a tentar reconhecer padrões familiares em conjuntos de sinais caóticos. O indivíduo projeta seus conteúdos psicológicos, suas expectativas ou crenças religiosas em um estímulo sensorial complexo e sem sentido, como a brincadeira infantil de observar as nuvens e atribuir-lhes imagens de animais, faces humanas etc.

A projeção ocorre em quaisquer conjuntos de imagens ou sons, sejam dobras de roupas, manchas do cenário, sombras nos cabelos, reflexos em vidros ou metais, fundo sonoro etc. Analiso a seguir uma situação em que tais projeções são inescrupulosamente utilizadas com fins escusos.

Uma das manifestações mais familiares de projeções em sons surge das famigeradas "mensagens subliminares de Satã", encontradas em todos os discos de vinil tocados ao contrário, pois todo som invertido cria um ruído caótico, que propicia tais fenômenos projetivos. O indivíduo curioso, que se auto-intitula "pesquisador", passa a atribuir frases "demoníacas" a todos os grupos musicais de sucesso como evidência de "pactos com o espinhudo" ou contratos de venda de alma ao diabo (como em *Fausto*). Isso também ocorre freqüentemente na "transcomunicação", supostas mensagens de entes queridos falecidos, vozes de "fantasmas", que surgiriam no ruído

RORSCHACH

O teste projetivo das manchas de tinta de Rorschach como formas abertas permitem que a pessoa projete nelas seu material inconsciente. Este processo de projeção pode ser empregado como critério científico para o falseamento dos iconesos visuais ou sonoros pretensamente identificados pelo pesquisador, cuja postura deve ser de falsear, negar, como um advogado do diabo, tentar ao máximo e por todos os meios provar que NÃO se trata de subliminar.

Outro exemplo de treinamento projetivo, desta vez direcionado, seriam as figuras fragmentadas de R. Leeper, lacunosas, incompletas, entimemáticas.

da televisão sintonizada entre os canais ou em aparelhos de rádios. Esses "pesquisadores" atribuem a entidades folclóricas ou mitológicas a origem de cada subliminar mercadológico obtido por suas metodologias pseudocientíficas.

A pessoa sem treinamento científico e sem autocrítica, sem temor de expor-se ao ridículo em público, delirantemente interpreta os sons como frases em vozes cavernosas, arbitrariamente atribuindo-as a entidades mitológicas malignas, sobrenaturais, forçando uma relação de causalidade. Tais frases refletem a projeção de preconceitos raciais e religiosos ou o temor de assumir preferências sexuais que brotam do inconsciente do pretenso pesquisador, evidenciando suas próprias carências, frustrações, recalques e impulsos reprimidos.

Tais "mensagens subliminares satânicas" invariavelmente encontram-se entre ruídos de estática e cacofonias múltiplas, exigindo grande foco de concentração e elevado esforço e boa vontade, ou mesmo acentuada predisposição a ouvir (como reforço de crenças religiosas de certas seitas difundidas no contexto urbano). O expediente empregado consiste sempre em induzir uma interpretação dos ouvintes, repetindo diversas vezes o trecho no qual alegam existir a voz do demônio, explicando o que deve ser percebido, falando após o trecho a frase a ser interpretada dos sons caóticos. Depois de diversas repetições, ensinam a platéia a ouvir a frase desejada por *sugestão, condicionando* a interpretação desejada.

O *modus operandi* dos supostos pesquisadores é sugestionar a platéia ingênua, apresentando-se como autoridades, presidentes de alguma suposta importante entidade de pesquisa, trajando terno e gravata escuros e sóbrios. Seus discursos em tom solene, como fossem um sermão ou pregação religiosa apocalíptica, tentam impor respeitabilidade e predispor as massas à aceitação de suas "revelações", imbuídos que foram dessa "missão" revelada por Deus.

Ao final, esses "pesquisadores" pedem donativos, doações e até mesmo inscrições de pessoas como colaboradoras de empresas ou sites da internet. Alguns chegam a cadastrar a platéia toda e depois emitem carnês ou boletos de cobrança de seus "dízimos" (enviados religiosamente todo mês pelo correio aos cadastrados). Eles afirmam que o pagamento seria um remédio, uma vacina preventiva, que livraria as pessoas de ser possuídas por pretensas mensagens subliminares dos demônios existentes em toda a mídia, prometendo evitar que crianças se masturbem, que pais e mães de família apostem em jogos de azar ou se embriaguem, garantindo milagrosa cura dos alcoólatras e diversos outros atos de *charlatanismo*.

Como deve agir o pesquisador idôneo para testar a veracidade dessas supostas alegações? Um meio objetivo para verificar a real existência de tais frases satanistas ditas "subliminares" requer algumas precauções: 1) tocar ao contrário apenas o trecho da alegada frase para cinco indivíduos que desconheçam tais supostos subliminares; 2) sem que saibam qual a frase alegada, a cada um isoladamente, pedir que escrevam o que ouviram (se ouviram algo) lacrando em envelopes; 3) posteriormente, abrindo os envelopes, pode-se apurar se há concordância exata em pelo menos três dos cinco participantes. Com tal procedimento, podem-se evitar fraudes e obter resultados menos inconsistentes, descartando delirantes frutos de projeções, chegando a resultados menos questionáveis e começando a realizar um trabalho mais objetivo e aproximado do que seria exigido pela mínima metodologia científica. Contudo, esse pesquisador deve ter a postura ética na pesquisa e honestidade científica para admitir a possibilidade de sua hipótese de "a voz de Satã nos discos de vinil ao contrário" ser falseada.

Alguém com senso crítico, amadurecido, verifica antes de aceitar conclusões cegamente, resiste a imposições, tem a honestidade intelectual de reformular posições diante de novas evidências e provas, é curioso e aprecia conferir diversas perspectivas e hipóteses alternativas. Esta postura é sempre antecedida por um domínio razoável do idioma, de coerência lógica ao encadear argumentos e de coexistência com a comunidade de pesquisadores da mesma área, rivais e também indiretamente colaboradores, cuja constante fiscalização mútua aperfeiçoa e refina procedimentos metodológicos.

Não se pode nunca esquecer da contribuição de pesquisadores como Paul Feyerabend, que escreveu sobre o perigo de a metodologia "engessar" ou paralisar processos heurísticos, criativos e inovadores, bem como de estudiosos da epistemologia tal qual Thomas Kuhn, que descreve a ruptura de paradigmas do cientista revolucionário.

KEY E OS PASSOS
PARA A RESISTÊNCIA

Correndo o risco de simplificar os processos do pensamento, tão variados e únicos quanto os indivíduos que pensam ou mesmo aqueles que apenas pensam que pensam, aqui estão alguns passos que podem diminuir a vulnerabilidade humana à manipulação da mídia.

1. Relaxe. Sob as pressões constantes da mídia moderna, isto deve ser aprendido ou reaprendido. As técnicas variam da simples respiração profunda à auto-hipnose e meditação. O relaxamento aumenta a probabilidade de percepções da realidade bem-feitas e relacionadas aos fatos. A tensão, o estresse e a ansiedade aumentam a vulnerabilidade à manipulação. A redução do estresse é o método mais eficaz de análise dos estímulos subliminares e dos significados e motivações ocultos.

2. Protele. Testar as conclusões é imperativo. O tempo é uma abstração, geralmente criada para vantagem de alguns e desvantagem de outros. Vá devagar. Dê

tempo a si mesmo. A pressão do tempo em geral aciona as defesas perceptivas.

3. Perceba. A análise do que é percebido, e o processo de abstração pelo qual isso é descrito, pode aprimorar a percepção da realidade. Compare suas reações às reações dos outros. Depois estude as reações dos outros em relação às suas. E, finalmente, examine suas percepções sobre as percepções deles. Reflita conscientemente sobre o conceito perceptivo da comunicação. Isso pode ser divertido! Isso o coloca imediatamente fora do alcance da maioria dos estímulos da mídia e dos anúncios. Compare as percepções de fantasia da mídia com a realidade – o mundo real perceptível.

4. Descontextualize. Inverta o pensamento lógico-sintático. Expectativas normais freqüentemente parecem bastante anormais quando vistas fora de contexto. Experimente percepções ilógicas, absurdas, de cabeça para baixo, das palavras e imagens. Tente com o que é perceptivelmente ilógico. A criatividade pode com freqüência mantê-lo longe dos problemas e proporcionar respostas insuspeitas, escondidas nas premissas autovedadas – tanto as suas quanto as dos outros.

5. Molecularize. Isole palavras e imagens. Procure os significados enterrados dentro de suas percepções. Examine os mínimos fragmentos. Tudo, mesmo as coisas menores e menos visíveis percebidas pelos homens, tem um significado, especialmente as coisas que parecem sem valor. Olhe ainda mais cuidadosamente as percepções que sua mente diz irrelevantes. Não existe nenhuma percepção humana insignificante e desprovida de sentido.

6. Simbolize. Os símbolos geralmente carregam significados múltiplos e inconscientes. Tudo que é percebido é

simbólico: palavras, coisas, imagens e pessoas. Jogue com símbolos. Procure as relações ou estruturas que sua mente consciente rejeita como tolas. Procure significados múltiplos, significados sem sentido, os significados dos significados, o significado sob ou sobre o significado. Investigue profunda e cuidadosamente.

7. Busque as motivações. Faça uma análise sobre as motivações. Toda comunicação envolve motivações, especialmente aquelas que enganamos. As motivações tanto do emissor quanto do receptor são importantes. As motivações existem em nível consciente e inconsciente. Relacione as possíveis motivações envolvidas. Procure motivações impossíveis ou improváveis. Mantenha a questão das motivações em aberto. As motivações podem ser profundas, complexas, múltiplas, entrelaçadas e, com freqüência, aparentemente contraditórias. Nenhuma forma de comunicação pode ser significativamente avaliada sem a consideração das motivações, uma motivação para vencer pode estar camuflando uma motivação para perder, e vice-versa. Aparentes vencedores podem estar inconscientemente procurando um desastre apropriado para que possam perder espetacularmente.

8. Avalie. Certifique-se de que tem uma idéia clara sobre quem está falando com quem, e sobre quem e o que está falando. As distinções que os homens fazem verbalmente, as ideologias que eles perseguem, as avaliações que fazem, as teorias que abraçam, as decisões que anunciam, os princípios que propõem e as discussões que provocam revelam o seu íntimo. Tudo isso revela muito mais coisas sobre os tópicos que eles descrevem ostensivamente. Não aceite nada nem ninguém por seu valor nominal (Key, 1996, p. 291-292).

A LENDA E O DESMENTIDO:
QUESTÕES SUSPEITAS

Como já foi estudado, a midiologia subliminar teve seu primeiro registro fora dos laboratórios de psiquiatria das universidades em 1956, quando a firma de Jim Vicary, Subliminal Projection Company, fez uso do taquicoscópio em um cinema, projetando a cada cinco segundos a frase "Beba Coca-Cola" sobre o filme *Picnic*, na velocidade de 1/3.000 de segundo cada vez, aumentando as vendas do refrigerante no intervalo. Esse experimento erroneamente recebeu a fama pejorativa de "lenda urbana" internacional entre professores e pesquisadores da comunicação mal informados ou preconceituosos.

Ora, se há data e local do evento registrados, não se pode atribuir a pecha de "lenda urbana", boato incerto e vago de teor sobrenatural ou mitológico (o fantasma de uma loira no banheiro das escolas é um exemplo de lenda urbana). Considerar o subliminar "lenda urbana" é um erro crasso ou atitude de alguém mal-intencionado, objetivando induzir a erro e enganar o leitor desavisado.

Hoaxes e boatos de internet repetem exaustivamente que somente em 1962 James Vicary teria concedido uma suposta entrevista à revista *Advertinsig Age*, em que teria confessado ter sido pressionado pelos investidores a publicar resultados de experimentos que não tinha feito realmente.

> [...] nós fomos forçados a divulgar a idéia (da subliminaridade) antes que estivéssemos realmente prontos... nós não havíamos feito nenhuma pesquisa exceto o mínimo necessário para registrar a patente. Eu tinha pouco interesse na companhia (Subliminal Projection) e uma pequena quantidade de dados, muito pequena para ser significativa.

Ao inserir imagens com os dizeres *"Drink Coke"* e *"Eat Popcorn"* durante a projeção do filme, ele teria aumentado em 57,7% as vendas de Coca-Cola e em 18,1% as vendas de pipoca às portas de saída do cinema. A experiência teria sido relatada na revista *Advertising Age* (v. 37, p. 127, de 16 de setembro de 1957).

Cabe aqui questionar as razões que teriam levado James Vicary a desmoralizar-se e perder a própria credibilidade como publicitário perante o mercado – o que ganharia ele com esta declaração? Por que teria esperado tantos anos, se o anunciante-investidor que o pressionou seria a Coca-Cola? O que o levou a fazer suas afirmações de uma forma a levar a crer que havia descoberto, patenteado ou criado o taquicoscópio, omitindo da opinião pública que as pesquisas psiquiátricas envolvendo subliminares remontam ao século XIX? (Peirce e Jastrow em 1884, conforme Channouf, 2000, p. 31; e em junho de 1934, conforme a tese de doutorado de Collier em Psicologia Experimental.)

Cabe recordar que Galileu Galilei foi levado ao tribunal da inquisição, coagido e pressionado a negar suas pesquisas de que a Terra girava em uma órbita ao redor do Sol. Mesmo sabendo estar correto e acreditando nos seus resultados, ele cedeu à pressão da poderosa Igreja Católica e desmentiu-se, retratou-se com desculpas (*Piu, se move!*, diz a anedota histórica). Futuras pesquisas poderão identificar se, como no antecedente histórico de retratação de Galileu, interesses de multinacionais em abafar o caso e desinformar a opinião pública poderiam ter pressionado ou coagido o publicitário a desmentir-se, ou se tudo isso é mera paranóia e teorias conspiratórias.

Recorde-se de que casos como Pokémon e Bush foram divulgados apenas pela agência de notícias britânica Reuters. As outras agências, de modo estranho e, no mínimo, suspeito, calaram-se sobre estes e outros casos envolvendo subliminares. Cabe investigar se existem e quais são as razões de tal seletividade, censura ou desinformação; ou se têm sido sempre meras coincidências. As obras de Chomsky podem servir como base e parâmetro para esta futura pesquisa midiática que historiografe tais casos polêmicos e confusos até hoje.

MENSAGEM SUBLIMINAR NA MÚSICA:

BACKWARD MASKING

Muitas vezes sou procurado para falar sobre entidades metafísicas ou religiosas que supostamente estariam inserindo subliminares na música popular: são os famigerados "subliminares de Satã".

É necessário conhecer um pouquinho da história para saber como tudo começou, quais foram as origens do problema.

Após a Reforma, alguns protestantes na Inglaterra (livres da ameaça do Santo Ofício) passaram a fazer orgias sexuais em ruínas de igrejas católicas, deitando mulheres nuas sobre o altar e rezando uma tal de "missa negra". Como não sabiam latim (língua em que os padres católicos oficiavam e oravam), para dar um toque teatral e misterioso de língua estrangeira, os praticantes diziam frases ao contrário, brincando com a Igreja Católica de modo covarde, vilipendiando seus símbolos religiosos. Por exemplo: "Pai Nosso que estais no Céu" seria pronunciado "uéc on siatse euq osson iap", que de fato parece ser outra língua, desconhecida, profana e diabólica. Essas blasfêmias impressionavam os incautos e tolos que acreditavam tratar-se realmente de um pacto com diabos chifrudos cheirando a enxofre. Com uma música sensual e mulheres nuas, muito vinho e sexo, a prática liberava as culpas dos reprimidos sexualmente e impressionava os ignorantes que não conheciam o truque.

Nas histórias em quadrinhos do Batman, existe até mesmo a personagem Zatana, uma feiticeirinha inglesa, vestindo corpete justo e meia arrastão, bem sensual, que diz feitiços falando as frases ao contrário, zombando dessa palhaçada!

Como os adolescentes são muito impressionáveis e passam por uma fase na qual ficam revoltados e questionam os valores religiosos dos pais, algumas bandas de rock da Inglaterra passaram a colocar figuras satanizadas nas capas dos discos de vinil nos anos 1970, algumas usando pentagramas invertidos, bruxas, morcegos e até nomes de aparelhos de tortura, como Iron Maiden, ou missas negras, algo como Black Sabbath e outros do gênero.

Muito espertas, as produtoras dessas bandas passaram a colocar frases invertidas como as das antigas missas negras da mesma Inglaterra gravadas ao contrário nos sulcos dos velhos discos de vinil, predecessores dos CDs.

Ora, após inserir tais frases invertidas e prensar os discos, as gravadoras mandavam cartas aos fanzines espalhando o boato de que o vocalista da banda tinha morrido de overdose, ou em um acidente de carro, e feito um "pacto de Fausto com o diabo", e de que voltara à vida com a missão de espalhar essas frases e seduzir a alma dos jovens. Risível, teatral, ridículo, algo que só uma mentalidade infantil e reprimida, como a de um escolar da Inglaterra nos anos 1970, poderia aceitar!

Os adolescentes reuniam-se então durante horas, girando os discos ao contrário para ouvir tais frases, fumando escondidos, bebendo cerveja, e outros "horrores pecaminosos" para os pais puritanos ingleses de 1970.

Acontece que os discos de vinil tinham sulcos, e uma agulha de diamante da vitrolinha ia batendo nestes sulcos enquanto girava o disco. Quando se toca o disco ao contrário, a agulha bate direto na quina desses sulcos quebrando-os. Os engenheiros de som chamam isso de abrasivo: o desgaste vai lixando os sulcos, o disco se estraga rapidamente, o som vai ficando chiado, apagado, rouco, obrigando os tolos jovens a comprar outro disco para substituir o estragado.

Na verdade, essa história de frases invertidas sempre foi um golpe de marketing bem maldoso, sem vergonha, um desrespeito ao consumidor, tirando proveito da ignorância e infantilidade dos crédulos adolescentes ingleses.

E dava tão certo que as vendas duplicavam, em alguns casos até triplicavam!

Foi aí que aconteceu o inesperado: na Inglaterra e principalmente nos Estados Unidos, havia nos anos 1970 algumas seitas pseudoneopentecostais cheias de adeptos ingênuos, de pouca instrução, em sua maioria migrantes oriundos do campo. Apavorados com o fogo do inferno e com diabos malvados, esses crentes pagavam dízimos perfazendo quantias significativas. Os oportunistas construíam as igrejas sempre em favelas e bairros de pobreza, miséria e ignorância na periferia de Londres e Nova York (e até mesmo no exterior, como foi o caso do reverendo Jim Jones na Guiana). Podemos ver situação semelhante nos dias de hoje em muitas cidades brasileiras.

Ora, para tais pastores oportunistas esse golpe de marketing "caiu do céu". Passaram a fazer sessões públicas com suas vitrolinhas portáteis virando os discos de vinil ao contrário: agora, todas as músicas tinham frases demoníacas, e só doando muito dinheiro era possível ficar exorcizado e livre do mal! Mais uma arma para apavorar os ignorantes e extorquir dinheiro dos fiéis indefesos e crédulos que neles confiavam. Porém, as músicas de *heavy metal* que tinham mesmo essas frases esgotaram seu ciclo, o modismo passou, perdeu a graça para os consumidores adolescentes. A novidade acabou e as gravadoras partiram para outros golpes de marketing mais criativos.

Alguns pastores bem assessorados, porém, logo descobriram um modo de continuar enganando os fiéis utilizando um mecanismo que a psicologia chama de projeção: a mente humana almeja ver coisas conhecidas, seguras e familiares, forçando ordem em padrões caóticos. Um exemplo comum, não pernicioso, que já mencionamos, são as figuras que enxergamos na nuvens: somos capazes, inclusive, de mostrar a tromba e a cauda de um elefante, e procuramos convencer nosso vizinho de que a figura está lá.

Assim, a imagem contagia a percepção, é uma projeção imposta por sugestão, como um tipo de hipnose. A sugestão pode ser tão eficaz a ponto de provocar delírios coletivos, de massas.

Trata-se de um efeito conhecido há séculos, já notado na Renascença italiana. Leonardo da Vinci, em seu *Tratado da pintura*, pede aos estudantes que prestem atenção nas manchas da parede do quarto antes de dormir e projetem figuras – cavalos, rostos, castelos – a cada dia procurando ver coisas diferentes na mesma mancha e desenhando tudo para treinar a criatividade.

Ora, essa projeção acontece também nos sons: se se tocar uma música de trás para a frente e disser que ali há determinada frase, é possível predispor e sugestionar outra pessoa, induzindo-a a projetar no som aquela frase específica. Se o processo for repetido diversas vezes, a pessoa será convencida, como no caso do elefantinho nas nuvens do céu. Esse processo é a projeção; induzir outras pessoas a ver e/ou ouvir o mesmo delírio é chamado sugestão. Se a projeção mobiliza um aspecto sombrio da personalidade, um medo reprimido, inconsciente, um personagem como o diabo, pode chegar a haver histeria de massas. Trata-se de uma atividade irresponsável e perigosa, que pode ocasionar linchamentos ou vandalismo coletivo, e até mesmo um surto psicótico em uma pessoa predisposta.

Obrigar as pessoas a ouvir essas músicas invertidas significa causar um enorme risco à saúde mental. É uma irresponsabilidade desses "profissionais da religião", sedentos de dízimos e sequiosos por riquezas e bens materiais à custa de traumas e fobias, talvez irreversíveis, nas suas vítimas incautas. Tais atitudes chegam a ameaçar as instituições democráticas e o modo de vida esclarecido e civilizado, uma vez que pregam a intolerância quando afirmam que todas as religiões afro-brasileiras são cultos ao demônio, e que a Bíblia recomenda "não deixarás viver a feiticeira". Dessa forma, incentivam a violência e comprometem a ordem pública ao insinuar aos crentes que queimem bruxas vivas ou depredem templos afro-brasileiros.

Assim, toda e qualquer música sempre pode ter tudo o que o indutor-pastor desejar, desde culto ao diabo até ordens de suicídio, uso de drogas, assassinato, adultério etc. Todo criminoso/pecador poderia dizer que ouviu ou viu uma "mensagem ao contrário" e foi induzido ao crime por satã; ou seja, foi forçado, não estava em pleno uso de suas faculdades mentais, não podendo ser responsabilizado pelo crime, não devendo sofrer punição alguma.

Portanto, segundo a lógica dessas seitas neopentecostais, você pode assassinar todo mundo que desejar, alegar que foi "subliminado", como eles dizem, que seu livre-arbítrio foi minado e anulado pela frase invertida (que eles errônea ou maldosamente chamam de "subliminar", mesmo sabendo que nada tem que ver com a tecnologia subliminar de vender produtos ou serviços utilizada pela propaganda). O criminoso poderia então exigir ser exorcizado e posto em liberdade, para depois matar outra pessoa, estuprar, roubar e sempre alegar que ouviu uma música no rádio ou saindo de uma janela quando passava na rua, livre de conseqüências e de responsabilidades. A meu ver, isso incluiria, segundo esta mesma lógica, trucidar até o próprio pastor sempre "subliminado" por satã.

Os tais pastores ingleses chegaram a batizar essas frases como "backward masking".

Resta explicar tecnicamente que a agulha de diamante da vitrolinha **nunca** toca naquela parte inferior dos sulcos do disco de vinil, não reproduz o som, apenas o faz quando viramos o disco ao contrário. Só então surgem as tais frases invertidas, como nas antigas brincadeiras das missas negras inglesas. Ou seja, as frases **nunca** são tocadas nem ouvidas espontaneamente. Elas são resultado de forçar fisicamente a agulha na direção oposta. Caso a música seja gravada do modo normal em outra fita, e esta tocada ao contrário, tal frase nem aparecerá.

Ora, se de forma proposital, intencional, consciente e deliberada, rodamos o disco ao contrário, a mensagem não é nem tem nada de subliminar, pois é emitida de forma clara, sem subterfúgios. Assim, os "falsos profetas" não sabem o que é subliminar ou desejam lograr os ingênuos.

Um menino de família crente, adolescente na fase de revolta, pode então comprar tranqüilamente CDS de bandas metaleiras, com a desculpa de estudar subliminar, mostrar aos pais esses trechos e ainda cultivar a fama de estudioso e defensor da fé. É nisso que consiste o golpe de marketing, pois os pais permitem e até incentivam a compra destes discos. Um golpe excelente, muito bem planejado, ainda que desrespeitoso e inescrupuloso!

Na verdade, esse *backward masking* é uma mensagem consciente, como um código, assemelhando-se a um acróstico (poema em que a junção das primeiras letras de cada estrofe forma uma palavra – se for o nome da sua namorada, você terá de destacar a primeira letra ou avisá-la para prestar atenção) ou a um palíndromo (palavra ou frase que pode ser lida da mesma maneira nos dois sentidos, como "Roma é amor"; repare, porém, que o som ficaria diferente, os fonemas seriam outros se a frase fosse invertida foneticamente).

Tudo não passa de um absurdo sem sentido, um recurso para oportunistas ganharem dinheiro dos incautos, aproveitando-se da ignorância alheia.

Aproveitadores que buscam autopromoção, comparecendo a programas televisivos de cunho sensacionalista com suas vitrolinhas e velhos discos de vinil, nunca resistiriam a um exame sério e com o rigor da metodologia científica: notação fonética das frases por um fonoaudiólogo habilitado, um engenheiro de som competente, um psicólogo especializado em mecanismos de projeção, sugestão de massas e tecnologia subliminar.

O lamentável é que nesta busca desenfreada por donativos e dízimos certos fanáticos religiosos estejam maculando uma importante linha de pesquisa da propaganda subliminar: a superexposição banaliza e ridiculariza as pesquisas sérias desta tecnologia. Com isso, o grande público associa a palavra "subliminar" ao ridículo e à superstição, ao fanatismo religioso mais infantil, ficando desprevenido e fragilizado perante os verdadeiros abusos que alguns setores da mídia fazem dessas tecnologias subliminares.

EXEMPLOS DE MÚSICAS QUE BRINCAM COM O RIDÍCULO DAS FRASES INVERTIDAS

Esses exemplos podem ser conferidos com sonoplastias nas centenas de sites anônimos espalhados na internet, cujo único e invariável título é mensagem subliminar. Basta colocar estas duas palavras em qualquer mecanismo de busca tipo Google ou Alltheweb e conferir.

1) Capital Inicial — Na música "Mickey Mouse em Moscou", surge uma conversa estranha com ruídos entre Dinho e outro integrante do grupo. Ao se fazer a inversão dessas frases, dizem que surge:
— Ei Tobi, eu acho que eles estão nos espiando...
— Você acha mesmo?
— Yeah, vamos para um lugar mais reservado.
— Que tal na Ilha de Malta?
— Why, animal?
— Ei você aí, escutando, dá um tempo! Cai fora, babaca!
— Hahahahaha...

2) Engenheiros do Hawaii — Na música "Ilusão de ótica", quando executada normalmente, ouve-se: "Ih, não roda assim, não gosto que rode assim...", que provoca e dá claramente a dica direta ao ouvinte. E, quando executada ao contrário, alegam que surge: "Por que você está ouvindo isto ao contrário, o que você está procurando, hein?", nitidamente ridicularizando os fanáticos por inverter todas as músicas que

ouvem, aliás, ótimos consumidores que compram tudo o que sai para ouvir ao contrário.

3) Pink Floyd — Na música "Empty spaces", quando executada ao contrário, afirmam surgir a voz de Roger Waters falando: "Congratulations, you have just discovered the secret message. Please send your answer to 'Old Pink', Care of the funny farm, Chalfont..." ("Parabéns, você descobriu a mensagem secreta. Por favor envie sua resposta para o Velho 'Pink', aos cuidados da divertida fazenda, Chalfont..."), o que geraria um excelente cadastro ou mala-direta de quantos fãs podem ser localizados para pré-venda de convites de shows, pré-testes de novos discos etc. Maximarketing, mala-direta com *database*, banco de dados, confirmando ser tudo golpe de marketing mais uma vez.

Há numerosos exemplos na internet, que seriam cômicos se não fossem trágicos.

Enfatizo um teste: sugiro ao leitor divertir-se ouvindo os chiados e ruídos sem nexo sem ter lido a frase que direciona a percepção antes, para confirmar os mecanismos de projeção e sugestão e falsear a hipótese alucinada dos fanáticos pseudo-religiosos.

BIBLIOGRAFIA

LIVROS E ARTIGOS

"A PROPAGANDA subliminar". *Folha de S.Paulo*, São Paulo, 12 fev. 1974, p. 2.

ADLER, Norman. "The biopsychology of hormones and behavior". In: DEWS-BURY, Donald A.; RETHLINGSHAFER, Dorothy A. *Comparative psychology: a modern survey*. Londres: McGraw-Hill, 1974.

AGITAÇÃO social, *violência: produtos de laboratório que o Brasil rejeita*. 3. ed. São Paulo: Vera Cruz, 1984. [Tradição, Família e Propriedade]

ALLPORT, Gordon W.; POSTMAN, Leo. *The psychology of rumor*. Nova York: Henry Holt, 1947.

ANDRADE, Sérgio Augusto. "O efeito Arcimboldo". *Jornal da Tarde*, São Paulo, 6 fev. 1988, p. 6.

ANTÍPODA. Lisboa, n. 9, out. 1988.

ARAÚJO, Anna Gabriela. "Discreta aparição". *Marketing*, São Paulo, n. 351, ano 36, abr. 2002, p. 38-45.

ARIAM, Sima; SILLER, Jerome. "Effects of subliminal oneness stimuli in Hebrew on academic performance of Israeli high school students". *Journal of Abnormal Psychology*, 9(5), p. 343-349, 1982.

AUGRAS, Monique. *Opinião pública: teoria e pesquisa*. 3. ed. Petrópolis: Vozes, 1978.

BABIN, Pierre; KOULOUMMIAN, Maria-Franca. *Novos modos de compreender*. São Paulo: Paulinas, 1989.

BACH, Sheldon; KLEIN, Georges S. "Conscious effects of prolonged subliminal exposures of words". *The American Psychologist*, 12(7), p. 397, jul. 1957.

BAKER, Stephen. *Visual perceptions, the effects of pictures on the subconscious*. Nova York: McGraw-Hill, 1961.

BALAM, Jennifer; SHEVRIN, Howard. "The subliminal psychodynamic activation method: a critical review". *American Psychologist*, 43(3), p. 161-174, 1988.

BARBOSA, Ivan Santo. *Ou vivre*. Cabay: Louvain-la-Neuve, 1982.

BARDIN, Laurence. *Análise de conteúdo*. São Paulo: Martins Fontes, 1977.

BARRETO, Tobias. *Estudos alemães*. Sergipe: Secretaria da Educação/Gráfica Alvorada, 1978.

BATAN, Marco Antônio. *Propaganda: o domínio através do som – o estudo da influência do som nos comerciais de televisão*. São Paulo, 1992. Tese (Doutorado em Ciências da Comunicação) – Escola de Comunicação e Artes, Universidade de São Paulo.

BAZARIAN, Jacob. *Intuição heurística*. 3. ed. São Paulo: Alfa-Ômega, 1986.

BELLENGER, Lionel. *A persuasão e suas técnicas*. Rio de Janeiro: Zahar, 1987.

BENNET, Peter; KASSAMIAN, Harold. *O comportamento do consumidor*. São Paulo: Atlas, 1975.

BERGER, John. *Modos de ver*. São Paulo: Martins Fontes, 1972.

BLEN, Berta. "To hear or not hear: a legal analysis of subliminal communication technologies in the arts". *Rutgers Law Review*, v. 44, n. 4, p. 871-922, 1992.

BLOCK, Martin; VANDEN BERGH, Bruce. "Can you sell subliminal messages to consumers?". *Journal of Advertising*, 6(14), p. 59-62, 1985.

BRECHT, Bertolt. *Estudos sobre teatro*. Coletados por Sigfried Unseld. Tradução de Fiama Paz Brandão. Rio de Janeiro: Nova Fronteira, 1978.

BROWN, J. A. C. *Técnicas de persuasão: da propaganda à lavagem cerebral*. 3. ed. Rio de Janeiro: Zahar, 1976.

BUYSSENS, Eric. *Semiologia e comunicação lingüística*. Tradução de Izidoro Blikstein. São Paulo: Cultrix/Edusp, 1972.

CABRAL, Plínio. *Propaganda: a alquimia da sociedade industrial*. São Paulo: Nacional, 1986.

CADERNOS de comunicação Proal, n. 3, 1978, p. 22.

CAGNIN, Antonio Luiz. *Os quadrinhos*. São Paulo: Ática, 1975.

CALAZANS, Flávio Mário de Alcantara. "Para uma abordagem multidisciplinar dos comportamentos coletivos". *Leopoldianum*, Unisantos, 14(45), p. 69, 1989.

_____. "Propaganda subliminar: a técnica e o tabu". *Leopoldianum*, Unisantos, 14(41), p. 135-142, 1987.

_____. *Propaganda subliminar visual gráfica dos iconesos ao subtexto: um estudo de caso*. São Paulo, 1993. Tese (Doutorado em Ciências da Comunicação) – Escola de Comunicação e Artes, Universidade de São Paulo.

_____. "Midiologia subliminar: marketing do pânico – de Pokémon à pokemania". *Líbero*, São Paulo, ano III, v. 3, n. 5, p. 74-87, 2000.

_____. "Biomidiologia aplicada ao Pokémon". In: *Encontros culturais Portugal–Japão–Brasil*. Barueri: Manole, p. 69-122, 2002.

_____. *Ecologia e biomidiomologia*. São Paulo: Plêiade, 2002.

_____. "Subliminal for a new world". In: *Communication for a new world: Brazilian perspectives* (Brazilian papers selected and presented on the 18th Conference of the International Association for Mass Comunication Research – IAMCR). São Paulo, Escola de Comunicações e Artes da USP, 1993, p. 77-87.

CAMPOS, Haroldo de. *A operação do texto*. São Paulo: Perspectiva, 1976.

_____. *Ideograma: lógica, poesia, linguagem*. São Paulo, Cultrix/Edusp, 1977.

CARLETTI, Amilcare. *Brocardos jurídicos*. São Paulo: Livraria e Editora Universitária de Direito, 1984.

CARRAHER, David Willian. *Senso crítico: do dia a dia às ciências humanas*. São Paulo: Pioneira, 1983.

CAVALCANTI, Ionaldo de Andrade. *O mundo dos quadrinhos*. São Paulo: Símbolo, 1977.

CEZIMBRA, Márcia. "O lucro subliminar das telenovelas". *Jornal do Brasil*, Rio de Janeiro, 10 mar. 1987, p. 4.

CHANNOUF, Ahmed. *Les images subliminales*. Paris: Presses Universitaires de France, 2000.

CHAUVIN, Rémy. *A etologia*. Tradução de Roberto Lacerda. Rio de Janeiro: Zahar, 1977.

CHESKIN, Louis. *Por que se compra*. São Paulo: Pioneira, 1964.

COELHO, Luiz Fernando. *Lógica jurídica e interpretação das leis*. Rio de Janeiro: Forense, 1981.

COHEN, Daniel. "Can subliminal messages thwart theft?". *Ventura*, 7, p. 84-86, fev. 1985.

COLLIER, R. M. "An experimental study of the effects of subliminal stimuli". *Psychological Monographs*, 52(5), p. 1-59, 1940.

COLON, Theresa. "Suggestive software". *Computer Decisions*, 17(29), jan. 1985.

COMPARATO, Doc. *Roteiro: arte e técnica de escrever para cinema e televisão*. 4. ed. Rio de Janeiro: Nórdica, 1983.

COPI, Irving. *Introdução à lógica*. São Paulo: Mestre Jou. 1979.

CORETH, Emerich. *Questões fundamentais de hermenêutica*. São Paulo: EPU/Edusp, 1973.

COSTA, Mauro Sá Rego. "Aventuras de Alice no país subliminar". *Folha de S.Paulo*, São Paulo, 9 out. 1984, p. 27.

CUPERFAIN, Ronnie; CLARKE, Keith. "A new perspective of subliminal perception". *Journal of Advertising*, Wyoming, 14(1), p. 36-41, 1985.

DAUBER, Richard. "Subliminal psychodynamic activation in depression: on the role of autonomy issues in depressed college women". *Journal of Abnormal Psychology*, 93(1), p. 9-18, 1984.

DELLA TORRE, Maria Benedita. *O homem e sociedade*. 8. ed. São Paulo: Nacional, 1980.

DESOBEDIÊNCIA civil, n. 4, São Paulo, jan. 1988.

DEWSBURY, Donald A.; RETHLINGSHAFER, Dorothy A. *Comparative psychology: a modern survey*. Londres: McGraw-Hill, 1973.

DIX, David (ed.). *The truth about subliminal* (Llewellyn Educational Guide). St. Paul: Llewellyn, 1985.

DOOR, Jöel. *Introdução à leitura de Lacan: o inconsciente estruturado como linguagem*. Porto Alegre: Artes Médicas, 1990.

DORIN, L. *Dicionário de psicologia*. São Paulo: Melhoramentos, 1978.

ECCLES, John C. *O conhecimento do cérebro*. São Paulo: Atheneu/Edusp, 1979.

EISNER, Will. *Comics and sequential art*. Flórida: Poor House Press, 1985.

"EMBUTINDO o merchandising". *A Tribuna*, Santos, 18 jun. 1989, p. 33.

EPSTEIN, Isaac. *Divulgação científica: 96 verbetes*. Campinas: Pontes, 2002.

ERAUSQUIN, M. Alfonso *et al*. *Os teledependentes*. São Paulo: Summus, 1983.

ERBOLATO, Mário L. *Dicionário de propaganda e jornalismo*. 2. ed. Campinas: Papirus, 1986.

ESCHER, M. C. *29 master prints*. Introdução de M. C. Escher. Nova York: Harry N. Abrams, 1981.

ESPINAL, Luis. *Cinema e seu processo psicológico*. São Paulo: LIC, 1976 (Coleção Cadernos de Cinema v.1).

ESPINALT, Carlos M. *Manual de propaganda moderna*. São Paulo: Hemus, s.d.

FARIA, A. Nogueira de; SUASSUNA, Ney Robinson. *A comunicação na administração*. Rio de Janeiro: LTC, 1982.

FARINA, Modesto. *Psicodinâmica das cores em comunicação*. 2. ed. São Paulo: Edgard Blucher, 1986.

FERNANDES NETO, Guilherme. *Direito da comunicação social*. São Paulo: Editora Revista dos Tribunais, 2004.

FERRARI, Zuleika Seabra. *Defesa do consumidor*. São Paulo: Loyola, 1981.

FERRÉS, Joan. *Televisão subliminar: socializando através de comunicações despercebidas*. Porto Alegre: Artmed, 1998.

FIORE, Quentin; McLUHAN, Marshall. *O meio são as massa-gens*. Rio de Janeiro: Record, 1969.

FLÜSSER, Vilém. *Filosofia da caixa preta*. São Paulo: Hucitec, 1985.

FORASTIERI, André. "Peter Greenaway vê Dante com olhos eletrônicos". *Folha de S.Paulo*, São Paulo, 27 nov. 1989, p. 3.

FRAUMAN, David *et al*. "Effect of subliminal symbiotic activation on hypnotic rapport and suscetibility". *Journal of Abnormal Psychology*, 93(4), p. 481-483, 1984.

FRYDMAN, Marcel; BETTEGA-MOSER, Perla. "Publicité et manipulation subliminale". *Cahiers de Psychologie Sociale* n. 6, p. 10-20, abr. 1980.

GABLE, Myron *et al*. "An evaluation of subliminally embedded sexual stimuli in graphics". *Journal of Advertising*, 16(1), p. 26-31, 1987.

GADE, Christiane. *Psicologia do consumidor*. São Paulo: EPU, 1980.

GAIARSA, José Angelo. *Tratado geral sobre a fofoca: uma análise da desconfiança humana*. São Paulo: Summus, 1978.

GALIZIA, Luiz Roberto. *Os processos criativos de Robert Wilson*. São Paulo: Perspectiva, 1986.

GEMINIANI, Gabriela. "Aroma Marketing ganha espaço no Brasil". *O Estado de S. Paulo*, São Paulo, 19 fev. 2002, p. 2.

GERHARDT, Rodrigo. "Ao gosto do consumidor". *Folha de S.Paulo*, São Paulo, 2 set. 2004, p. 7 (caderno Folha Equilíbrio).

GERSTNER, Karl. *Las formas del color: la interacción de elementos visuales*. Madri: Hermann Blune, 1988.

GIANINI, Sílvio. "Ligações milionárias". *Veja*, São Paulo, ano 24, n. 23, 5 jun. 1991, p. 96-98.

GIANNINI. "Os lucros, com 20 horas de comerciais". *Jornal da Tarde*, São Paulo, 7 jan. 1989, p. 14.

GIOVANNINI, Giovanni (coord.). *Evolução na comunicação: do sílex ao silí-*

cio. Tradução de Wilma Freitas Ronald de Carvalho. Rio de Janeiro: Nova Fronteira, 1987.

GOMES, Vinicius Wagner. *O invisível atua no visível na propaganda?* [Brasília], [s.c.p.], [1999]

GONÇALVES, Oscar K.; SIVEY, Allen E. "The effects of unconscious presentation of information on therapist conceptualizations, intentions, and responses". *Journal of Clinical Psychology*, 43(2), p. 237-44, mar. 1987.

GOODKIN, Olivia; PHILLIPS, Maureen Ann. "The subconscious taken captive: a social, ethical and legal analysis of subliminal communication technology". *Southern California Law Review*, 4(54), p. 1077-1140, jul. 1981.

GRATZ, J. E. "The ethics of subliminal communication". *Journal of Business Ethics*. Amsterdã, Reidel Publishers, 3(3), p. 181-184, ago. 1984.

GREIMAS, Algirdas Julien; COURTÊS, Joseph. *Dicionário de semiótica*. Tradução de Alceu Dias Lima. São Paulo: Cultrix, 1979.

GRINOVER, Ada Pellegrini *et al*. *Código brasileiro de defesa do consumidor: comentado pelos autores do anteprojeto*. Rio de Janeiro: Forense Universitária, 1998.

GROEGER, J. A. "Evidence of unconscious semantic processing from a forced error situation". *British Journal of Psychology*, 75, p. 305-314, 1984.

GUIMARÃES, Luciano. *A cor como informação*. São Paulo: Annablume, 2000.

HABERSTROH, Jack. "Can't ignore subliminal ad charges". *Advertising Age*, 17(3), set. 1984.

HALLIDAY, Tereza. *A retórica das multinacionais: a legitimação das organizações pela palavra*. São Paulo: Summus, 1987.

HARMETZ, Aljean. "O merchandising chega às telas" *Jornal do Brasil*, Rio de Janeiro, 3 jan. 1984.

HAWKINS, Del. "The effects of subliminal stimulation on drive level and brand preference". *Journal of Marketing Research*, 7, p. 322-326, ago. 1970.

HUIGHE, Renê. *O poder da imagem*. Lisboa: Edições 70, 1986.

HULTEN, Pontus (ed.). *The Arcimboldo effects transformation of the face from the sixteenth to the twentieth century*. Londres: Thames and Hudson, 1987.

INVADIRAM sua praia. *A Tribuna*, Santos, 12 jul. 1989, p. 19.

JACOBINA, Paulo Vasconcelos. *A publicidade no direito do consumidor*. Rio de Janeiro: Forense, 1996.

JAKOBSON, Roman. *Lingüística, poética e cinema*. São Paulo: Perspectiva, 1970.

JUNG, Carl Gustav. *A dinâmica do inconsciente*. Petrópolis: Vozes, 1984.

_____. *O homem e seus símbolos*. 4. ed. Rio de Janeiro: Nova Fronteira, s.d.

_____. *Psicologia do inconsciente*. Petrópolis: Vozes, 1987.

_____. *Sincronicidade*. Petrópolis: Vozes, 1984.

KELLY, J. Steven. "Subliminal embeds in print advertising: a challenge to advertising ethics". *Journal of Advertising*, v. 8, p. 20-24, 1979.

KEY, Wilson Bryan. *Media sexploitation*. Nova York: Signet Books, 1977.

_____. *Seducción subliminal*. México: Diana, 1978.

_____. *Subliminal seduction*. Nova York: Signet Books, 1974.

_____. *The clam-plate orgy and other subliminal techniques for manipulating your behavior*. Nova York: Signet Books, 1981.

KLEIN, George *et al*. "Cognition without awareness: subliminal influences upon conscious thought". *Journal of Abnormal and Social Psychology*, 57, p. 255-66, 1988.

KRASS, Peter. "Computers that would program people". *Business and Society Review*, 37, p. 62-4, 1980-1981.

LA COMMUNICATION *et les mass media*. Paris: Les Dictionaires Marabout Université, 1973.

LA COMUNICACIÓN *y los massmedia*. Bilbao: Mensajero, s.d.

LACAN, Jacques. *O seminário: os quatro conceitos fundamentais da psicanálise – livro II*. Rio de Janeiro: Zahar, 1990.

LAGNEAU, Gérard. *A sociologia da publicidade*. Tradução de Heloisa de Lima Dantas. São Paulo: Cultrix/Edusp, 1981.

LAMBERT, Juliana Galassi. *Marketing olfativo como propaganda subliminar*. São Paulo, 2004. Dissertação (Especialização *lato sensu* em Comunicação e Mercado) – Faculdade de Comunicação Social Cásper Líbero.

LANNERS, Edi. *O livro de ouro das ilusões*. Rio de Janeiro: Tecnoprint, 1982.

LAVILLE, Antoine. *Ergonomia*. Tradução de Márcia Maria Neves Teixeira. São Paulo: EPU/Edusp, 1977.

LENEBARGER, Paul M. A. *Guerra psicológica*. Rio de Janeiro: Biblioteca do Exército, 1962. (Coleção General Benício, v. 12)

MACHADO, Arlindo. *A arte do vídeo*. São Paulo: Brasiliense, 1988.

MACHADO, Arlindo et al. *Rádios livres: a reforma agrária no ar*. 2. ed. São Paulo: Brasiliense, 1987.

MANVELL, Rogar; FRAENKEL, Heinrich. *Doutor Goebbels*. Tradução de Paulo Nasser. Rio de Janeiro: Record, 1960.

MARCONDES FILHO, Ciro. *Televisão: a vida pelo vídeo*. São Paulo: Moderna, 1988.

MARINO JÚNIOR, Raul. *Fisiologia das emoções*. São Paulo: Sarvier, 1975.

MARITAIN, Jacques. *Elementos de filosofia II – a ordem dos conceitos: lógica menor*. Rio de Janeiro: Agir, 1977.

MARQUES, Euclides; NOGUEIRA, Antonio Alexandre. *Neurofisiologia para psicólogos*. São Paulo: Centro Editorial Panamericano, 1983.

MARTINS, Marcel. *A linguagem cinematográfica*. São Paulo: Brasiliense, 1990.

MATELLART, Armand; MATELLART, Michelle. *Le carnaval dês images, la fiction bresilienne*. Paris: La Documentation Française, 1987.

McCONNEL, James et al. "Subliminal stimulation". *The American Psychologist*, 13(5), p. 229-42, maio 1958.

McLUHAN, Marshall. *Os meios de comunicação como extensões do homem*. Tradução de Décio Pignatari. 5. ed. São Paulo: Cultrix, 1979.

MELLO, Luiz Eugênio de A. M. "Segredos da consciência". *Folha de S.Paulo*, São Paulo, 25 jul. 1999.

"MERCHANDISING agora é pra valer". *Boletim Técnico CBPE*, 3(30), p. 84-86, jul. 1978.

"MERCHANDISING faz da novela 'balcão'". *Folha de S.Paulo*, São Paulo, 23 out. 1988, p. 1.

MILLER, Cyndee. "Scent as a marketing toll". *Marketing News*, p. 1-2, 18 jan. 1993.

MILLER, James Grier. "Discrimination without awareness". *The American Journal of Psychology*, Nova York, 52, p. 562-576, 1932.

_____. "The role of motivation in learning without awareness". *The American Journal of Psychology*, Nova York, 53, p. 229-239, 1940.

MODA, Adriana Vicente de et. al. *Sentidos subliminares* (trabalho em grupo apresentado no curso de pós-graduação da Faculdade Cásper Líbero, para a disciplina "Propaganda Subliminar Multimídia"). São Paulo, 2004.

MOINE, Donald J.; HERD, John H. *Modernas técnicas de persuasão — a vantagem oculta*. São Paulo: Summus, 1988.

MOLES, Abraham. *O cartaz*. São Paulo: Perspectiva, 1974.

MOLICA, Fernando; MAGYAR, Vera. "Como misturar propaganda à emoção das novelas". *O Estado de S. Paulo*, São Paulo, 9 set. 1983, p. 17.

MOORE, John F.; MOORE, David M. "Subliminal perception and cognitive style in a concept pearning task taught via television". *British Journal of Educational Technology*, 3(15), p. 182-191, out. 1984.

MORGAN, Clifford T. *Psicologia fisiológica*. Tradução de Alcides Gadotti. São Paulo: EPU/Edusp, 1973.

MORRIS, Charles W. *Fundamentos da teoria dos signos*. Tradução de Milton José Pinto. Rio de Janeiro/São Paulo: Eldorado Tijuca/Edusp, 1976.

MOYA, Álvaro de. *História das histórias em quadrinhos*. Porto Alegre: L&PM, 1986.

MUCCHIELLI, Roger. *A psicologia da publicidade e da propaganda*. Tradução de Flávio Sollero de Campos. Rio de Janeiro: LTC, 1978.

MÜLLER, Sara Melissa. *Os aspectos subliminares do áudio na comunicação – uma abordagem introdutória*. Blumenau, 2000. Monografia (trabalho de conclusão de curso apresentado ao curso de Comunicação Social – Publicidade e Propaganda), Centro de Ciências Humanas e da Comunicação da Universidade Regional de Blumenau.

MUNARI, Bruno. *A arte como ofício*. Portugal/Brasil: Presença/Martins Fontes, 1978.

MURCH, Gerald M. "Suggestion for classification of terminology in experiments on subliminal stimulation. *Perceptual and Motor Skills*, 19(2), p. 19-442, out. 1964.

NASCIMENTO, Rodney de Souza. *O merchandising nas novelas da Globo*. São Paulo, 2001. Dissertação (Mestrado em Comunicação) Faculdade de Comunicação Social Cásper Líbero.

NOGUEIRA, Armando. *Playboy*, ano 13, n. 2, 1988. [Entrevista] "O MERCHANDISING na televisão brasileira". *Marketing*, 165, p. 36-40, jul. 1987.

OLIVEIRA, Ana Cláudia; SANTAELLA, Lúcia. *Semiótica da comunicação e outras ciências*. São Paulo: Educ, 1987. (Série Cadernos PUC, v. 30)

OLIVEIRA, Juarez (coord.). *Comentários ao código de proteção do consumidor*. São Paulo: Saraiva, 1991.

OLIVIER, J. M.; BUKKHAM, Robert. "Reply to Silverman". *Journal of Abnormal Psychology*, 94(4), p. 644. ano. (Veja PORTERFIELD, Albert)

OVERBEEKE, C. J. "Changing the perception of behavioral properties by subliminal presentation". *Perceptual and Motor Skills*, 62, p. 255-258, 1986.

PACKARD, Vance. *Nova técnica de convencer*. 5. ed. São Paulo: Ibrasa, 1980.

PAREDES, Carlos; FARIA, Sérgio. "A exploração do olfacto como técnica de marketing". *Marketeer*, Lisboa, ano III, n. 23. p. 30-34, maio 1998.

PEIRCE, Charles Sanders. *Escritos coligidos: sobre a justificação científica de uma conceitografia – os fundamentos da aritmética*. 2. ed. São Paulo: Abril Cultural, 1980. (Coleção Os Pensadores)

PEREZ TORNERO. J. M. *La semiótica de la publicidad*. Barcelona: Mitre, 1982.

PIGNATARI, Décio. "A ilusão da contigüidade". *Através*, 1, p. 35, 1977.

_____. *Semiótica & literatura: icônico e verbal – Oriente e Ocidente*. 2. ed. rev. ampl. São Paulo: Cortez & Moraes, 1979.

_____. *Semiótica da arte e da arquitetura*. São Paulo: Cultrix, 1982.

PINHO, J. B. *Comunicação em marketing*. Campinas: Papirus, 1988.

PLAZA, Júlio. *Tradução intersemiótica*. São Paulo: Perspectiva/CNPq, 1987. (Estudos, 94)

_____. *Videografia em videotexto*. São Paulo: Hucitec, 1986.

PORTÃO, Ramão Gomes. *Criminologia da comunicação*. São Paulo: Traço, 1980.

PORTERFIELD, Albert. "Reply to Silverman". *Journal of Abnormal Psychology*, 96(4), p. 645-646, 1985.

PROPP, Vladimir. *Morfologia do conto maravilhoso*. 2. ed. Lisboa: Vega, 1983.

QUINTA, Evêncio da. *A Tribuna*, Santos, 28 ago. 1987, p. 10.

RABAÇA, Carlos Alberto; BARBOSA, Gustavo Guimarães. *Dicionário de comunicação*. São Paulo: Ática, 1987.

RAMOS, Roberto. *Grã-finos na Globo, cultura e merchandising nas novelas*. Petrópolis: Vozes, 1986.

RAPP, Stan; COLLINS, Tom. *Maximarketing*. São Paulo: McGraw-Hill, 1988.

REBOUL, Olivier. *O slogan*. São Paulo: Cultrix, 1975.

REY, Marcos. *O roteirista profissional: de televisão e cinema*. São Paulo: Ática, 1989.

RIBEIRO, Milton. *Planejamento visual gráfico*. 3. ed. Brasília: Linha Gráfica, 1987.

RIES, Al; TROUT, Jack. *Marketing de guerra*. Tradução de Auriphebo Berrance Simões. São Paulo: McGraw-Hill, 1986.

_____. *Posicionamento: como a mídia faz sua cabeça*. São Paulo: Pioneira, 1987.

RILBOURNE, William E. *et al.* "The effects of sexual embedding on responses to magazine advertisements". *Journal of Advertising*, 14(2), p. 48-55, 1985.

ROBERTSON, Thomas *et al. Consumer behavior*. Glenview: Scott Foresman, 1984.

Rocco, Maria Thereza Fraga. *Linguagem autoritária, televisão e persuasão*. São Paulo: Brasiliense, 1988.

Saegert, Jorl. "Another look at subliminal perception". *Journal of Advertising Research*, 19(1), p. 55-57, fev. 1979.

Salinas, Fernando de Jesús Giraldo. *O som na telenovela: articulações, som e receptor*. São Paulo, 1994. Tese (Doutorado) – Escola de Comunicação e Artes, Universidade de São Paulo.

"Salvem o Itaim Bibi". *A Tribuna*, Santos, 11 jul. 1987.

Sanvito, Wilson Luiz. "Ouvindo com o cérebro". *Jornal da Tarde*, São Paulo, 12 set. 1992. p. 4.

salza, Giuseppe. "Max Headroon". *L'écran fantastique*, 104, p. 29-30, maio 1989.

Sant'Anna, Armando. *Propaganda: teoria, técnica e prática*. 2. ed. rev. ampl. São Paulo: Pioneira, 1977.

Santaella, Lúcia. *Cultura das mídias*. São Paulo: Razão Social, 1992.

Santos, Reinaldo. *Vade-mécum da comunicação*. 7. ed. Rio de Janeiro: Edições Trabalhistas, 1989

Sanz, Juan Carlos. *El lenguaje del color*. Madri: Hermann Blume, 1985.

Sauvy, Alfred. *A opinião pública*. 2. ed. São Paulo: Difusão Européia do Livro, 1966.

Schafer, R. Murray. *O ouvido pensante*. São Paulo: Editora da Unesp, 1991.

Schemberg, Mario. *Pensando a arte*. São Paulo: Nova Stella, 1988.

Schmidt, R. F. (org.). *Fisiologia sensorial*. São Paulo: epu/Springer/Edusp, 1980.

Silva, Rafael Souza. *Diagramação: o planejamento visual gráfico na comunicação impressa*. São Paulo: Summus, 1985.

Silverman, Lloyd. "A technique for the study of psychodynamic relationships. The effects of subliminally presented agressiva stimuli on the production of pathological thinking in a schizophrenic population". *Journal of Consulting Psychology*, 30(2), p. 103-111, 1966.

―――. "Further comments on matters relevant to investigations of subliminal phenomena: a reply". *Perceptual and Motor Skills*, 27, p. 1343-1350, 1968.

―――. "Psychoanalytic theory: the reports of my death are greatly exaggerated". *American Psychologist*, set. 1976, p. 621-637.

―――. "Rejoinder to Oliver and Burkhan and to Poterfield". *Journal of Abnormal Psychology*, 94(4), p. 647-648, 1985.

SILVERMAN, Lloyd *et al.* "An experimental study of aspects of psycho-analytic theory of male homosexuality. *Journal of Abnormal Psychology*, 82(1), p. 178-188, 1973.

_____. "Effects of subliminal stimulation of symbiotic fantasies on behavior modification treatment of obesity". *Journal of Consulting and Clinical Psychology*, 46(3), p. 432-441, 1978.

SILVERMAN, Lloyd; SPIRO, Robert. "Some comments and data on the partial cue controversy and other matters relevant to investigations of subliminal phenomena. *Perceptual and Motor Skills*, 25, p. 325-338, 1967.

SIMÕES, Edda A. Quirino; TIEDEMANN, Klaus B. *Psicologia da percepção*. São Paulo: EPU, 1985.

SIMÕES, Roberto. "Quem sabe o que é merchandising?" *Marketing*, 164, p. 14, jul. 1987.

SMITH, Gudmund J. W. *et al.* "Identification with another person: manipulated by means of subliminal stimulation. *Scandinavian Journal of Psychology*, 26, p. 74-78, 1985.

Soares, Ismar de Oliveira. *Para uma leitura crítica da publicidade*. São Paulo: Paulinas, 1988.

SOUZA, Lícia Soares. "12 anos de merchandising no Brasil: um caso de relações públicas?" *Revista Brasileira de Comunicação Intercom*. São Paulo, ano XIV, n. 65, jul.-dez. 1991, p. 6-19.

SPENCE, Donald; HOLLAND, Bert. "The restricting effects of awareness: a paradox and an explanation". *Journal of Abnormal and Social Psychology*, 64(3), p. 163-174, 1962.

"SUBLIMINAL commercialization". *Television/Radio Age*, 30(16), p. 52, p. 14, mar. 1983.

SWINERS, Jean-Louis. "La publicité subliminale". *Psychologie*, 125, p. 31-36, jun. 1980.

TAHARA, Mizuho. *Contato imediato com mídia*. São Paulo: Global, 1986.

TELLES JUNIOR, Goffredo. *Tratado da conseqüência*. São Paulo: Revista dos Tribunais, 1949.

"THE COLOUR centre in the cerebral cortex of man". *Nature*, v. 340, n. 6232, ago. 1989.

TISKI-FRANCKOWIAK, Irene T. *Homem, comunicação e cor*. São Paulo: Lua Nova, 1988.

TOMA, Kenji Paulo Fernando. *Filmes violentos e sua relação com a agressividade em adolescentes do gênero masculino: uma visão psicofisiológica*. São Paulo: Umesp, 2000.

VAISMAN, André. "Vôo em alta definição". *Caos*, São Paulo, 7, p. 19, 1989.

VOKEY, John R.; READ, J. Don. "Subliminal messages: between the devil and the media". *American Psychologist*, 40(11), p. 1231-1239, nov. 1985.

WATSON, Peter. *War on the mind: the military uses and abuses of psychology*. Nova York: Basic Books, 1978.

WATZLAWICK, Paul *et al*. *Pragmática da comunicação humana: um estudo de padrões, patologias e paradoxos da interação*. Tradução de Álvaro Cabral. São Paulo: Cultrix, 1981.

WIENER, Morton; KLEESPIES, Phillip. "Some comments and data on partial cue controversy and other matters relevant to investigations of subliminal phenomena: a rejoinder. *Perceptual and Motor Skills*, 27, p. 847-861, 1968.

WILBER, Ken (org). *O paradigma holográfico e outros paradoxos – explorando o flanco dianteiro da ciência*. São Paulo: Cultrix, 1978.

WISNIK, José Miguel. *O som e o sentido: uma outra história das músicas*. São Paulo: Companhia das Letras, 1999.

WYKES, Alan. *Goebbels*. Rio de Janeiro: Renes, 1975.

YI-FU TUAN. *Topofilia: um estudo da percepção, atitudes e valores do meio ambiente*. Tradução de Lívia de Oliveira. São Paulo: Difel, 1980.

ZALTMAN, Gerald. *Afinal, o que os clientes querem?* Rio de Janeiro: Campus, 2003.

ZANIBONI NETTO, Vergínio. *Videotexto no Brasil*. São Paulo: Nobel, 1986.

ZANOT, Eric J. *et al*. "Public perception of subliminal advertising". *Journal of Advertising*, 12(1), p. 39-45, 1983.

DISCO

HALPERN, Steven. *Comfort zone*. Produzido por Steven Halpern Sounds; engenheiro de som: David Porter; masterizado na KM/Arkay Records [c. 1984].

FITA-CASSETE

SUTPHEN, Dich. *Video hypnosis with subliminals: positive programming*. Califórnia, Valley of the Sun Video, 1988, 30 min.

Flávio Mário de Alcântara Calazans nasceu em 1962, na cidade de Santos, litoral do estado de São Paulo. É bacharel em Direito e em Comunicação Social, com habilitação para Publicidade e Propaganda, ambos pela Unisantos. É mestre em Ciências da Comunicação pela Escola de Comunicação e Artes da USP e doutor pela mesma escola. Em 2002 obteve a livre-docência pela Unesp. Além de professor nessa universidade, leciona no curso de pós-graduação da Faculdade Cásper Líbero. É também habilitado como tradutor-intérprete de inglês, francês e espanhol.

Sempre foi um estudioso das diversas linguagens nos campos das artes e da comunicação. Fundou e coordenou durante cinco anos o "Grupo de Trabalho Humor e Quadrinhos" (GTHQ), primeiro grupo nacional de pesquisa de Histórias em Quadrinhos reconhecido em um Congresso Científico, o Congresso Brasileiro de Ciências da Comunicação – Intercom. Em 1986 foi eleito Diretor Executivo da Associação Paulista de Quadrinhistas e Caricaturistas de São Paulo (AQC). Foi também idealizador e organizador da "I Exposição Santista de Histórias em Quadrinhos", realizada no Centro de Cultura, sob o patrocínio da Prefeitura Municipal de Santos.

Em 1992 publicou, pela Summus Editorial, a primeira edição de *Propaganda subliminar multimídia*, livro pioneiro sobre o tema e ainda hoje referência obrigatória. Tem se dedicado a pesquisar e analisar os efeitos subliminares em propaganda, e em 2004 cunhou e registrou o termo "biomidiologia", que será tema de sua próxima obra, a ser publicada em breve.

É autor de numerosos artigos em publicações científicas e de divulgação da ciência e membro de diversas associações científicas e culturais, como Associação Brasileira de Semiótica, Sociedade Brasileira para o Progresso da Ciência (SBPC), União Brasileira de Escritores (UBE), Sociedade Brasileira de Autores Teatrais (SBAT), Associação dos Quadrinhistas e Caricaturistas de São Paulo (AQC), International Writers and Artists Association, Asociación Latinoamericana de Historietistas e Associacíon de Educadores de Latino América y Caribe, além de participar regularmente de congressos nacionais e internacionais como Intercom, Alaic e outros.

Em 2002 recebeu a Placa de Prata da Intertech 2002 – International Conference on Engineering and Technology Education – pelas suas pesquisas na área da comunicação e por seu reconhecido trabalho como educador, prêmio que voltou a receber no ano seguinte.

Para conhecer melhor o autor, acesse www.calazans.ppg.br.

NOVAS BUSCAS EM COMUNICAÇÃO

VOLUMES PUBLICADOS

IMPRESSO NA

sumago gráfica editorial ltda
rua itauna, 789   vila maria
02111-031   são paulo   sp
tel e fax 11 **2955 5636**
sumago@sumago.com.br